시작부터 술술 풀리고 바로 써먹는

# 미국주식
# 처음공부

시작부터 술술 풀리고 바로 써먹는

# 미국주식 처음공부

초판 1쇄 발행  2021년 1월 20일
개정판 1쇄 발행  2024년 2월 5일
        7쇄 발행  2025년 1월 10일

**지은이**   수미숨(상의민), 애나정

**펴낸곳**   ㈜이레미디어
**전  화**   031-908-8516(편집부), 031-919-8511(주문 및 관리)
**팩  스**   0303-0515-8907
**주  소**   경기도 파주시 문예로 21, 2층
**홈페이지**  www.iremedia.co.kr
**이메일**   mango@mangou.co.kr
**등  록**   제396-2004-35호

**편집** 주혜란, 이병철 | **디자인** 유어텍스트 | **마케팅** 김하경
**재무총괄** 이종미 | **경영지원** 김지선

ISBN 979-11-93394-15-1 (04320)
ISBN 979-11-91328-05-9 (세트)

- 가격은 뒤표지에 있습니다.
- 잘못된 책은 구입하신 서점에서 교환해드립니다.
- 이 책은 투자 참고용이며, 투자 손실에 대해서는 법적 책임을 지지 않습니다.

# 미국주식 처음공부

## 시작부터 술술 풀리고 바로 써먹는

수미숨(상의민)
애나정 지음

이레미디어

# 초보 투자자를 성공으로 이끄는
# 방대한 지혜와 정보의 바다

저는 오랫동안 해외투자를 해왔습니다. 2012년 말, 국민연금 기금운용본부로 적을 옮기면서 국내주식투자에 제약이 생긴 것이 계기였습니다. 자산배분·국내주식 파트에서 일했기에 해외투자에는 큰 제약이 없었습니다. 직업의 특성상 수많은 해외 증권사의 보고서를 자유롭게 볼 수 있었지만, '정보의 홍수' 속에 오히려 혼란을 겪었습니다. 시장 전문가 대상의 정보가 대부분이라 개인으로서 투자하는 데 도움이 되는 정보는 턱없이 부족했습니다.

이코노미스트인 저 역시 수년에 걸친 시행착오와 공부를 한 후에야 투자의 방향을 잡을 만큼 개인의 해외투자는 만만치 않습니다. 저는 개별 종목보다는 상장지수펀드(ETF)를 이용한 해외투자에 집중하는 방식을 택했는데요. 꾸준히 관심을 놓지 않고 공부하며 대비했기에 2020년 3월 폭락장에도 손실보다는 기회를 잡을 수 있었습니다. 코로나 쇼크 같은 예상치 못한 충격이 발생하면 달러 등 선진국 통화의 가치가 상승한다는 것을 알고 있었기 때문입니다. 미래를 예측하기 어려운 때, 또한 심각한 불황이 출현할 것이라 예상될 때 투자자들은 기축통화인 달러 혹은 안전자산으로 간주되는 스위스프랑이나 일본엔화 투자를 늘립니다. 따라서 미국주식이나 상장지수펀드 등 달러 자산에 투자해 놓으면 위기의 순간에 오히려 투자의 기회를 잡을 수 있게 됩니다.

해외주식투자의 매력은 환율 분산뿐만이 아닙니다. 미국에는 25년 연속 배당을 인상한 슈퍼 배당주, 이른바 '배당 왕' 주식이 즐비하며, 또 주가가 조정을 받을 때마다 기업들이 적극적으로 자사주 매입에 나서는 등 주주에 대한 태도가 한국과는 사뭇 다릅니다. 따라서 해외로 눈을 돌리면 투자의 외연을 넓힐 수 있어 "투자처가 마땅하지 않지만 대안이 없어서" 주식을 매수하는 일을 피할 수 있습니다.

특히 《미국주식 처음공부》는 미국주식투자를 시작하려는 초보자뿐만 아니라, 저처럼 꽤 오랜 기간 투자해온 사람들에게도 크게 도움이 됩니다. 그간 제가 공부하면서 나름의 노하우라고 생각했던 것을 넘어서는 방대한 정보와 지혜를 담고 있기 때문입니다. 사실, 원고를 보던 중 제가 혹독한 대가를 치르면서 터득한 노하우가 여럿 실려있어 약간은 허탈했습니다. 그러나 한편으로는 '나만 이 문제를 고민한 것은 아니구나'라는 생각이 들어 기뻤습니다. 특히 우량 배당주에 대한 투자 방법, 리츠 투자법 등 저도 잘 몰랐던 부분이 많아 무릎을 치게 되더군요.

부디 많은 투자자들이 《미국주식 처음공부》를 통해 미국주식은 물론 해외투자의 문을 활짝 열어젖히기를 기대합니다. 직장인 투자자로서 성공적인 투자를 병행하는 가운데 책을 집필하느라 고생하셨을 수미숨 님, 애나정 님, 그리고 출간을 결정해준 출판사 관계자에게 감사의 말씀을 드립니다.

《돈의 역사2》, 《디플레 전쟁》 저자, 이코노미스트, 홍춘욱

찬바람이 불기 시작하면 열매를 맺고 낙엽이 떨어지는 자연의 이치는, 혹독한 겨울을 지나 봄의 새싹과 희망을 기약합니다. 이 책은, 저자의 젊음과 열정이 고스란히 녹아있음에도 디테일을 놓치지 않았으며, 입문자부터 전문가까지 알아야 할 핵심 포인트를 제공하고 있습니다. 미국주식을 처음 시작하는 이에게는 한눈에 바라볼 수 있는 로드맵을, 수년간 미국 투자를 해온 이에게는 자신을 점검할 포인트를 제공한다는 것이 이 책의 진정한 장점입니다. 미국주식에 관심 있는 분들께 '추운 겨울을 보내고 새로운 봄을 맞이하기 위한 마중물' 같은 이 책을 자신 있게 추천합니다.

**– KB국민카드 마케팅기획부 부장, 송효영(사폐Re)**

4차산업시대를 살아갈 예비 사회초년생인 아들에게 권하고 싶은 책입니다. 특히 저자의 경험에서 나오는 진심 어린 충언들이 초보 미국주식 투자자의 조바심을 가라앉혀 줄 수 있으리라 생각합니다. 고객의 관점에서 다양한 제안을 통해 증권사의 해외주식 시스템을 바꾸고, 워런 버핏처럼 투자자의 축제를 기획하여 진행할 정도로 "같이 하는 가치 투자"를 실천하고 있는 저자의 숨은 노고가 이 책을 통해 독자에게도 전달되기를 바랍니다.

**– 신한금융투자 해외주식영업부 부장, 표윤미**

　무슨 일을 하든지 누구나 처음엔 두렵고 설레며 떨리게 마련입니다. 미국주식투자는 특히 한국과는 다른 환경과 언어를 사용하는 미국의 시스템을 알아야 하기 때문에 처음 시작이 매우 중요합니다. 이렇게 첫 책 출간이라는 첫발을 내딛는 새내기 저자들과 함께 미국주식을 새롭게 시작하는 투자자들이 《미국주식 처음공부》와 함께한다면 미국주식투자에서 좋은 성과를 낼 수 있을 것입니다.

**– 잠든 사이 월급 버는 《미국 주식 투자》, 《미국 배당주 투자》 저자, 베가스풍류객**

　가까운 사이에도 물어보기 어려운 것이 주식투자입니다. 더욱이 미국주식이라면 계좌를 개설하고 환전까지 한 후 매매를 해야 합니다. 처음에는 이런 과정이 너무도 낯설고 어렵죠. 사실 진짜 어려운 투자는 여기서부터 시작인데 말입니다. 이 책은 초보 투자자에 눈높이를 맞춰 매우 친절하게 미국주식에 투자하는 방법을 알려줍니다.

　이 책을 읽는 괜찮은 방법의 하나로 일단 전체 내용을 빠르게 읽고, 글에 담긴 표와 숫자들을 이해하면서 한 번 더 읽을 것을 추천합니다. 계좌 개설부터 업종 구분, 배당 투자, 투자 마인드 관리, 개별기업 공부법까지 투자자에게 필요한 내용을 꾹꾹 눌러 담고 있기에 처음 읽을 때는 투자에 관한 전반적인 내용을 체크하고, 두 번째 읽을 때 숫자들이 전하는 이야기를 실전투자에 응용한다면 어렵기만 한 해외투자에 자신감을 가지게 될 것입니다.

**– 마음속의 해외달, Bora**

국내주식만 투자하던 저에게 미국주식 투자는 새로운 도전이었습니다. 지난 5월 새로 편입한 미국주식 3종목은 이제 제 포트폴리오의 25%를 차지하며 훌륭하게 제역할을 수행하고 있습니다. 이 책은 '섹터→ETF→배당주→개별기업'의 순서로 미국주식투자를 소개합니다. 이는 미국주식투자를 망설였던 저에게 저자인 수미숨님이 권유했던 순서이자, 저자 스스로 맨땅에 헤딩하며 얻어낸 실전적 노하우를 담은 짜임새 있는 투자의 얼개입니다.

《미국주식 처음공부》는 우리와 다를 바 없는 평범한 직장인 수미숨, 애나정이 경험한 시행착오를 바탕으로 엮어낸 입문서이기에 이제 해외주식을 시작하는 초보 투자자들, 그리고 장기적인 재테크 수단으로서 미국주식투자에 대한 자신만의 공략 프레임을 만들고 싶은 투자자들의 눈높이에 부합하는 훌륭한 입문서가 되리라 생각합니다.

**- 눈덩이 굴리는 거북이, 멘탈거북**

미국주식투자가 필수인 시대가 되었습니다. 글로벌 자본 경제 시장에서 가장 선진화된 미국주식 시장은 개인의 자산을 증식할 최고의 투자처입니다. 끊임없이 성장하는 미국의 경제, 그 안에서 자본 투자에 대한 결실을 맺고, 첨단 산업을 주도하는 미국 내 훌륭한 기업들과 파트너가 되는 방법, 올바른 투자 방법을 알려주는 미국주식투자의 최고 입문서로 추천합니다.

**- 벵골호랑이의 해외주식토크, 벵골호랑이**

어느 때보다 글로벌 자산배분의 필요성이 대두되는 요즘입니다. 자본주의 사회에서 투자는 필수이듯 최대 자본주의 국가인 미국을 제외하고 투자를 논할 수 없습니다. 《미국주식 처음공부》는 투자 시작을 앞두고 머뭇거리는 분들에게 가장 먼저 권할 수 있는 수학의 정석과 같은 책입니다. 제가 블로그를 운영하면서 가장 많이 들었던 질문도 '미국주식투자 어떻게 시작하면 되나요?'였습니다. 이에 대한 답으로 이 책을 추천하면 될 것 같습니다. 불확실한 세상이지만 미국주식투자를 통해 꾸준히 자산을 늘릴 수 있기를 바랍니다.

**– 월급쟁이 루지의 투자이야기, 루지**

누구에게나 시간은 금처럼 소중합니다. 이 책은 미국주식투자를 처음 시작하는 이들의 금 같은 시간을 아껴줄 것입니다. 《미국주식 처음공부》에는 미국주식투자의 A부터 Z까지의 방법론과 저자들이 생각하는 투자에 대한 마음가짐을 친절하게 담고 있습니다. 단순히 이론을 나열하는 것이 아닌 저자들의 경험이 깃든 사례를 바탕으로 살아있는 지식을 전달합니다. 미국주식투자를 처음 시작하는 이들에게 막막한 투자 여정을 밝힐 환한 등불이 될 입문서로서 강력 추천합니다.

**– 투자이너, JSK**

# 조금 먼저 시작한 직장인 투자자의 경험과 비결을 담았습니다

시간이 갈수록 미국주식에 대한 관심이 뜨거워지는 걸 느낍니다. 미국주식에 투자 중이라고 말해도 별 관심을 보이지 않던 지인들이 이제는 먼저 질문을 합니다. "미국주식 아직도 하고 있지? 지금이라도 애플 매수해도 될까?", "미국 시장은 새벽에 열리는데 그때까지 깨어 있는 거야?" 이런 질문을 받을 때마다 어렴풋이 알고는 있는데 정확하게 정리해서 알려주기가 어려웠습니다. 대체 어디서부터 어떻게 설명을 해야 하는지, 또 그들이 궁금해하는 것이 무엇인지 명확하게 알지 못했기 때문이죠.

질문을 받는 횟수가 늘어날수록, 질문의 내용이 겹친다는 것을 느낄수록 고민이 깊어졌습니다. 사람들의 궁금증을 속시원히 해결해 주려면 어떻게 해야 할까? 처음부터 탄탄하게 기초를 다지고 투자를 시작할 방법은 없을까?' 고민 끝에 초보 투자자들이 매번 궁금해하는 것, 간략한 설명으로는 이해하기 어려운 내용들을 잘 정리하여 책으로 엮기로 결심했습니다.

"미국주식하려면 환전을 따로 진행해야 하나?"
"분산한다고 했는데 죄다 IT 관련 주식이네?"
"고점이라고 생각했는데 2배나 더 올랐어. 지금이라도 매수해야 하나?"

혹시 이런 고민을 한 적 있으세요? 불안해하지 마세요. 저희도 투자 초창기에는 같은 고민과 불안을 가지고 있었으니까요. 저희 역시 몇 년 전까진 막연한 두려움을 가진 초보 투자자였습니다. 미국주식에 투자를 할지 말지 고민 중이거나, 이제 막 투자를 시작한 분들이 가지고 있을 법한 두려움을 극복하는 데 도움이 되는 책을 쓰고 싶었습니다. 평범한 직장인이자 몇 년 먼저 투자를 해본 입장에서 저희가 겪은 시행착오를 다른 분들은 겪지 않으면 좋겠다는 마음으로 이 책을 쓰기 시작했습니다.

이 책에 드러나 있는 저희의 다양한 경험을 반면교사 삼는다면, 독자 여러분은 보다 좋은 투자 성과를 얻을 수 있을 겁니다. 화려한 전략이나 기법보다는 평범한 직장인들이 조금 먼저 시작했던 경험과 고민, 공부한 내용을 솔직하고 쉽게 전달하고자 했습니다. 적어도 이 책을 읽으신 분들이라면 왜 미국주식투자를 시작해야 하고, 미국의 주식시장은 어떻게 구성되어 있는지를 알고, 어떤 식으로 투자의 방향성을 정할지를 알 수 있었으면 합니다. '이 책을 읽은 분들이 자신만의 포트폴리오를 만들 수 있게 하자!'라는 것이 저희의 작은 목표입니다.

수영을 처음 배울 때 박태환 선수에게 찾아가는 사람은 없습니다. 동네 수영장 코치 혹은 수영을 잘하는 친구에게 배움을 청하는 게 일반적일 것입니다. 투자도 마찬가지입니다. 초보 투자자에게는 조금 먼저 시작한 사람이 더 현실적이고 알아듣기 쉬운 가이드를 해줄 확률이 높습니다. 이 책이 바로 그런 '동네 수영장 코치' 같은 책이 될 수 있었으면 합니다.

**수미숨(상의민), 애나정**

CHAPTER 2

# 나무보다 숲!
# 섹터

CHAPTER 4

# 배당

CHAPTER 6

# 타이밍

CHAPTER 7

# 꼭 새겨야 할
# 투자 마인드

CHAPTER 8

# 미국주식 거래에
# 관한 모든 것

부록

# 공부할 때 참고하면 좋을 주요 경제지표

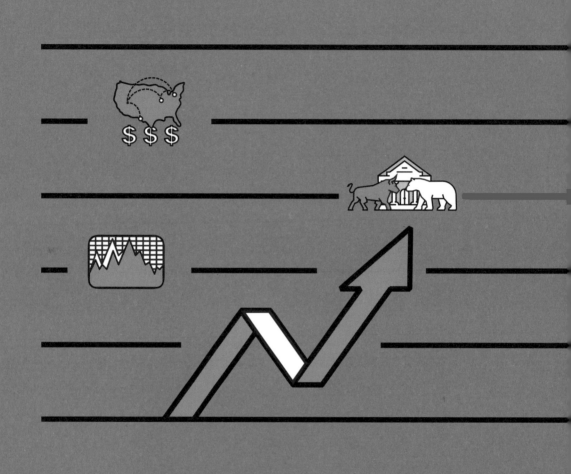

# Chapter 1

# 어렴풋이 알아보는

# 미국주식

# 그들은 왜 미국주식의 매력에 빠졌을까?

## 01

## 주식투자는 도박 또는 사기?

해외주식 투자의 인기가 엄청납니다. 주식이라곤 관심도 없던 옆자리 김 대리가 애플과 마이크로소프트 주식을 샀다고 자랑하고, 입사동기 이 과장은 매달 미국 기업들로부터 월세처럼 달러 배당을 꼬박꼬박 받고 있다고 합니다. 아직 우리나라에서는 '주식투자'로 이야기를 꺼내면 '도박'이나 '사기'같은 부정적인 단어가 먼저 나오고, '주식 잘못하다 패가망신한다'는 이야기도 빠지지 않습니다. 한편, 투자에 대해 긍정적인 견해를 지닌 지인들에게 주식에 관한 이야기를 꺼낼라치면 어디서 들었다는 고급 정보나 급등주, 테마주에 대한 썰이 줄줄 나오죠.

이런 우리나라에서도 해외주식, 특히 미국주식 투자는 조금 다르게 받아들여지고 있는 것 같습니다. 국내주식 투자에 회의적이고 부정적이었던 사람들마저도 2008년 금융위기 이후 10년 넘는 기간 동안 꾸준히 주가가 상승한 미국주식 직접 투자에 대해선 '그래, 주식할 거면 세계 1등 기업들이 많고 막강한 경쟁력을 가진 미국 기업에 투자하는 게 낫지!'라는 이야기를 할 정도입니다.

[그림 1-1] 전 세계 주식시장에서 각 국가가 차지하는 비중

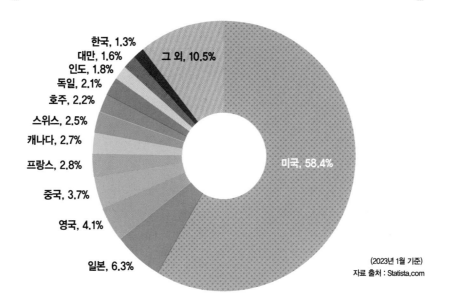

한국, 1.3%
대만, 1.6%
인도, 1.8%
독일, 2.1%
호주, 2.2%
스위스, 2.5%
캐나다, 2.7%
프랑스, 2.8%
중국, 3.7%
영국, 4.1%
일본, 6.3%
그 외, 10.5%
미국, 58.4%

(2023년 1월 기준)
자료 출처 : Statista.com

## 글로벌 패권국이자 기축통화국인 미국

전 세계 주식시장 시가 총액의 50% 이상, 채권 발행량의 40%가 넘는 비중을 차지하는 나라, 글로벌 GDP의 25%를 차지하고 있으며 산업별 글로벌 1위 기업이 가장 많은 나라, 기축통화인 달러를 발행할 수 있는 유일한 나라, 주

주들을 위한 경영과 주주 환원 정책이 제대로 자리 잡은 선진화된 자본주의 시스템을 갖춘 나라, 전 세계 최상위 수준의 전문 경영인들이 가장 많은 나라. 이 모든 수식어는 자본주의의 끝판왕이라 일컬어지는 미국을 표현하는 여러 수식어입니다. 미국에 뿌리를 두고 있는 기업들은 선진화된 자본주의 시스템 속에서 사업을 영위하고 있습니다. 또한, 세계 무대에서 타국 기업들과 경쟁할 때에도 글로벌 패권국의 기업이라는 점이 엄청난 우위가 됩니다.

[그림 1-2] S&P500 지수의 흐름(1990년 1월~2023년 9월)

출처 : Yahoofinance.com

이런 이유 때문에 미국주식 시장을 대표하는 지수 중 하나인 S&P500 지수는 1990년 1월 329포인트였으나 33년이 조금 지난 2023년 9월 현재 약 4,453포인트 수준으로 약 13.5배 상승했습니다. 또한 글로벌 금융위기 이후 미국의 경쟁력 높고 우량한 기업들은 최소 몇 배에서 많게는 몇백, 몇천 배까지 가치가 상승했으며, 이런 미국 기업들의 지분을 조금이라도 가진 투자자들은 흐뭇한 투자 성과를 얻었습니다.

**S&P500 지수**

국제 신용평가기관인 미국의 스탠더드 앤푸어스(S&P)가 작성한 주가 지수다. 미국의 대표적인 기업 500개를 선정하며 공업주 400종목, 운수주 20종목, 공공주 40종목, 금융주 40종목이 들어간다. 시장 전체의 동향 파악이 다우존스 지수보다 용이하고 시장에 적절히 대응할 수 있는 장점이 있지만, 대형주의 영향을 크게 받는 단점이 있다.

**[그림 1-3] 최근 10년간 코스피 지수의 흐름**(2014년 1월~2023년 12월)

출처 : Yahoofinance.com

# 꾸준히 우상향하는 미국의 3대 대표 지수

2020년 코로나 팬데믹이 가져온 금융시장의 충격을 딛고 국내 대표 주가 지수인 코스피KOSPI는 10년 동안의 박스권을 돌파하며 전 세계 주식시장에서 손가락 안에 드는 상승률을 보여줬습니다. 이런 상승세는 2021년 상반기까지 이어졌으나 하반기부터 힘을 못 쓰기 시작하더니 2022년까지 꾸준한 하락을 보여줍니다. 상승의 기대를 모았던 2023년은 3분기까지 상승을 보여주다 4분기에 접어들어 출렁이는 모습을 보여주고 있는데요.

[그림 1-4] 미국의 3대 대표 지수와 코스피의 주가 추이(2020년 1월~2023년 12월)

(2023년 12월 12일 종가 기준)
출처 : Yahoofinance.com

반면 미국의 3대 지수인 다우지수와 S&P500, 나스닥 지수는 2020년의 상승세를 그대로 이어가며 2021년 연초 대비 +18.92%, +22.14, +26.89(다우, 나스닥, S&P500) 상승을 보여주며 2021년을 마감했습니다. 하지만 급격한 금리 인상의 여파를 피하지 못하고 국내 주식시장과 비슷한 흐름을 보이며 2022년 내내 지수가 하락하는 모습을 보여주었는데요. 2023년에 연초 대비 12월 중순 기준 +39.48%, +21.05%, +10.04%(나스닥, S&P500, 다우)의 회복세를 보여주고 있습니다.

단순하게 연 단위로 국가별 주가지수의 성과를 비교하는 건 큰 의미가 없지만 장기간 주가지수가 어떤 방향으로 움직이는지는 중요합니다. 미국은 2008년 글로벌 금융 위기 이후 연평균 10% 이상의 꾸준한 상승을 보여주고 있습니다. 그런데 미국과 비교하면 한국은 어떤가요? 2020년 10년 넘게 이어오던 박스를 뚫고 폭발적인 상승을 보여줬지만 장기간 주가지수는 박스를 벗어나지 못하고 횡보하고 있으며, 기업 소유주를 최우선으로 하는 기업들의 결정으로 개인 주주들은 피해만 보고 있습니다. 기관과 외인에게만 유리하게 기울어진 운동장인 셈이죠. 이런 모습에 지친 국내 투자자들은 장점이 많은 미국주식의 매력에 빠질 수밖에 없었을 것입니다.

## 불과 몇 년 만에 훨씬 나아진 해외주식 투자 환경

또한 지난 몇 년간 여기에 국내주식 영업으론 한계를 느낀 증권사들이 활로를 찾고자 해외 주식 거래 서비스나 시스템에 투자를 늘리고 있습니다. 개인투자자가 이전보다 편하고 적은 비용으로 미국주식에 투자할 수 있는 환경이 조성되었습니다. 그러다 보니 자연스럽게 애플과 마이크로소프트 주식을 샀다고 자랑했던 김 대리나 매달 미국 기업들로부터 월세처럼 배당을 받는 이 과장처럼 해외주식을 직접 투자하는 개인투자자가 주변에 늘어났고, 언론에서도 '해외주식 직구족'이나 '미국주식 투자 열풍' 등의 타이틀을 단 뉴스 기사들을 자주 볼 수 있게 되었습니다.

# 미국주식투자에 대한
## 오해 부수기

**02**

경제면 기사를 보고 미국주식에 투자 중인 지인들의 이야기를 듣는다면 왜 미국주식에 투자하면 좋다고 하는지 누구나 알 것입니다. 실제로 투자하는 사람들이 엄청난 주가 상승을 경험하고 꼬박꼬박 배당을 받는 걸 옆에서 지켜보면 당장이라도 미국주식을 사야 할 것만 같은 조급한 마음이 들 것입니다.

하지만 막상 미국주식 거래를 위한 계좌를 만들려니 몇 가지 걱정이 생깁니다. 투자라는 걸 하려면 산업이나 기업에 대해 공부해야 할 것 같은데 미국 기업이라 영어를 무척 잘해야 할 것 같습니다. 그리고 시차가 있으니 매매를 위해 밤늦게까지 기다리거나, 새벽에 일어나서 비몽사몽한 상태에서 거래 주문을 넣어야 하나 싶기도 합니다. 또 국내주식은 매매차익에 대해 세금을 내지 않는데 미국주식은 양도소득세라는 게 있어서 세금도 많이 내고, 거래할 때 증권사에 줘야 하는 수수료도 국내주식 거래보다 훨씬 비싸다던데…. 투자를 시작도 하기 전에 걱정이 끝도 없이 밀려옵니다. 이런 우려와 걱정들은 반은 맞고 반은 틀린 이야기입니다. 왜 그런지 자세히 살펴볼까요?

## ① 미국주식투자이니 영어를 잘해야 한다?

물론 영어를 잘한다면 자료를 찾고 기사를 읽을 때 유리합니다. 그러나 영어를 전혀 못 하더라도 투자하는 데 엄청난 장벽이 되지는 않습니다. 언어의 장벽을 극복할 수 있는 여러 대안이 갖춰져 있기 때문이죠.

### 실시간으로 번역되어 올라오는 외신

과거보다 국가나 기업들이 서로에게 미치는 영향력이 커짐에 따라 현지 소식에 대해 빠르고 정확한 정보를 필요로 하는 시장 참여자들이 늘어나고 있습니다. 그러다 보니 외신 기사들이 국내 언론사를 통해 번역되어 올라오는 속도도 전보다 훨씬 빨라졌고, 뉴스의 양 또한 늘어났는데요. 그렇기에 우리는 미국주식 투자를 하며 생기는 궁금증에 대한 답을 번역된 기사나 자료들을 통해 충분히 찾을 수 있습니다. 수요가 있으면 공급이 따라옵니다. 미국주식 투자자가 많아질수록 외신 기사는 물론이고 산업 및 기업 관련 리포트, 칼럼 등 각종 투자 관련 정보들이 번역되어 올라오는 양이나 속도는 앞으로 점점 더 많아지고 빨라질 것입니다.

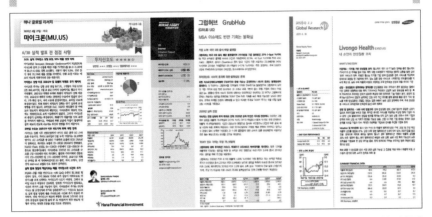

**[그림 1-5] 국내 증권사에서 발행하는 미국 기업들에 관한 리포트**

출처 : 하나금융투자, 미래에셋대우, 삼성증권

## 국내 증권사가 내놓는 산업 및 기업 관련 리포트

매년 해외주식 직접투자 규모가 빠르게 커짐에 따라 국내 증권사들의 서비스 제공 영역 중 해외주식 투자 관련 부분이 빠르게 확대되고 있습니다. 국내 산업 전망 및 기업에 대한 분석과 실적 예측 리포트를 주로 내던 국내 증권사 리서치센터에서 최근엔 글로벌 산업 및 기업에 대한 분석 자료부터 해외주식 투자 세미나까지 커버하고 있지요. 영어로 된 각종 자료나 논문, 유료 데이터들을 해석하고 분석한 증권사 리포트는 대부분 무료이며 개인투자자도 쉽게 구할 수 있습니다. 따라서 영어에 능통한 투자자와의 정보 격차는 과거보다 훨씬 줄어들었습니다.

## 쉽게 이용할 수 있고, 점점 더 정교해지는 번역기

번역된 뉴스 기사나 자료에서 원하는 정보를 얻지 못했다면 구글링*을 통해 영어로 된 페이지에서 정보를 찾아야 합니다. 영어로 무언가를 찾고자 할 때 완벽한 문장이나 문법에 맞춰 검색해야 원하는 정보를 찾을 수 있을 것 같지만 구글의 검색 시스템은 우리 생각보다 훨씬 똑똑합니다.

[그림 1-6] 구글 크롬에서 마우스 클릭 한 번으로 번역이 가능한 웹 페이지

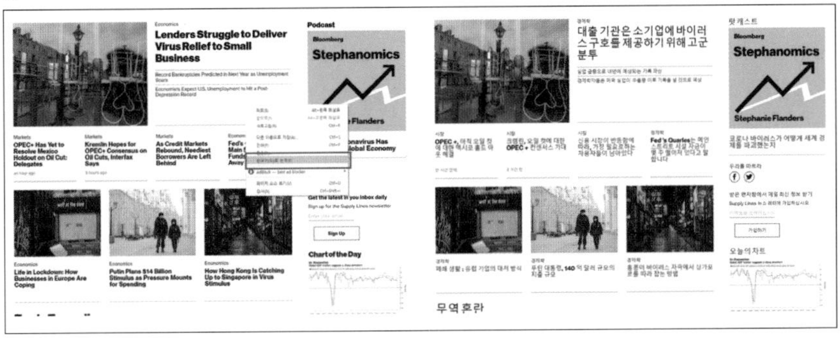

출처 : Bloomberg.com

특정 키워드나 단어들의 조합만으로도 우리가 원하는 결과를 찾아주고, 문법이 틀린 문장으로 검색하더라도 자동으로 문법에 맞는 문장으로 검색했을 때의 결과를 보여줍니다. 스마트한 검색 능력 외에도 구글 Google 에서 개발한 웹브라우저인 크롬 Chrome 을 활용하면 실시간으로 영문 페이지를 한국어로 번역하여 볼 수 있습니다.

---

*　　검색엔진 구글에서 원하는 정보를 검색하는 행위.

**[그림 1-7] 네이버 파파고 번역기 예시**

크롬 번역은 웹페이지에서 바로 영어와 한글의 변환이 가능하다는 장점이 있지만, 번역의 정확도 면에선 다소 떨어진다는 평가입니다. 네이버가 무료로 제공하는 번역 서비스인 '파파고 Papago'에서 번역하고자 하는 영어 문단을 복사 후 붙여넣으면 좀 더 정교하고 정확한 한글 번역 내용을 확인할 수 있습니다.

## 블로그나 투자 카페의 콘텐츠

국내에 미국주식 투자자들이 늘어나면서 개인투자자의 투자 아이디어, 인사이트가 담긴 양질의 콘텐츠들이 블로그나 투자 관련 카페에 올라오고 있습니다. 영어가 서툰 일반 투자자들이 언어의 문턱을 넘어 투자하는 데 많은 도움이 됩니다.

## ② 거래를 위해 밤늦게까지 기다리거나, 새벽에 일어나야 한다?

우리나라에서 미국주식을 거래할 수 있는 시간은 서머타임 기간 기준으로 오후 10시 30분부터 다음 날 아침 5시 사이입니다. 밤 10시 30분은 일찍 자는 사람에겐 이미 잠들어 있을 시간이고, 어린아이를 둔 부모라면 아이를 재운 후 밀린 집안일을 하는 시간이기도 합니다. 그래서 거래 시간 때문에 밤늦게까지 잠을 미뤄가며 투자를 할 자신이 없다며 투자해보려던 마음을 접는 분이 많은데요.

이런 분들을 위해 최근 국내 증권사들은 정규 거래시간이 아닌 시간에도 주문을 할 수 있는 예약 주문과 장전 거래 서비스를 제공하고 있습니다. 〈예약 주문 서비스〉*는 '오전 9시 ~ 오후 6시'처럼 증권사가 정한 특정 시간에 미리 거래 주문 접수를 받아뒀다가 당일 정규 장이 열릴 때 미리 받아뒀던 거래들을 한꺼번에 처리하는 서비스입니다. 〈장전 거래 서비스〉는 정규 장 개장 전 프리마켓에서 거래할 수 있도록 한 서비스입니다. 투자자는 증권사의 해당 서비스를 통해 정규 장보다 2~3시간 이른 시간에 실시간으로 거래할 수 있다는 장점

**서머타임**

미국 서머타임은 약자로 DST(Daylight Saving Time)로 표시한다. 매년 3월 두 번째 일요일에 시작해 11월 첫 번째 일요일에 해제된다. 2020년은 3월 8일 시작되었고, 2021년은 3월 14일 시작된다. 미국 주식 거래 시간은 서머타임 기간에는 한국 시간으로 밤 10시 30분~아침 5시, 서머타임 해제 기간에는 밤 11시 30분~아침 6시다.

---

\* '예약 주문 서비스'와 '장전 거래 서비스'는 증권사마다 제공 여부가 다르니 미리 증권사를 통해 서비스 가능 여부를 확인하셔야 합니다.

이 있습니다.

　미국주식을 투자할 땐 이런 시차 때문에 국내주식처럼 빈번하게 사고팔기보다는 좋은 기업의 주식들을 모아나간다는 관점으로 접근하는 게 좋습니다. 그렇기에 매수 주문을 넣거나 교체매매를 위한 매도 주문만 넣는 등 필요한 주문만 딱 넣고 편안하게 주무시는 매매 패턴을 익혀야 합니다. 잠도 미뤄가며 밤새 사고파는 트레이딩을 한다면 다음 날 컨디션과 계좌 수익률 모두 좋지 못한 결과로 이어질 수 있습니다.

## ③ 세금도 많이 내고, 거래 수수료도 비싸다?

### 절세가 가능한 양도소득세

　국내 상장 주식은 대주주 요건에 해당하지 않는 이상 매매차익은 비과세입니다. 이에 반해 미국주식은 연간 순매매차익(연간 실현 수익과 손실을 통틀어 계산함)에서 기본 공제액인 250만 원을 뺀 금액에 22%의 양도소득 세율을 적용하여 계산한 금액을 양도소득세로 납부해야 합니다. 이렇게만 보면 비과세인 국내주식에 비해 미국주식은 너무나도 높은 세율이 적용되는 듯 보입니다. 하지만 국내주식과 다르게 해외주식엔 손익통산 개념이 적용되고 매년 기본공제로 250만 원을 공제해 준다는 점, 가족 간 증여세 공제 한도 내에서 증여 후 수익을 실현할 경우 양도소득세를 대폭 줄일 수 있다는 점 등 합법적으로 세금을 절세할 수 있는 여러 방법*이 있습니다.

---

\*　　세금에 관한 자세한 내용은 제8장에서 다루고 있으니 해당 장 내용을 참고하시길 바랍니다.

## 대폭 낮아진 해외주식 수수료

최근 많은 국내 증권사가 해외주식 서비스에 대한 문턱을 대폭 낮췄습니다. 해외주식 투자가 대성황을 이루면서 너도나도 고객 유치를 위해 높은 환율 우대와 낮은 수수료를 내세웠기 때문입니다. 지금처럼 해외주식 투자 문턱이 낮지 않았을 땐 일정 금액 이하로 주문할 경우 무조건 수수료를 지급해야 하는 '최저수수료' 제도가 있었습니다. 현재는 대부분의 증권사가 최소수수료 제도를 폐지했으며, 해외주식 매매 수수료는 온라인 주문 기준 거래 금액의 0.25%입니다. 1,000만 원을 거래할 경우 25,000원의 수수료가 부과됩니다. 지구 반대편에 있는 기업들의 주식을 집에서 스마트폰 터치 몇 번으로 거래할 수 있음을 감안한다면 수수료가 비싼 것은 아닌 듯합니다.

요즘 해외주식 투자 고객 유치를 위해 환율 우대 및 매우 낮은 수수료 혹은 평생 수수료 무료 이벤트를 한시적으로 진행하는 증권사가 많습니다. 일반적으로 신규 계좌 개설 고객 대상으로 이벤트를 진행하니 새로 계좌를 만들기 전에 어떤 증권사에서 어떤 우대 혜택을 주고 있는지 확인하시길 바랍니다.

# 미국주식에
# 투자해야 하는 이유

# 03

우리나라 금융 공공기관인 '한국예탁결제원'에선 기관투자자와 개인투자자가 보유한 주식이나 채권 등의 유가증권을 맡아서 관리(예탁)하고, 매매가 이루어지면 결제 업무를 담당합니다. 예탁결제원에서는 증권정보포털 세이브로SEIBro라는 웹사이트를 통해 누구나 볼 수 있도록 예탁 및 결제 정보들을

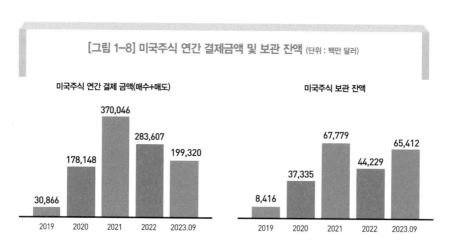

[그림 1-8] 미국주식 연간 결제금액 및 보관 잔액 (단위 : 백만 달러)

미국주식 연간 결제 금액(매수+매도)

| 2019 | 2020 | 2021 | 2022 | 2023.09 |
|---|---|---|---|---|
| 30,866 | 178,148 | 370,046 | 283,607 | 199,320 |

미국주식 보관 잔액

| 2019 | 2020 | 2021 | 2022 | 2023.09 |
|---|---|---|---|---|
| 8,416 | 37,335 | 67,779 | 44,229 | 65,412 |

출처 : 예탁결제원 증권정보포털 세이브로

제공하고 있습니다. 해당 사이트에서 국제거래 카테고리 중 외화증권예탁결제 메뉴를 누르면 원하는 기간 동안 외화증권의 결제 처리 건수와 금액, 보관 잔액 등을 확인할 수 있는데요.

세이브로에서 최근 5년간 미국주식 연간 매수 및 매도 결제금액과 보관 잔액 규모를 찾아보았더니 꾸준히 증가하던 규모가 팬데믹으로 증시가 크게 요동쳤던 2020년을 기점으로 연간 상승폭이 대폭 확대된 것을 확인할 수 있습니다. 이유는 여러 가지가 있겠지만 최근 몇 년 동안 꾸준히 좋은 성과를 보여줬던 미국주식이 위기를 겪더라도 가장 빠르게 회복하고 그 후에 큰 수익을 가져다줄 것으로 투자자들이 판단했기 때문이 아닐까 싶습니다.

그렇다면 미국주식엔 어떤 매력과 장점이 있기에 투자자들의 투자금이 매년 폭발적으로 늘어날까요? 미국주식 시장의 장점들과 함께 여러분이 지금부터라도 미국주식에 투자해야 하는 이유를 소개하겠습니다.

## ① 주주 이익 환원에 적극적인 시장

어떤 기업의 지분을 사는 것은 위험 부담이 있습니다. 주가가 떨어져 손실이 날 수 있고, 만약 투자한 회사가 망했을 경우 내 투자금을 전부 날릴 수도 있습니다. 그럼에도 불구하고 사람들이 주식에 투자하는 이유는 자신의 판단에 의한 투자 행위가 '수익'으로 귀결될 것으로 생각하기 때문입니다.

주식에 투자하면서 투자자가 얻을 수 있는 수익은 ①내가 산 주식 가격보다 더 비싼 가격에 팔아 얻게 되는 〈매매차익〉과 ②기업이 벌어들이는 이익을 주주들에게 나눠주는 배당을 통해 얻는 〈배당 수익〉으로 나눌 수 있습니다. 일반적으로 기업의 경영진은 벌어들인 이익으로 시설을 확충하고 연구

개발을 통해 경쟁력을 높입니다. 그렇게 해서 산업 내 기업의 시장 점유율을 높입니다. 이는 매출 증대로 이어지며, 규모의 경제를 통한 효율화로 이익도 극대화됩니다. 그러면 해당 기업의 가치는 올라가고, 시장에서 거래되는 주식 가격은 과거에 비해 높은 평가를 받게 되는데요. 이렇게 일반적인 방법 외에 경영진은 '자사주 매입'과 '배당금 인상'이라는 방식을 통해 주주들의 이익을 극대화할 수 있는데 전 세계에서 주주 이익 환원에 가장 적극적인 곳이 바로 미국시장입니다.

## ⑴ 기업이 자사의 주식을 매입하여 기업의 가치를 올리는 방법, 자사주 매입

영업 활동을 통해 회사에 쌓인 이익을 '이익잉여금'이라 부릅니다. 이익잉여금으로 기업은 다양한 선택을 할 수 있는데 그중 한 가지가 '자사주 매입 Buyback'인데요. 자사주 매입은 말 그대로 기업이 벌어들인 돈으로 자기 회사의 주식을 사들이는 것을 말합니다. 시장에서 거래가 되는 주식들을 되사는 것이기에 회사가 매입한 수량만큼 유통되는 주식 수는 줄어듭니다. 자사주 매입을 통해 유통 주식 수가 줄어들면 기존 주주들의 지분율이 높아지며 기업의 벌어들인 이익에 대한 주주의 몫을 나타내는 지표인 주당순이익EPS*이 높아지게 됩니다. 기업이 작년과 동일한 이익을 냈더라도 주식 수는 줄어들었기에 1주당 이익이 늘어나게 되는데요. 쉽게 말해 투자자가 가지고 있는 주식 1개로부터 얻을 수 있는 이익이 늘어난 셈이지요. 그뿐만 아니라 경영진들이 판단한 기업의 가치에 비해 주가가 저평가되어있다는 신호를 시장에 보내기 때문에 주가가 상승하는 요인이 되기도 합니다.

---

\* EPS(Earning Per Share) = 당기순이익÷유통 주식 수

[그림 1-9] 미국 기업들의 자사주 매입 경향과 S&P500 흐름(1985년~2019년)*

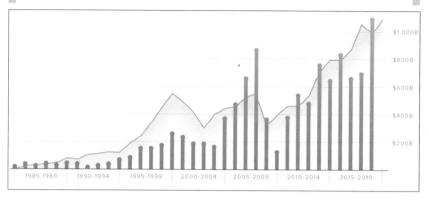

출처 : www.Visualcapitalist.com

이러한 자사주 매입은 전 세계 주식시장 중 미국주식시장에서 가장 큰 규모로 이뤄지고 있습니다. 2008년 금융위기 이후 미국을 대표하는 우량 기업들인 S&P500 기업들의 연간 자사주 매입 규모가 늘어나는 것만 봐도 알 수 있는데요. 2009년을 기점으로 꾸준히 증가하던 S&P500 기업들의 자사주 매입 규모는 2015년에 약 5,720억 달러 규모로 정점을 찍은 후 2년 연속 소폭 감소하는 모습을 보입니다. 2017년 말에 들어 트럼프 행정부의 감세 법안이 통과되면서 기존 35%였던 법인세율이 21%로 인하되었고, 미국 기업들의 해외 유보 자금을 자국으로 들여올 때 적용받던 송환 세율을 최고 35%에서 1회에 한해 특별 할인 세율인 15.5%를 적용하기로 합니다. 낮아진 법인세율

---

*  파란색 막대 그래프는 자사주 매입 규모를 나타내고, 녹색 선 그래프는 S&P500 지수를 나타냅니다. 자사주 매입 규모와 S&P500 지수의 상승폭이 유사한 것을 볼 수 있습니다.

로 기업들의 2018년 순이익이 큰 폭으로 증가했고 송환 세율의 인하로 해외에 유보되었던 현금이 대거 들어오다 보니 막대한 현금을 보유하게 되는데, S&P 500에 속하는 대부분 기업은 대규모의 현금을 주주들에게 배당으로 지급하고 자사주를 매입하는 데 활용하였습니다. 그 결과 2008년 이후 주가는 연평균 12% 이상의 상승을 기록했으며, 2019년은 한 해 동안 S&P500 지수가 무려 28.8%나 오르는 모습을 보여줬습니다.

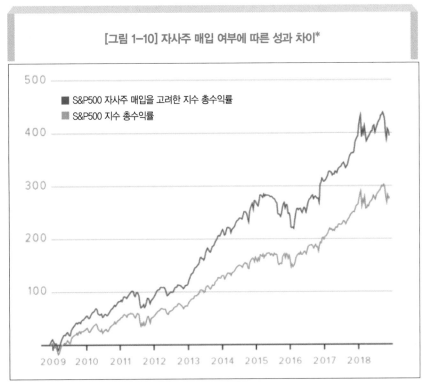

[그림 1-10] 자사주 매입 여부에 따른 성과 차이*

■ S&P500 자사주 매입을 고려한 지수 총수익률
■ S&P500 지수 총수익률

출처 : www.Visualcapitalist.com

\*  2009년 이후 자사주 매입을 한 기업들(파란색)의 주가 상승이 그렇지 않은 기업들(녹색)에 비해 상승폭이 더 큰 것을 확인할 수 있습니다.

# 자사주 매입은 주주들에게 무조건 좋은 건가요?

자사주 매입을 주주 이익 극대화라는 긍정적인 시각으로 보는 견해도 있지만 부정적인 시각도 있습니다. 시설 투자나 연구 및 개발(R&D), 다른 기업의 인수 합병(M&A) 등 기업의 성장과 일자리 창출을 도모할 수 있는 투자에 쓰여야 할 이익잉여금이 단기적 주가 상승이라는 목표를 달성하기 위해 자사주 매입에 쓰임으로써 장기적인 투자를 희생하고 있다는 시각입니다. 자사주 매입을 통한 주가 상승은 재무적 기법에 따른 상승이지 실제 기업의 이익이나 가치가 그만큼 늘어난 것이 아닙니다. 따라서 과도한 자사주 매입은 장기적 관점에서 보면 오히려 기업의 경쟁력을 떨어뜨리는 행위로도 볼 수 있습니다. 또한, 부채까지 활용한 무리한 자사주 매입은 위기가 왔을 때 유동성 부족으로 이어질 수 있고, 결국 기업과 주주 모두에게 부정적인 결과로 돌아올 위험성을 내포하고 있습니다. 그러므로 기업이 자사주 매입을 발표하면 그 규모와 정도가 과도한지 아닌지를 확인할 필요가 있습니다.

## (2) 주주 자본주의 풍토 속에 자리 잡은 배당 정책

'배당'이란 기업이 영업 활동을 통해 벌어들인 이익 중 일부를 주주들에게 소유 지분에 따라 분배하는 것을 말하며 자사주 매입과 함께 대표적인 주주 환원 정책입니다.

### 배당 성향

배당 성향 Payout Ratio 은 기업이 영업 활동을 통해 벌어들인 이익* 중 현금으로 지급된 배당금 총액의 비율을 말합니다. 당기순이익이 100억 달러인 회사가 배당금으로 20억 달러를 지급했다면 이 회사의 배당 성향은 20%가 되는 것이지요. 그런데 배당 성향의 높고 낮음만으로는 기업이 주주 이익 환원에 적극적인지를 판단하기 어렵습니다. 왜냐면 기업이 속한 국가와 산업, 경쟁 시장에서의 지위가 어느 정도냐에 따라 주주들에게 배당을 많이 해주는 게 득이 될 수도 있고 반대로 손해가 될 수도 있기 때문입니다.

성숙기에 접어든 기업이 높은 배당 성향을 유지하며 주주들에게 꾸준히 배당금을 지급하는 정책을 펼칠 때 시장에선 주주 이익 환원에 적극적인 기업이라 평가합니다. 반면 성장 중인 산업군에 속한 기업이라면 벌어들인 이익을 배당으로 지급하기보다 재투자하여 기업의 경쟁력과 가치를 끌어올리는 게 더 주주들을 위한 일이라 여겨집니다.

### 기업이 성장하는 만큼 점점 늘어나는 배당금

미국 기업들은 글로벌 패권국이자 기축통화국이라는 미국의 지위와 풍부

---

\* 당기순이익

한 내수 시장을 바탕으로 배당의 안정성과 지속성 그리고 성장성을 확보하기에 매우 유리한 환경에 있습니다. 기업이 이윤을 극대화할 수 있는 환경이 조성되어 있다 하더라도 경영진이 주주들을 위한 정책을 펼치지 않는다면 주주 입장에선 투자 매력도가 떨어질 겁니다. 하지만 미국은 기업의 이윤 극대화라는 경영 목표를 넘어 주주 이익 극대화라는 주주 자본주의 풍토가 확고하게 자리 잡고 있습니다. 즉, 경영진은 벌어들인 기업의 이익을 주주들과 나누는 것을 당연하게 생각하며 기업의 이익이 늘어난 만큼 배당금도 늘어나는 성장성 또한 중요하게 여긴다는 것이지요.

[그림 1-11] 1870년 이후 S&P500 지수의 연간 총 배당금 지급액 추이

출처 : Dividendinvestor.com

위 그래프에서 볼 수 있듯이 실제로 미국을 대표하는 S&P500에 속한 기업들은 오랜 기간 배당금을 꾸준히 증대시키며 지급해왔고, 앞으로도 지속적으로 배당금을 확대하며 주주 이익 환원에 적극적인 모습을 보일 가능성이 큽니다.

투자자들은 손실 리스크를 감수하더라도 특정 기업의 지분에 투자하여 수익을 내고 싶어 합니다. 투자자들이 원하는 바를 정확히 이해하고, 자사주 매입이나 배당 등 다양한 방법을 통해 주주 이익을 극대화하고자 노력하는 주주 자본주의 풍토가 뿌리 깊이 박혀있는 나라가 바로 미국입니다.

## ② 빨리 그리고 자주 지급하는 배당

미국 기업들의 배당에는 또 하나의 특징이 있습니다. 바로 배당을 빨리 그리고 자주 지급한다는 것인데요.

### (1) 신속한 배당 지급 기간

우리나라 기업은 대부분 12월 결산 법인이기에 매년 말까지 주주명부에 이름이 등재된 주주들에게 배당금을 지급해야 합니다. 지급할 배당금은 이듬해 3월 주주총회에서 결정되고, 주주총회에서 안건이 승인된 후 1개월 이내에 주주들에게 지급하게 되어있습니다. 한마디로, 연말에 주식을 매수하더라도 배당금을 계좌로 받기까지 최소 3개월 이상이 소요됩니다.

반면 미국 기업들은 이 과정을 간소화하여 이사회에서 배당 지급 금액과 시기를 결정하면 배당 기준일로부터 약 1개월 안에 배당금을 수령할 수 있습니다. 극단적으로 투자자가 배당락일Ex-dividend Date 전날까지만 주식 매수를 한다면 한 달 이내에 배당을 바로 수령할 수 있지요.

[그림 1-12] 미국 기업들의 신속한 배당 지급 기간을 보여주는 사례

| 배당금 | 배당 선언일 | 배당락일 | 주주명부 등재일<br>(배당 기준일) | 배당 지급일 |
|---|---|---|---|---|
| Payout<br>Amount | Declared<br>Date | Ex-Dividend<br>Date | Record<br>Date | Pay<br>Date |
| $0.4100 | 2020-02-20 | 2020-03-13 | 2020-03-16 | 2020-04-01 |
| $0.4000 | 2019-10-17 | 2019-11-29 | 2019-12-02 | 2019-12-16 |
| $0.4000 | 2019-07-18 | 2019-09-13 | 2019-09-16 | 2019-10-01 |
| $0.4000 | 2019-04-25 | 2019-06-13 | 2019-06-14 | 2019-07-01 |

1달 이내 지급

출처 : Dividend.com, 코카콜라(KO)의 배당 지급 내역 예시

## (2) 빈번한 배당 지급 주기

최근 주주 환원 정책을 강화하겠다며 분기 혹은 반기 배당 정책을 도입하는 국내 기업들이 늘어나곤 있지만 아직까지 국내 기업 대부분은 1년에 한 번 배당금을 지급하는 연간 배당 정책을 시행하고 있습니다. 그러다 보니 우리나라 투자자들에게 배당은 1년에 한 번 받는 것이라는 인식이 강합니다. 이에 반해 미국 기업들은 주주 자본주의에 근거하여 70% 이상의 기업들이 분기 배당 정책을 실시*하고 있으며 일부 기업들은 매달 배당금을 지급하기도 합니다. 주주들이 수령한 배당금으로 다시 주식을 매수하면 복리 효과가 발생하게 되는데 배당 지급 주기가 짧으면 짧을수록 복리 효과가 커집니다.

---

\* 2020년 2분기, 대형주(시가총액 100억 달러 이상, 보통주) 기준, 출처 : Dividend.com

배당을 받자마자 주식을 추가로 사면 다음 배당 지급일에 추가로 매수한 주식 수만큼 배당금을 더 받게 되고, 이 과정이 반복되면 늘어나는 주식 수에 따라 점점 더 많은 배당금을 받게 되는 원리입니다.

[그림 1-13] 30년간 S&P500 지수의 단순 지수 상승률과
총수익률의 비교(1990년 1월~2023년 9월)

출처 : Yahoofinance.com

다시 말해, 배당금을 받는 간격이 짧다면 그만큼 주식을 추가로 사는 속도가 빨라지고, 주가의 상승까지 더해진다면 재투자에 가속도가 붙어 투자자는 주가 차익과 배당 수익을 더한 총 수익률 Total Return 이 어마어마하게 불어나는 눈덩이 효과 Snowball Effect 를 누릴 수 있게 됩니다.

## (3) 월세처럼 매달 받을 수 있는 배당

분기 배당 정책이 보편화된 미국주식 시장의 또 다른 장점은 기업마다 다른 배당 지급 스케줄을 활용하여 투자자는 월세처럼 배당금을 매달 받을 수 있다는 점입니다. 예를 들어, A기업은 1/4/7/10월에 배당금을 지급하고, B기

| | 1월 | 2월 | 3월 | 4월 | 5월 | 6월 | 7월 | 8월 | 9월 | 10월 | 11월 | 12월 |
|---|---|---|---|---|---|---|---|---|---|---|---|---|
| A기업 | $ | | | $ | | | $ | | | $ | | |
| B기업 | | $ | | | $ | | | $ | | | $ | |
| C기업 | | | $ | | | $ | | | $ | | | $ |
| D기업 | $ | $ | $ | $ | $ | $ | $ | $ | $ | $ | $ | $ |

업은 2/5/8/11월, C기업은 3/6/9/12월에 배당금을 지급한다면 투자자가 A, B, C 기업의 주식을 모두 보유할 경우 매달 배당금을 월세처럼 받을 수 있게 되는 것입니다. 이렇게 하지 않더라도 그냥 월 배당 기업에 투자하면 투자자는 배당금을 매달 받을 수 있습니다.

## ③ 기축통화국만이 갖는 이점

기축통화란 국제 사회에서 국가간의 무역 대금을 결제하거나 금융거래의 중심이 되는 통화를 말하는데 현재는 미국 달러가 그 지위에 올라서 있습니다. 기축통화가 되기 위해선 몇 가지 조건들이 충족되어야 하는데요. 세계에서 손꼽히는 경제 규모와 고도로 발달한 금융 시장을 바탕으로 통화 가치의 안정성이 담보되어야 합니다. 또한 발행 국가의 신용도와 함께 물가가 안정적이어야 하며, 해당 통화를 전 세계에 충분히 공급하여 여러 나라가 자유롭게 거래할 수 있는 교환성이 확보되어야 합니다. 미국 달러는 이러한 까다로운 조건들을 모두 충족시켜 오랜 세월 기축통화의 자리에서 그 위치를 공고히 다지고 있습니다.

## (1) 무역 및 자본거래에서 유리

전 세계에서 거래되는 대부분의 재화와 서비스는 기축통화인 달러로 거래되므로 모든 국가는 환율에 민감할 수밖에 없습니다. 그래서 시장 참여자들은 환율 변동에 따른 위험을 제거하기 위해 선물이나 옵션과 같은 파생상품을 활용하여 안전장치를 마련합니다. 무역이나 자본거래의 대금 결제일에 사전에 정한 환율로 거래하기로 하는 계약을 맺는 방식으로 말이죠. 하지만 미국은 기축통화국이기에 환율에 대해 크게 신경 쓰지 않아도 되며 환율 변동의 리스크를 줄이기 위한 비용도 거의 발생하지 않습니다. 즉, 세계의 모든 기업이 기축통화에 대한 환율의 안정성을 확보하고자 노력하지만 미국 기업은 자국 화폐가 기축통화이기에 별다른 노력과 비용이 필요하지 않습니다.

## (2) 풍부한 수요에 따른 무한한 발권력

기축통화국인 미국은 누구나 갖고 싶어 하며 세계에서 가장 안전한 화폐인 달러를 자유롭게 찍어낼 수 있습니다. 매년 미국의 무역·재정 적자 폭을 줄이기 위해 기축통화국의 발권력이 동원되는데 이런 발권력은 경제 위기가 왔을 때 그 힘이 극대화됩니다. 2008년 금융위기 당시 연방준비제도이사회 Federal Reserve Board 는 엄청난 규모의 달러를 찍어내고 국채 매입 등을 통해 시중에 유동성을 직접 공급함으로써 신용경색을 해소하고 경기를 부양시키는 '양적 완화 QE'를 시행했습니다. 미국의 양적 완화 정책은 2020년 2월 말부터 불거졌던 코로나 바이러스(COVID-19)가 불러온 경제 충격 상황에서도 시행되었는데요. 이렇게 특정 국가가 자국 화폐의 발권력을 동원하여 통화를 찍어낼 경우 국제 사회에 상당한 영향을 미치게 됩니다. 생산된 화폐의 통화량이 증가하면서 가치가 하락하게 되고 인플레이션이 야기되며 무역 거래에서도 상대국의 수출 경쟁력이 하락합니다.

### (3) 모두가 원하는 가장 안전한 자산

그런데도 미국의 양적 완화에 딴지를 걸지 못하는 건 대부분의 나라가 미국 달러를 끊임없이 원하기 때문입니다. 전 세계 국가의 외화 부채는 대부분이 달러 부채이므로 미국이 계속 달러를 발행하여 화폐 가치가 떨어지면 달러 부채에 대한 부담이 줄어들게 되는 이점이 있습니다. 또한, 미국 달러는 수많은 국가의 외환보유고에서 60% 이상의 비중을 차지하고 있으며 경제 규모가 작을수록 미국 달러에 대한 수요는 더 높아지는 경향이 있습니다. 달러 보유액이 해당 국가의 신용도와 직결되며 위기가 왔을 때 가장 믿을 만한 안전장치로 작용하기 때문입니다. 수많은 국가가 외환보유고에 더 많은 미국 달러를 채워 넣길 원하는데 미국이 달러를 대규모로 발행해 준다면 마다

**[표 1-2] 주요국의 외환보유액** (2023년 7월 말 기준)

단위 : 억 달러

| 순위 | 국가 | 외환보유액 | 순위 | 국가 | 외환보유액 |
|---|---|---|---|---|---|
| 1 | 중국 | 32,043(+113) | 6 | 대만 | 5,665(+17) |
| 2 | 일본 | 12,537(+65) | 7 | 사우디아라비아 | 4,269(−163) |
| 3 | 스위스 | 8,839(−29) | 8 | 한국 | 4,218(+3) |
| 4 | 인도 | 6,058(+108) | 9 | 홍콩 | 4,216(+43) |
| 5 | 러시아 | 5,900(+75) | 10 | 브라질 | 3,455(+19) |

주 : 괄호 내 숫자는 전월 말 대비 증감액
출처 : IMF, 각국 중앙은행 홈페이지

할 이유가 없는 것이지요.

지금까지 설명한대로 미국은 국제 사회에서 패권국이자 기축통화국이라는 지위를 활용하여 커다란 이점을 누리고 있습니다. 반대로 이야기하면 전 세계의 수많은 기업은 이렇게 유리한 고지에 있는 미국 기업과 경쟁하고 있는 것입니다.

## ④ 비기축통화국만이 누릴 수 있는 '환 쿠션'

최근 코로나19 이슈로 글로벌 주식시장이 순식간에 폭락했을 때 너도나도 안전자산인 달러를 구하러 다녔던 사례만 보더라도 위기가 올 땐 안전자산에 대한 선호도가 높아지는 걸 알 수 있습니다. 달러에 대한 수요가 높아지면 이전보다 더 비싼 값으로 달러를 사야 합니다. 원/달러 환율이 오르는 것이죠. 따라서 기축통화국이 아닌 국가에서 기축통화국의 기업에 투자해두면 위기 상황이 왔을 때 환율에서 이점을 누릴 수 있는 확률이 높습니다. 이해를 돕기 위해 사례를 들어 설명해볼까요?

투자자 A씨는 미국주식 시장에 상장된 기업에 투자하기 위해 원화를 달러로 환전했습니다. 그런데 투자를 시작한지 얼마 지나지 않아 미국 경제에 갑자기 위기가 찾아오고 주식 시장은 급격히 하락합니다. 이때 주가가 내리긴 했지만 반대로 원/달러 환율은 오르므로 환율의 상승 폭이 주가의 하락을 어느 정도 상쇄해 줍니다. 즉, 달러 기준의 주가는 50%나 하락하여 반 토막이 났더라도 환율이 환전했을 당시보다 올랐기에 원화로 계산한 주식 평가액은 50%보다 덜 손실입니다. 환율이 일종의 '쿠션 역할'을 해준 것이지요.

이런 환쿠션 효과는 [그림 1-15]에서 볼 수 있듯이 1998년 외환위기나

## [그림 1-14] S&P500 지수와 원/달러 환율 추이 (2014년~2023년)*

출처 : Fred.stlouisfed.org

## [그림 1-15] 원/달러 환율 추이 (1995년 1월~2023년 11월)

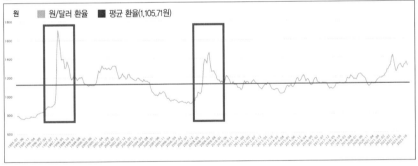

출처 : 한국은행 경제통계시스템

---

\*     S&P500의 지수를 구간별로 보면 지수가 하락하는 시점의 원/달러 환율이 크게 높아지는 모습이 반복적으로
나타나는 것을 확인할 수 있습니다.

2008년 글로벌 금융위기 같은 커다란 위기 때 그 효과가 극대화되는데요. 이런 환쿠션 효과는 우리나라 같은 비기축통화국 투자자들만이 누릴 수 있는 혜택입니다.

# 미국주식투자의 세 가지 단점

**04**

국내에서 미국주식에 투자할 땐 앞서 소개한 것 같은 장점만 있는 건 아닙니다. 몇 가지 명확한 단점도 있는데요. 대표적인 단점으로 국내주식 거래에 비해 상대적으로 높은 '거래 수수료', 주가 외에 추가로 고려해야 하는 '환율 변수', 높은 '양도소득 세율' 이렇게 세 가지를 들 수 있습니다. 그런데 이런 것이 항상 단점으로만 작용하는 건 아닙니다. 상황에 따라서 단점을 최소화할 수 있고, 개인의 투자 스타일이나 형태에 따라 단점이 오히려 장점으로 바뀌기도 합니다. 그럼 미국주식 투자의 대표적인 단점과 이를 극복하는 노하우를 하나씩 살펴보겠습니다.

## ① 거래 수수료 부담

현재 대부분의 국내 증권사에선 신규 계좌 개설 고객 혹은 장기 미거래 고객이 거래를 재개하면 국내주식 거래 수수료 평생 무료 서비스를 제공하고 있습니다. 이에 반해 미국주식 거래 수수료는 과거보다 수수료율이 낮아졌고 최소수수료 제도 역시 대부분 폐지했지만, 평생 무료인 국내주식 거래 수수료에 비하면 부담스러운데요. 예를 들어, 원화로 1,000만 원을 투자(환율은 고려하지 않음)한다고 했을 때 1회 거래 시 평균 25,000원(증권사들의 온라인 거래 평균 수수료율인 0.25%를 적용하여 계산)의 거래 수수료를 증권사에 지급해야 하고, 거래 횟수가 늘어날수록 누적되어 투자수익률을 갉아먹는 원인이 됩니다. 이 정도의 수수료가 부담스럽지 않은 투자자라면야 상관없겠지만 그게 아니라면 애초에 매매 횟수를 최소화할 수 있는 방식으로 투자 전략을 세워야 합니다. 짧은 기간 안에 매수·매도하는 트레이딩 스타일이 아닌 장기간 좋은 기업의 주식을 꾸준히 사서 모으는 방식으로 투자 방향을 설정한다면 자연스럽게 매매 횟수를 최소화하여 거래 수수료에 대한 부담을 줄일 수 있습니다.

## ② 환율이라는 추가 변수

'환율 변수'는 투자자에게 주가의 오르내림이라는 변수 외에 하나의 불확실성으로 작용합니다. 하지만 환율 변수는 상황에 따라서 장점이 될 수도 있는 양면성이 있습니다. 앞서 '환 쿠션 효과'를 소개하며 통상적으로 원/달러 환율과 주가는 서로 반대 방향으로 움직이는 성향이 있다고 말씀드렸습니다. 따라서 주가가 떨어질 땐 대개 환율이 오르므로 전체 계좌의 손실 폭을 줄일 수 있습니다. 이것이 바로 환율 변수가 장점으로 작용하는 대표적인 사례입니다.

반대로 환율이 단점으로 작용하는 경우로는 ①추가 매수를 위한 적립식 투자를 할 때와 ②투자금을 회수할 때의 두 가지 경우가 있습니다. 먼저, 추가 매수를 하는 경우는 일반적으로 주가가 하락하는 국면일 가능성이 높습니다. 투자자들은 본인이 매수한 가격보다 싸졌을 때 사고 싶은 마음이 더 커지기 때문이죠. 이 시점의 환율은 주가와 반대 방향으로 움직이다 보니 기존 환율보다 더 높은 수준에 있을 확률이 높습니다. 즉, 가격이 떨어진 미국주식을 사려면 달러를 비싸게 환전해야 합니다.

또한, 투자금을 회수할 때 역시 주가와 환율 음의 상관관계로 인해 투자자의 수익률이 떨어지곤 합니다. 주가가 많이 올라 수익을 실현하고자 하는 시점엔 환율은 이전보다 낮은 수준에 위치할 것이고, 투자자가 달러 자산을 원화로 바꾸기 위해선 이렇게 낮아진 원/달러 환율에 환전할 수밖에 없습니다. 즉, 주식과 환율에서 모두 이점을 보기 어렵다는 말이죠.

그렇다면 이런 단점을 최소화하기 위해 투자자는 어떤 전략을 갖고 투자에 임해야 할까요? 투자의 시간 프레임을 길게 가져가 거래와 환전의 시점을 분산하는 것입니다. 적립식으로 투자를 한다면, 주가가 높다고 판단될 시기에 이전보다 낮아졌을 환율로 미리 환전을 하여 달러 예수금을 확보해 둡니다. 그러다가 주가가 떨어지며 환율이 오를 땐 사전에 환전해 둔 달러로 눈여겨 봐둔 주식들을 매수합니다. 반대로 투자금을 회수하는 시기엔 주가가 올랐을 때 보유 종목들을 매도하여 달러 예수금을 확보해 두고, 주가가 내리며 환율이 오르면 예수금을 원화로 바꾸는 식으로 주가와 환율이라는 두 가지 변수에서 최대한 이익을 가져가는 전략을 구상해야 합니다. 환율 변수라는 단점을 최소화하기 위해선 긴 시간을 갖고 환전과 주식 매매 시점을 분리하는 것이 중요합니다. 우리가 투자를 할 때 주가와 환율이 서로의 위치를 바꾸는 정확한 타이밍을 알 순 없지만 이렇게 각각의 시점을 분산해야 한다는 개념을 알고 투자에 임한다면 환율 변수를 오히려 장점으로 승화시킬 수 있습니다.

한편 장기적으로 환율은 어느 정도 제한된 범위 내에서 움직이는 특성이 있어 주가에 비해 변동 폭이 상대적으로 작다는 특징이 있습니다. 그렇기에 환율에 대해 예민하게 반응하기보단 꾸준히 시점을 분산하여 환전하고, 장기간 우상향할 수 있는 우량한 종목을 매수하는 데 집중하는 것이 투자수익률에 더 도움이 될 것입니다.

## ③ 높은 양도소득세율

미국주식과 국내주식의 가장 큰 차이점 중 하나가 바로 매매차익에 대한 세금 체계입니다. 대주주 요건에 해당하지 않을 경우 상장 주식의 매매차익은 비과세인 국내주식에 비해 미국주식은 매매차익(매년 기본공제 250만 원)에 대해 22%의 세율(지방세 포함)로 계산한 양도소득세를 매년 신고 및 납부하도록 되어있는데요. 세율 자체로만 비교하면 매매차익에 대해 세금을 한 푼도 내지 않는 국내주식과 미국주식은 비교 대상이 되지 못합니다. 하지만 손익통산 개념을 활용한 과세 이연, 증여세 공제를 활용한 가족 간 증여 후 매도와 같은 방법을 통해 양도소득세가 발생하는 미국주식의 단점을 최소화할 수 있습니다.

세금은 수익이 났을 때만 납세 의무가 생깁니다. 투자를 시작하면서 세금 걱정부터 하기보단 수익을 내는 방법을 모색하는 게 순서일 것입니다. 또한, 국내시장과 미국시장 중 어느 시장에서 수익을 거둘 확률이 높은지를 잘 판단하고, 투자 수익 중 22%를 세금으로 내더라도 내가 가져갈 수 있는 78%의 세후 실현 손익이 있다는 점에 더 집중해야 합니다. 우리의 투자는 절세가 아닌 수익이 목적임을 잊지 말아야 합니다.

# 국내주식 시장과 비교하면 미국주식 시장은 어떤 점들이 다를까?

지금까지 소개한 내용을 바탕으로 국내주식과 미국주식 시장의 특징을 비교해보겠습니다. 투자자의 성향과 상황, 목적 등이 다르기에 두 시장 중 어느쪽이 우월하고 유리하다고는 할 수 없습니다. 따라서 여러분이 투자하는 방식에 맞게 각각의 시장에서 얻을 수 있는 장점들을 최대한 활용하기 바랍니다.

[표 1-3] 국내주식 시장과 미국주식 시장의 특징 비교표

| | 미국 시장 | 한국 시장 |
|---|---|---|
| 거래 통화 | 달러 USD | 원화 KRW |
| 표기 색상 | 상승(▲) : 초록색<br>하락(▼) : 빨간색 | 상승(▲) : 빨간색<br>하락(▼) : 파란색 |
| 상하한가 | 제한 X | 상, 하 각각 ± 30% |
| 종목 표시 | 알파벳(티커 or 심볼)<br>(ex) T, AMZN, AAPL, TSLA 등 | 숫자(종목 코드 6자리)<br>(ex) 삼성전자(005930), 현대차(005380)<br>등 |
| 정규장 거래시간 | 22:30~5:00(익일) | 9:00~15:30 |
| 시간 외 거래시간 | 정규장 시작 전 5시간 30분<br>(17:00~22:30) | 정규장 시작 전 30분<br>(8:30~9:00) |
| | 정규장 종료 후 4시간<br>(익일 5:00~9:00) | 정규장 종료 후 2시간 30분<br>(15:30~18:00) |
| * 위 거래시간에 대한 표기는 한국 시각 기준이며, 국내 증권사를 통한 미국시장의 시간 외 거래는 제한적<br>* 미국시장의 거래시간은 서머타임 적용 기준(해제 시 1시간씩 늦춰짐) | | |
| 시간 외 거래 방식 | 정규장과 동일한 방식 | 동시호가, 종가거래, 시간 외 단일가 |
| 배당 지급 주기<br>(대다수의 기업 기준) | 분기 배당 | 연간 배당 |
| 매매차익에 대한<br>세금 | 양도소득세 22%(주민세 포함) | 비과세 |
| | 연간 250만 원 기본공제, 손익 통산 제도 | 단, ①대주주인 종목의 상장 주식<br>②비상장 주식<br>③상장 주식의 장외거래일 경우 과세 |

독자들과
나누고픈 소중한경험

# 애나정 씨! 미국주식투자는
# 어떻게 시작하게 되었나요?

해외에서 물건을 구매할 때는 물론이고 외국 기업들의 주식까지 직구로 사는 시대입니다. 해외주식 중 특히 미국주식에 대한 관심이 높아졌다는 것을 피부로 느끼고 있는 요즘입니다. 필자가 운영하는 SNS 채널에도 제가 어떻게 처음 미국주식 투자를 시작하게 되었는지 질문하는 분들이 많습니다. 질문의 의도를 생각해 보면, '다들 요즘 해외주식 투자라는 걸 하는데 어디서부터 어떻게 시작해야 할지 막막한 마음'에 그런 질문을 하신 것 같습니다. 저 역시 처음에는 비슷한 마음이었습니다. 그래서 제가 어떻게 시작했고, 지금까지 투자를 이어오고 있는 비결이 무엇인지를 말씀드리려 합니다.

## 사회초년생, 자본주의와 인플레이션의 무서움을 마주하다

저는 운이 좋게도 20대 중반부터 투자를 시작했습니다. 투자를 시작하게 된 계기는 '돈을 가만히 내버려 두면 손해 본다'라는 경각심 때문이었습니다. 회사에 입사해 태어나서 처음으로 월급을 받았을 때의 기쁨은 이루 말할 수 없었지만 그런 감정은 빠르게 식었습니다. 왜냐하면 월평균 275만 원을 30년 동안 꼬박 모아야만 10억이고, 저축만 했다간 서울에 내 집 한 채 평생 사기 힘들 것이라는 암울한 현실이 이내 제 마음을 답답하게 만들었기 때문입니다. 현실을 깨닫고 그때부터 닥치는 대로 책도 읽고 강의도 들으러 다녔습니다. 그 과정에서 얻게 된 공통된 메시지가 있었으니 바로 '자본주의 시스템에선 돈이 점점 더 풀리며 자연스럽게 화폐의 구매력은 계속 떨어질 수밖에 없다.'라는 사실이었어요. 이때 받았던 충격은 아직도 생생합니다.

세계 최고 헤지펀드 회사 '브리지워터 어소시에이츠Bridge Water Associates'를 설립한 레이 달리오 Ray Dalio에 따르면 자본주의는 무수히 많은 '거래'로 움직인다고 합니다.[*] 자본주의 시스템에서 화

---

[*] 유튜브에서 'How The Economic Machine Works by Ray Dalio' 영상을 보시면 훨씬 더 쉽고 자세하게 경제 작동 원리를 확인할 수 있습니다. https://youtu.be/PHe0bXAIuk0

폐의 가치는 점점 떨어지고, 물가 상승을 상쇄할 수 있는 자산을 사는 '투자'는 선택이 아닌 필수라는 것을 깨달은 저는 그때부터 적극적으로 투자에 임하기 시작했습니다.

**[그림 1-16] 달러의 가치 하락**(1913년~2019년)*

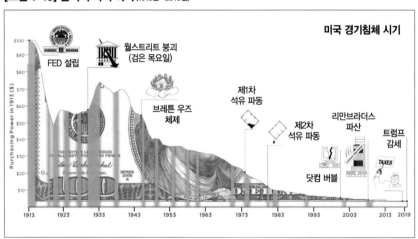

출처 : Howmuch.net

**[표 1-4] 달러의 화폐 가치 하락** (1913년~2019년)

| 년도 | 화폐 가치(구매력) | 년도 | 화폐 가치(구매력) |
|---|---|---|---|
| 1913 | $100 | 1973 | $22.30 |
| 1923 | $57.89 | 1983 | $9.94 |
| 1933 | $76.15 | 1993 | $6.85 |
| 1943 | $57.23 | 2003 | $5.38 |
| 1953 | $37.08 | 2013 | $4.25 |
| 1963 | $32.35 | 2019 | $3.87 |

\*     1913년 시점의 $100가 지닌 가치는 2019년 $3.87로 떨어지며 화폐 가치가 무려 96%나 감소했습니다.

### 운이 좋았던 과거, 실력을 쌓고 있는 현재

사실 첫 투자 대상은 미국주식이 아니었습니다. 성공 경험을 처음으로 안겨준 투자가 미국주식이었죠. 처음 투자를 시작했을 때 P2P나 펀드 등 여러 투자처에 기웃거렸지만 별다른 성취감을 느낄 수 없었습니다. 그런데 미국주식은 달랐습니다. 일상생활 속에서 자주 접할 수 있는 애플, 마이크로소프트, P&G 등과 같은 기업들을 공부하는 과정은 재미있었고, 그런 기업들로부터 매달 받는 배당금은 엄청난 만족감을 주며 짜릿하기까지 했습니다. 사실 저는 운이 매우 좋았습니다. 처음 미국주식 투자를 시작했을 때 미·중 무역 분쟁이 한창이었기에 주가가 약간 조정을 겪고 있었기 때문입니다. 그 덕분에 저렴한 가격대로 대장주들을 사 모을 수 있었는데요. 시간이 지나면서 악재가 해소되자 대장주들은 바로 반등했습니다. 이때 '좋은 기업은 외부 악재로 하락할 때가 매수하기 좋은 기회'라는 것과 '미국 시장의 대장주들은 긴 시계열로 보면 결국은 우상향한다'라는 소중한 깨달음을 얻게 되었습니다. 투자 초기의 행운은 너무나도 감사한 일입니다. 하지만 이 운이 영원히 지속될 순 없기에 저는 실력을 쌓기 위해 노력하고 있습니다.*

### 원하는 삶을 살기 위해 저는 오늘도 미국주식에 투자합니다

'좋아하는 일을 하라'라는 말을 많이 들어보셨을 겁니다. 저 역시 한 번밖에 없는 인생이니 정말 좋아하는 일, 가슴 뛰는 일을 해야 한다고 생각하는데요. 하지만 좋아하는 일에 집중하기 위해서는 경제적, 시간적 여유가 필요합니다. 그러려면 몇십 억, 몇백 억이 있어야 하는 게 아닌가?라는 의문이 생기실 수 있겠지요. 그러나 매달 10만 원이라도 배당금을 받을 수 있다면 취미 생활을 할 수 있는 작은 여유가 생깁니다. 그러기 위해 5%의 배당금을 받는다고 가정했을 때 약 2,400만 원의 투자금이 필요합니다. 이 정도는 직장인에게 심각하게 부담되는 금액은 아닐 겁니다. 투자금이 늘어날수록 매달 받게 되는 배당금이 늘어나는데, 그 금액이 한 달 생활비를 뛰어넘을 정도가 된다면 그때는 내가 정말 좋아하는 일, 가슴 뛰는 일을 할 수 있겠지요. 저는 진짜 좋아하는 일을 할 수 있는 '경제적 자유'를 위해 오늘도 미국주식을 공부하고 투자합니다.

---

\*  블로그를 통해 알게 된 '베가스풍류객'님을 비롯한 많은 투자자들과 투자 초기부터 지금까지 꾸준히 소통하고 있는데요. 이런 분들로부터 미국주식 투자와 관련하여 많은 가르침을 받고 소통할 수 있다는 점은 저에게는 큰 행운이라 생각됩니다. 이 지면을 빌어 감사하다는 말씀을 전합니다.

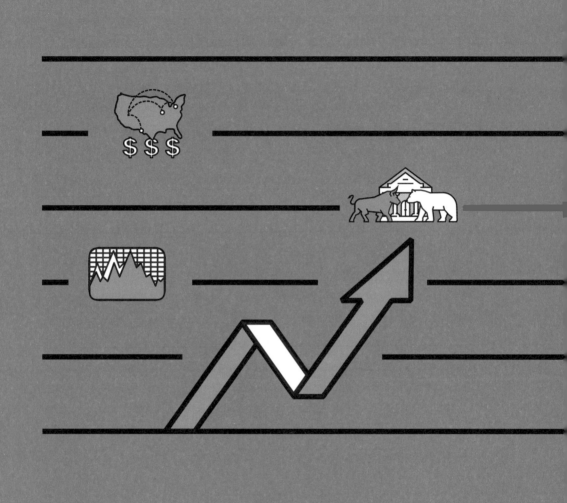

# Chapter 2

# 나무보다 숲!

# 섹터

제1장에서 우리는 미국주식의 기본을 배웠습니다. 무엇이든지 할 수 있을 것 같은 자신감이 생긴 분은 지금이라도 당장 미국 주식에 투자하고 싶을 것입니다. 많이 들어본 기업들을 얼마에 살 수 있는지 검색해본 분도 계실 것이고, 미국 상장 기업 리스트를 뽑아서 하나씩 공부해야겠다며 계획부터 짜고 있는 분도 있을 겁니다.

그러나 어떤 공부를 시작하든 먼저 전체적인 그림과 큰 흐름을 파악할 수 있어야 합니다. 미국주식시장에서 우리가 흔히 들을 수 있는 '애플, 테슬라' 등 개별 종목이 '나무'라면 이번 장에서 다룰 섹터sector는 종목들이 이루는 '큰 숲'이라고 할 수 있습니다. 미국 시장은 크게 11개의 섹터로 나뉘는데요. 섹터를 통해서 우리는 주식시장에서 돈이 어디로 어떻게 흐르는지 큰 흐름을 알 수 있습니다. 본격적인 논의에 들어가기 전, 매해 각 섹터들은 얼마큼의 성과를 냈는지 미리 살펴보실까요?

노벨 인베스터Novel Investor라는 사이트에서는 매해 섹터별 퍼포먼스를 가시적으로 확인할 수 있는 정보를 제공하고 있습니다. 그 내용을 다음 페이지의 [표 2-1]에 정리했습니다. 2009년부터 2022년까지 최근 14년 동안의 섹터별 성과를 확인할 수 있는 표입니다. 매년 상승 폭이 컸던 순서대로 섹터를 배열했습니다. 벤치마크 지표인 S&P500 지수의 수익률도 함께 나타내줌으로써 어떤 섹터가 기준 대비 높은 성과를 냈는지도 확인할 수 있습니다.

2019년에는 11개 섹터 중 IT(정보기술) 섹터가 +50.3%나 성장하며 가장 높은 성장률을 보였습니다. 2020년부터 5G 네트워크가 상용화된다는 소식에 5G의 기반이 되는 통신 장비업체, 반도체 산업과 AI, 클라우드 관련 소프트웨어 기업들을 포함한 IT 섹터가 투자자들의 큰 관심을 받아 많은 투자금이 집중된 결과입니다. 반면 2008년을 보실까요? 금융 섹터의 수익률은 전체 섹터 중 가장 낮은 성적을 기록했습니다. 2008년은 서브 프라임 모기지 사태로 미국발 금융위기가 일어나 시장 전체가 무려 -37%나 하락한 시기로, 은행을 비롯한 신용 시장이 큰 어려움에 직면했을 때입니다. 2008년은 모든 섹터가 마이너스를 기록했는데요. 투자자들의 우려로 매도 물량이 많이 나와 투자금이 빠져나갔기 때문입니다.

이처럼 모든 섹터의 움직임을 지켜보면 개별 기업의 실적을 하나씩 확인하는 것보다 주식시장에서 전반적으로 돈이 어떻게 흘러가고 있는지를 보다 쉽게 파악할 수 있습니다. 돈의 흐름을 파악할 수 있다면 더 나은 투자 판단을 할 수 있고 성공적인 결과로 이어질 확률도 높아지는데요. 그래서 이번 장에서는 미국주식시장의 11개 대표 섹터에 대한 소개와 특징, 그리고 섹터 정보를 투자에 어떻게 접목시킬 수 있는가에 대한 내용을 다루겠습니다.

# [표 2-1] S&P500 섹터별 성과(2009년~2022년)

| 2009 | 2010 | 2011 | 2012 | 2013 | 2014 | 2015 |
|------|------|------|------|------|------|------|
| 정보기술 61.70% | 부동산 32.30% | 유틸리티 19.90% | 금융 28.80% | 임의소비재 43.10% | 부동산 30.20% | 임의소비재 10.10% |
| 소재 48.60% | 임의소비재 27.70% | 필수소비재 14.00% | 임의소비재 23.90% | 헬스케어 41.50% | 유틸리티 29.00% | 헬스케어 6.90% |
| 임의소비재 41.30% | 산업재 26.70% | 헬스케어 12.70% | 부동산 19.70% | 산업재 40.70% | 헬스케어 25.30% | 필수소비재 6.60% |
| 부동산 27.10% | 소재 22.20% | 부동산 11.40% | 커뮤니케이션 18.30% | 금융 35.60% | 정보기술 20.10% | 정보기술 5.90% |
| 시장(기준) 26.50% | 에너지 20.50% | 커뮤니케이션 6.30% | 헬스케어 17.90% | 시장(기준) 32.40% | 필수소비재 16.00% | 부동산 4.70% |
| 산업재 20.90% | 커뮤니케이션 19.00% | 임의소비재 6.10% | 시장(기준) 16.00% | 정보기술 28.40% | 금융 15.20% | 커뮤니케이션 3.40% |
| 헬스케어 19.70% | 시장(기준) 15.10% | 에너지 4.70% | 산업재 15.40% | 필수소비재 26.10% | 시장(기준) 13.70% | 시장(기준) 1.40% |
| 금융 17.20% | 필수소비재 14.10% | 정보기술 2.40% | 소재 15.00% | 소재 25.60% | 산업재 9.80% | 금융 -1.50% |
| 필수소비재 14.90% | 금융 12.10% | 시장(기준) 2.10% | 정보기술 14.80% | 에너지 25.10% | 임의소비재 9.70% | 산업재 -2.50% |
| 에너지 13.80% | 정보기술 10.20% | 산업재 -0.60% | 필수소비재 10.80% | 유틸리티 13.20% | 소재 6.90% | 유틸리티 -4.80% |
| 유틸리티 11.90% | 유틸리티 5.50% | 소재 -9.60% | 에너지 4.60% | 커뮤니케이션 11.50% | 커뮤니케이션 3.00% | 소재 -8.40% |
| 커뮤니케이션 8.90% | 헬스케어 2.90% | 금융 -17.10% | 유틸리티 1.30% | 부동산 1.60% | 에너지 -7.80% | 에너지 -21.10% |

출처 : https://novelinvestor.com/sector-performance/

| 2016 | 2017 | 2018 | 2019 | 2020 | 2021 | 2022 |
|---|---|---|---|---|---|---|
| 에너지 27.40% | 정보기술 38.80% | 헬스케어 6.50% | 정보기술 50.30% | 정보기술 43.90% | 에너지 54.60% | 에너지 65.70% |
| 커뮤니케이션 23.50% | 소재 23.80% | 유틸리티 4.10% | 커뮤니케이션 32.70% | 임의소비재 33.30% | 부동산 46.20% | 유틸리티 1.60% |
| 금융 22.80% | 임의소비재 23.00% | 임의소비재 0.80% | 금융 32.10% | 커뮤니케이션 23.60% | 금융 35.00% | 필수소비재 -0.60% |
| 산업재 18.90% | 금융 22.20% | 정보기술 -0.30% | 시장(기준) 31.50% | 소재 20.70% | 정보기술 34.50% | 헬스케어 -2.00% |
| 소재 16.70% | 헬스케어 22.10% | 부동산 -2.20% | 산업재 29.40% | 시장(기준) 18.40% | 시장(기준) 28.70% | 산업재 -5.50% |
| 유틸리티 16.30% | 시장(기준) 21.80% | 시장(기준) -4.40% | 부동산 29.00% | 헬스케어 13.50% | 소재 27.30% | 금융 -10.50% |
| 정보기술 13.90% | 산업재 21.00% | 필수소비재 -8.40% | 임의소비재 27.90% | 산업재 11.10% | 헬스케어 26.10% | 소재 -12.30% |
| 시장(기준) 12.00% | 필수소비재 13.50% | 커뮤니케이션 -12.50% | 필수소비재 27.60% | 필수소비재 10.80% | 임의소비재 24.40% | 시장(기준) -18.10% |
| 임의소비재 6.00% | 유틸리티 12.10% | 금융 -13.00% | 유틸리티 26.40% | 유틸리티 0.50% | 커뮤니케이션 21.60% | 부동산 -26.10% |
| 필수소비재 5.40% | 부동산 10.90% | 산업재 -13.30% | 소재 24.60% | 금융 -1.70% | 산업재 21.10% | 정보기술 -28.20% |
| 부동산 3.40% | 에너지 -1.00% | 소재 -14.70% | 헬스케어 20.80% | 부동산 -2.20% | 필수소비재 18.60% | 임의소비재 -37.00% |
| 헬스케어 -2.70% | 커뮤니케이션 -1.30% | 에너지 -18.10% | 에너지 11.80% | 에너지 -33.70% | 유틸리티 17.70% | 커뮤니케이션 -39.90% |

# 섹터 소개

## 01

## ① 섹터의 개념과 기준

### (1) 11개 섹터로 분류

주식시장을 분류하는 가장 대표적인 방법은 글로벌 지수 산출기관인 MSCI와 S&P가 1999년 개발한 글로벌 산업분류기준Global Industry Classification Standard, 이하 GICS로 표기 방식을 통해 분류하는 것입니다. GICS에 따르면 전 세계 상장사는 섹터(11개) – 산업군(24개) – 산업(69개) – 하부산업(158개), 이렇게 4단계로 구분되는데요. 여기서 '섹터'란 비슷한 산업별로 종목을 모아 구성한 단위를 말하며 에너지, 소재, 산업재, 임의소비재, 필수소비재, 헬스케어, 금융, 정보기술, 커뮤니케이션 서비스, 유틸리티, 리츠(부동산) 총 11개의 섹터가 있습니다. MSCI 섹터 – 산업그룹 – 산업 분류를 점점 더 세분화하여 하나씩 살펴보면 미국 시장과 섹터에 대해 좀 더 이해하기 쉽습니다. 11개 섹터를 정리한 [표 2-2]를 보실까요?

## [그림 2-1] GICS 섹터 분류

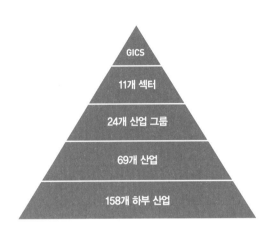

GICS

11개 섹터

24개 산업 그룹

69개 산업

158개 하부 산업

출처 : MSCI 공식 홈페이지

## [표 2-2] 섹터 - 산업그룹 - 산업 분류*

| 섹터 | 산업그룹 | 산업 |
|------|----------|------|
| **에너지**<br>ENERGY | 에너지 | 에너지 장비 및 서비스 |
| | | 석유, 가스, 소모 연료 |
| **소재**<br>MATERIALS | 소재 | 화학 |
| | | 건축 자재 |
| | | 용기 및 포장지 |
| | | 금속 및 채광 |
| | | 종이 및 임산물 |

* MSCI 공식 홈페이지에서 발췌

| | | |
|---|---|---|
| **산업재**<br>INDUSTRIALS | 자본재 | 우주항공 및 국방 |
| | | 건축 제품 |
| | | 건설 및 엔지니어링 |
| | | 전기 장비 |
| | | 복합 기업 |
| | | 기계 |
| | | 무역 회사 및 판매업체 |
| | 상업 및 전문 서비스 | 상업 서비스 및 공급품 |
| | | 전문 서비스 |
| | 운송 | 항공 화물 운송 및 물류 |
| | | 항공사 |
| | | 해운회사 |
| | | 도로 및 선로 |
| | | 운송 인프라 |
| **임의소비재**<br>CONSUMER<br>DISCRETIONARY | 자동차 및 부품 | 자동차 부품 |
| | | 자동차 |
| | 내구 소비재 및 의류 | 가정용 내구재 |
| | | 레저용 제품 |
| | | 섬유, 의류, 사치품 |
| | 소비자 서비스 | 호텔, 레스토랑, 레저 |
| | | 다양한 소비자 서비스 |
| | 소매 | 판매업체 |
| | | 인터넷 및 직접 마케팅 소매 |
| | | 복합 소매 |
| | | 전문 소매 |
| **필수소비재**<br>CONSUMER<br>STAPLES | 식품 및 필수품 소매 | 식품 및 필수품 소매 |
| | 식품, 음료, 담배 | 음료 |
| | | 식품 |
| | | 담배 |
| | 가정용품 및 개인용품 | 가정용품 |
| | | 개인용품 |

| | | |
|---|---|---|
| **헬스케어**<br>HEALTH CARE | 헬스케어 장비 및 서비스 | 헬스케어 장비 및 용품 |
| | | 헬스케어 업체 및 서비스 |
| | | 헬스케어 기술 |
| | 제약, 생명공학, 생명과학 | 생명공학 |
| | | 제약 |
| | | 생명과학 도구 및 서비스 |
| **금융**<br>FINANCIALS | 은행 | 은행 |
| | | 저축 & 모기지 금융 |
| | 다각화 금융 | 다각화된 금융 서비스 |
| | | 소비자 금융 |
| | | 캐피털 시장 |
| | | 모기지 리츠 |
| | 보험 | 보험 |
| **정보 기술**<br>INFORMATION<br>TECHNOLOGY | 소프트웨어 및 서비스 | IT 서비스 |
| | | 소프트웨어 |
| | 기술 하드웨어 및 장비 | 통신 장비 |
| | | 기술 하드웨어, 스토리지 & 주변기기 |
| | | 전자 장비, 기기, 부품 |
| | 반도체 및 반도체 장비 | 반도체 및 반도체 장비 |
| **커뮤니케이션 서비스**<br>COMMUNICATION<br>SERVICES | 통신 서비스 | 다양한 통신 서비스 |
| | | 무선 통신 서비스 |
| | 미디어 및 엔터테인먼트 | 미디어 |
| | | 엔터테인먼트 |
| | | 양방향 미디어 및 서비스 |
| **유틸리티**<br>UTILITIES | 유틸리티 | 전기 유틸리티 |
| | | 가스 유틸리티 |
| | | 복합 유틸리티 |
| | | 수도 유틸리티 |
| | | 독립 전력 생산업체 및 재생 전기 생산업체 |
| **리츠(부동산)**<br>REAL ESTATE | 부동산 | 주식 리츠 |
| | | 부동산 관리 및 개발 |

## ⑵ 11개의 대표 섹터 자세히 보기

어느 정도 감이 오나요? 그런데 '정보기술이나 금융은 대충 어떤 산업인지 알겠는데, 리츠(부동산) 섹터는 정확히 무엇을 의미하는 거지? 부동산과 주식은 다른 영역 아닌가?'라는 의문이 생긴 분들이 계시지 않을까 싶습니다. 또 '넷플릭스는 IT에 속할까? 아니면 임의소비재에 속할까?'라며 궁금할 분도 계실 것 같은데요. 여러분의 다양한 궁금증을 해결해 드리기 위해 지금부터 각 섹터에 관해 자세히 살펴보겠습니다. 먼저, 각각의 섹터가 전체 시장에서 차지하는 비중과 각 섹터를 대표하는 기업들로는 어떤 기업이 있는지 설명하겠습니다.

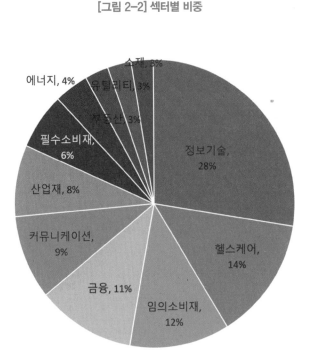

[그림 2-2] 섹터별 비중

출처 : Fidelity.com, 2022.02.25. 종가 기준

### 정보기술 섹터 Information Technology

S&P500에서 약 21.8%를 차지하고 있는 정보기술 섹터는 하드웨어 및 소프트웨어 관련 기업들을 모두 포함하고 있고, 11개의 섹터 중 가장 큰 비중을 차지하는 미국의 대표 섹터입니다. 매일 우리가 회사에서 사용하고 있는 엑셀, 파워포인트와 같은 365 오피스 프로그램을 제공하는 마이크로소프트 MSFT, 아이맥과 아이폰, 아이패드와 같은 호환성이 높은 하드웨어부터 자체적인 앱 스토어 플랫폼까지 사용자가 한번 발을 들이면 벗어날 수 없는 생태계를 구축한 애플 AAPL, 이미지와 영상 편집을 위해 필수적으로 사용되는 어도비 프로그램 시리즈를 제공하는 어도비 ADBE 와 같은 기업들이 모두 정보기술 섹터의 대표적인 기업입니다.

[그림 2-3] 정보기술 섹터 대표 기업들

### 헬스케어 섹터 Health Care

건강관리 장비 공급 및 제조업체, 건강관리 서비스 제공 업체, 제약 및 생명공학 제품의 연구, 개발, 생산 및 마케팅과 관련된 업체로 구성된 헬스케어 섹터는 S&P500의 약 12%를 차지합니다. 대표 기업으로는 두통이 있을 때

가장 먼저 찾게 되는 타이레놀을 공급하는 제약회사인 존슨 앤드 존슨JNJ,
비아그라로 유명해졌지만 이제는 코로나19 백신을 개발하고 있는 것으로 유
명한 화이자PFE 등이 헬스케어 섹터의 대표적인 기업입니다.

[그림 2-4] 헬스케어 섹터 대표 기업들

### 금융 섹터 Financials

은행, 소비자 금융, 투자 은행 및 중개, 자산관리, 보험 및 투자와 같은 활
동에 관련된 기업으로 구성된 금융 섹터는 S&P500의 약 14.8%를 차지합니
다. 대표 기업으로는 세계에서 가장 오래된 금융기업 중 하나이며 한국에서
는 최초의 외국계 은행으로 유명한 제이피모건 체이스JPM, '워런 버핏 회사'
로 더 유명한 버크셔 헤서웨이BRK.A/B 등이 있습니다.

[그림 2-5] 금융 섹터 대표 기업들

J.P.Morgan   BERKSHIRE HATHAWAY INC.

### 커뮤니케이션 서비스 섹터 Communication Services

2018년 9월 신설된 섹터입니다. 통신 서비스 및 미디어, 엔터테인먼트 업체들로 구성됩니다. S&P500의 약 8.1%를 차지하고 있으며 대표적인 기업은 우리가 매일 시청하는 유튜브와 전 세계 검색 엔진 점유율의 90% 이상을 차지하고 있는 구글을 서비스하는 알파벳 GOOGL, 어렸을 때는 만화영화로, 성인이 되면 마블 영화로 접하게 되는 디즈니 DIS, 미국의 대표 통신회사 AT&T T 등이 커뮤니케이션 서비스 섹터의 대표적인 기업입니다.

[그림 2-6] 커뮤니케이션 서비스 섹터 대표 기업들

### 임의소비재 섹터 Consumer Discretionary

텔레비전, 자동차, 스포츠용품과 같이 사람들이 원하지만 필수적이지는 않은 상품과 서비스를 제공하는 회사들로 구성된 임의소비재 섹터는 경제 사이클에 가장 민감한 경향이 있으며 S&P500의 약 11.8%를 차지합니다. 운동화와 운동복으로 유명한 나이키 NKE, 미국의 주거 특성상 집을 수리하거나 개조하기 위해 주기적으로 방문하게 되는 홈디포 HD, 광활한 국토 면적을 지닌 미국에서 1일 배송이라는 새로운 혁신을 보여준 아마존 AMZN 등이 임의소비재 섹터의 대표 기업들입니다.

[그림 2-7] 임의소비재 섹터 대표 기업들

**산업재 섹터** Industrials

산업에서 활용되는 제품을 생산하는 업체로 구성된 산업재 섹터는 S&P500의 약 9.9%를 차지합니다. 대표 기업으로는 우리에게 포스트잇이나 산업용 마스크로 잘 알려진 3M MMM, 공사 현장에서 쉽게 찾아볼 수 있는 노란색 굴삭기로 유명한 세계 최대 건설·광산 장비 회사 캐터필러 CAT, 세계 최고 방산기업인 록히드마틴 LMT 등이 있습니다.

[그림 2-8] 산업재 섹터 대표 기업들

### 필수소비재 섹터 Consumer Staples

식품, 가정용품 및 개인 위생용품과 같이 사람들이 매일 사용하는 상품 및 서비스를 제공하는 회사로 구성된 필수소비재 섹터는 경제 사이클에 덜 민감하다는 특징이 있고, S&P500의 약 7.0%를 차지하고 있습니다. 여성들에게는 모발 제품인 헤드앤숄더와 스킨케어 제품인 SK-II로, 남성들에게는 면도 제품인 질레트로 잘 알려진 프록터앤드갬블PG, 탄산음료의 대표 제품인 코카콜라를 생산 및 유통하는 코카콜라KO, 미국 전역에서 낮은 가격으로 좋은 품질의 제품을 살 수 있는 유통업체 월마트WMT 등이 필수소비재 섹터에 속한 기업들입니다.

[그림 2-9] 필수소비재 섹터 대표 기업들

### 유틸리티 섹터 Utilities

전기, 가스, 수도 등 인프라 사업과 관련된 업체들로 구성된 유틸리티 섹터는 S&P500에서 약 2.5%를 차지하고 있습니다. 대표 기업으로는 북미 최대 전력 및 에너지 인프라 회사 중 하나인 재생 에너지 산업의 선두주자 넥스트라 에너지NEE와 한국에서는 코로나 발발 이후 워런 버핏이 처음으로 대

형 인수합병에 나선 것으로 유명한 천연가스 업체인 도미니언 에너지 D 등이
있습니다.

[그림 2-10] 유틸리티 섹터 대표 기업들

### 리츠(부동산) 섹터 Real Estate

부동산 투자 신탁과 부동산 관리 및 개발 회사 등 부동산 관련 사업을 영
위하는 업체로 구성된 리츠(부동산) 섹터는 S&P500의 약 2.2%를 차지하고 있
습니다. 우리나라의 파주 아울렛처럼 프리미엄 아울렛 건물들을 소유하고
있는 시몬 프로퍼티 그룹 SPG, 5G 시대가 열리며 많은 이들의 관심이 집중되
고 있는 통신용 인프라를 임대하는 아메리칸 타워 AMT와 크라운 캐슬 인터내
셔널 CCI 등이 리츠 섹터의 대표적인 기업입니다.

[그림 2-11] 부동산 섹터 대표 기업들

### 에너지 섹터 Energy

석유, 가스 등 에너지원의 생산 및 판매, 정제, 운송 사업 업체들로 구성된 에너지 섹터는 S&P500의 약 6.2%를 차지합니다. 대표 기업으로는 글로벌 석유 및 가스 회사인 엑손모빌 XOM과 셰브론 CVX 등이 있습니다.

[그림 2-12] 에너지 섹터 대표 기업들

### 소재 섹터 Materials

각종 화학, 건축 자재, 금속 등 광범위한 상품 관련 제조에 종사하는 회사로 구성된 소재 섹터는 S&P500의 약 3.7%를 차지하고 있습니다. 대표 기업으로는 세계에서 가장 큰 산업용 가스를 생산 및 유통하는 회사인 린데 LIN, 세계적인 수자원, 위생 및 에너지 관련 기술과 서비스를 제공하는 에코랩 ECL 등이 있습니다.

[그림 2-13] 소재 섹터 대표 기업들

이처럼 섹터는 거창하거나 어려운 게 아니라 일상생활 속에서 자주 접하는 기업들을 특정 기준에 따라 분류해 놓은 것입니다. 이해를 돕기 위해 가상의 이야기를 들려드릴 텐데요. 미국 라스베이거스에 거주하는 40대 중반 베가스풍류객씨의 일과를 살펴보시죠.

## 베가스풍류객 씨의 주말

라스베이거스 델타항공(DAL, 산업재)에서 일하는 베가스풍류객 씨는 코로나19 사태 때문에 얼마 전부터 재택 근무를 하고 있습니다. 생각보다 많은 일이 온라인으로 가능하다는 사실에 감탄하면서도 계속 집에만 있으니 활동량이 떨어지진 않을까 걱정하던 찰나, 항상 차고 있던 애플 워치(AAPL, IT)에서 앉아있는 시간이 너무 길다는 메시지를 보냅니다. 베가스풍류객 씨는 활동량을 늘리기 위해 운동을 하기로 마음먹고 운동복과 운동용품을 사고자 주말에 사이먼 프로퍼티 그룹(SPG, 리츠)의 프리미엄 아울렛에 가야겠다고 계획을 세웁니다. 주말 아침, 베가스풍류객 씨는 질레트 면도기로 수염을 깎고, 헤드앤 숄더 샴푸(PG, 필수소비재)로 머리를 감으며 나갈 준비를 합니다. 아울렛으로 출발하기 전 아침을 먹으러 부엌에 가니 식탁에는 각종 고지서가 있네요. 그 중 경제 봉쇄로 집에 머문 시간이 길어지며 급격히 늘어난 전기료와 통신비 지출이 눈에 띕니다. 하지만 다행히 사우스웨스트 가스(SWX, 유틸리티)와 AT&T(T, 커뮤니케이션)의 주식을 많이 사두어 배당금으로 전기세와 통신비를 내면 된다고 생각하니 마음은 조금 가벼워집니다. 월마트(WMT, 필수소비재)에서 산 시리얼로 아침을 먹으며 시리얼의 포장 상자를 보니 다우 듀폰(DWDP, 소재)에서 만들었다고 적혀있네요. 아침 일찍 도착한 나이키(NKE, 임의소비재) 매장에 들어가서 오늘의 미션인 실내용 운동복과 운동화, 매트를 고르기 시작합니다. 베가스풍류객 씨는 얼마 전부터 다시 개장한 수영 센터에서 수영 레슨을 받기 시작한 딸아이가 생각나 아이에게 새 수영복을 하나 선물해 줘야겠다는 생각을 합니다. 스마트폰을 꺼내 아마존(AMZN, 임의소비재) 사이트에서 검색도 해보지만 결국 나이키 매장 직원이 추천한 수영복을 선택합니다. 계산대에서 애플이 골드만 삭스(GS, 금융)와 제휴해서 만든 신용카드인 애플카드로 결제한 후 매장을 나와 집으로 돌아가던 중 차량의 기름이 부족하다는 경고등을 보고 근처 셰브론(CVX, 에너지) 주유소에 들러 셀프 충전을 완료한 후 다시 집으로 향합니다. 무사히 집에 도착하여 쇼핑한 물건들을 정리하던 중 에어컨을 너무 많이 씌었는지 갑자기 머리가 아파오는 베가스풍류객 씨. 서랍 속에 비상약으로 가지고 있던 타이레놀(JNJ, 헬스케어)을 한 알 꺼내 먹습니다. 점심을 먹고 두통이 가라앉자 다음 주에 예정된 회사의 중요한 보고를 준비하기 위해 맥북(AAPL, IT)을 켜서 엑셀과 파워포인트(MSFT, IT)를 이용해 자료를 정리한 후 회의에서 강조해야 할 부분은 3M(MMM, 산업재)의 포스트잇에 요약하며 정리합니다. 보고 자료를 정리하니 어느새 시간이 저녁이 다 되었네요. 베가스풍류객 씨는 새로 산 운동복과 운동화를 착용하고 가볍게 조깅하러 나갑니다.

위의 사례는 가상의 이야기지만 누구에게나 충분히 있을 법한 평범한 일상인데요. 이 이야기처럼 우리의 일상 속에서 조금만 관심을 둔다면 다양한 섹터에 속한 기업들을 쉽게 발견할 수 있습니다. 지금까지 멀게 느껴졌던 주식, 섹터, 기업들이 이제는 여러분과 조금 더 가깝게 생각되지 않을까 싶습니다.

### (3) 섹터별 대장주

섹터를 공부하거나 투자할 때 '대장주 위주로 공부해라', '섹터별 대장주에 투자해라'라는 말들을 자주 듣습니다. 여기서 '대장주'란, 시가총액 기준으로 섹터 내에서 차지하는 비중이 큰 1, 2위 기업들을 의미합니다. [표 2-3]에 섹터별로 대장주를 정리하였는데요. 마이크로소프트, 애플, 존슨앤드존슨 등 워낙 유명한 기업들이라서 '어! 이 기업 이름 들어봤는데?' 싶으실 겁니다. 대장주는 섹터에서 차지하는 비중이 크기 때문에 섹터의 흐름에 미치는 영향력이 크며, 해당 기업들의 주가 흐름을 통해 섹터의 전체 분위기를 파악할 수 있습니다. 그러므로 투자자는 섹터별 대표 기업들에 꾸준히 관심을 가져야 하는데요. 다음 페이지의 표에 11개 섹터별로 2개 종목씩 총 22개의 대장주를 정리했습니다. 이 종목들을 공부하고 알아둔다면 각각의 섹터와 미국 주식시장의 큰 흐름을 이해하는 데 도움이 될 것입니다.

'아니, 이제 막 공부를 시작했는데 22개나 되는 기업을 다 봐야 한다고? 기업 공부를 어떻게 해야 하는지도 모르는데 벌써부터 책 내용이 어려워지는 건가?'라며 겁먹지 마세요. '아, 이런 기업들이 섹터별 대장주구나' 정도로만 알고 넘어가면 됩니다. 대장주를 포함한 개별 종목에 대한 공부는 미국주식 투자의 기초를 다진 후 공부해도 늦지 않습니다.* 개별 종목을 어떻게 공부하면 좋을지는 제5장에서 다루었으니 안심하시고 섹터에 대해서 계속 알아봅시다.

---

\* 애나정의 블로그(https://blog.naver.com/annajung1)에 섹터별 대장주 22개 기업에 대해 정리한 포스팅이 있으니 섹터에 대해 좀 더 공부하거나 섹터별 대장주에 투자할 때 참고하세요. 각 기업의 기업 개요와 매출 구성, 확인해야 할 기본 지표들을 정리했고, 기본 지표로는 매출과 이익, 성장 추이, 현금흐름, 배당 관련 정보가 정리되어 있습니다. 블로그 '공지사항'을 참고해주세요.

# [표 2-3] 각 섹터별 대장주*

| 섹터 | 기업 (Ticker) | 산업 | 시가총액($)** |
|---|---|---|---|
| 정보기술 | Microsoft Corp MSFT | 소프트웨어 | 2.72T |
| | Apple Inc AAPL | 기술 하드웨어, 스토리지 & 주변기기 | 3.08T |
| 헬스케어 | Johnson & Johnson JNJ | 제약 | 377.63B |
| | United Health Group Inc UNH | 헬스케어 업체 및 서비스 | 494.13B |
| 금융 | Berkshire Hathway Inc BRK-A/B | 보험 | 782.9B |
| | JP Morgan Chase & Co JPM | 은행 | 474.1B |
| 커뮤니케이션 서비스 | Alphabet Inc GOOGL | 양방향 미디어 및 서비스 | 1659.28B |
| | Meta Platforms Inc META | 양방향 미디어 및 서비스 | 356.2B |
| 임의소비재 | Amazon Inc AMZN | 전자상거래 | 1405.66B |
| | The Home Depot Inc HD | 소매 | 350.14B |
| 산업재 | Lockheed Martin Corp LMT | 우주항공 및 국방 | 110.47B |
| | Union Pacific Corp UNP | 도로 및 선로 | 148.05B |
| 필수소비재 | Walmart Inc WMT | 식품 및 필수품 소매 | 409.68B |
| | Procter & Gamble Co PG | 가정용품 | 340.95B |
| 유틸리티 | NextEra Energy Inc NEE | 전기 유틸리티 | 128.81B |
| | Dominion Energy Inc D | 복합 유틸리티 | 41.14B |
| 리츠(부동산) | Amerian Tower Corp AMT | 다각화 리츠 | 98.91B |
| | Crown Castle International Corp CCI | 다각화 리츠 | 73.77B |
| 에너지 | Exxon Mobil Corp XOM | 석유, 가스 | 358.15B |
| | Chevron Corp CVX | 석유, 가스 | 283.03B |
| 소재 | Linde PLC LIN | 화학 | 198.67B |
| | Ecolab Inc ECL | 화학 | 56.09B |

* 출처 : Finviz.com, 시가총액은 2023.12.14. 기준
** 출처 : Fidelity.com, 2023.12.14. 기준, T=Trillion, B=Billion, '10억'

# ② 시대의 변화를 반영하는 섹터 분류

MSCI와 스탠더드앤푸어스는 매년 전체 GICS* 섹터 분류 프레임을 검토해 시장을 정확하게 반영하고 있는지 확인합니다. 또한, 기업의 주요 이벤트에 따라 개별 회사의 섹터 분류가 달라지기도 하는데요. 유망한 기업들에 몰리는 돈의 흐름을 적절하게 반영하기 위해 섹터가 새로 만들어지거나 변경되기도 합니다. 이런 과정을 통해 섹터는 더욱더 정교하게 돈의 흐름을 반영하는 것이죠. 예를 들어, 금융 섹터에 포함되었던 리츠(부동산)가 2016년 8월 31일, 하나의 대분류로 개편되었습니다. 리츠 및 기타 상장 부동산 회사들은 기존의 금융 섹터에서 제외되고 신규 섹터인 부동산 섹터에 편입된 것입니다. 이는 부동산 섹터의 규모가 커졌고 전체 산업에서 차지하는 중요성이 높아졌음을 반영하는 변화였습니다. 실제로 지난 25년간 상장된 미국 부동산 관련 기업들의 전체 시가총액은 90억 달러에서 1조 달러 이상으로 증가했습니다.

한편 2018년, 기존의 '통신 서비스 섹터'가 '커뮤니케이션 서비스 섹터'로 명칭이 변경되면서 섹터 내 포함되어 있던 기업 역시 대대적으로 재편되었는데요. 기존 통신 관련 기업은 물론이고 컴캐스트, CBS 등 미디어 기업들과 페이스북, 트위터 등의 소셜네트워크 서비스, 넷플릭스와 디즈니 등의 콘텐츠 기업 및 게임 관련 기업들이 대거 포함되면서 현 상황을 더욱 잘 반영한 섹터 분류가 이루어졌습니다. 섹터 재편으로 임의소비재 섹터에서 미디어 관련 종목들은 모두 제외되었고, IT 섹터에 속해있던 온라인 쇼핑 관련 기업

---

\*     GICS : Global Industry Classification Standard

들은 모두 임의소비재 섹터로 이동했으며 IT 섹터에는 하드웨어 제조기업들 위주로 남게 되었습니다. 모바일 플랫폼을 통해 커뮤니케이션 서비스를 제공하는 소셜미디어 회사들의 성장과 이들이 전체 산업군에서 차지하는 비중이 커지면서 새로운 섹터가 생긴 것이죠. 이같은 변화는 통신 및 인터넷, 미디어 회사 간의 인수합병으로 인해 개인이 인터넷, 통신, 콘텐츠를 통합적으로 소비하게 된 시대의 변화 또한 잘 반영하고 있습니다.

[그림 2-14] 커뮤니케이션 섹터 변경

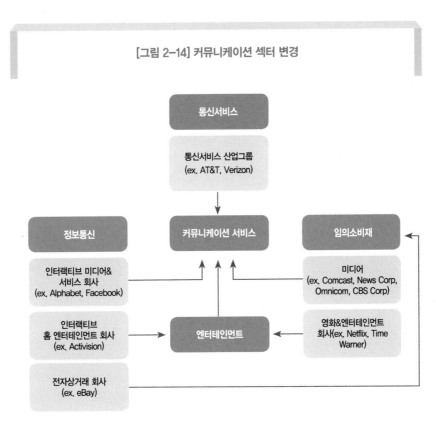

출처 : State Street Global Advisors, 2018년 5월 31일 기준

# ③ 유사한 움직임을 보이는 섹터 내 기업들

이쯤에서 '굳이 섹터가 아니라 대규모 투자를 받았거나 유명한 기업들만 봐도 돈의 흐름을 파악할 수 있지 않을까?'라는 의문이 드실 수도 있는데요. 그런 의문에 대해서는 이렇게 답변 드리겠습니다. '같은 섹터에 속한 기업들은 비슷한 움직임을 보이기 때문에 수많은 개별 기업의 흐름을 하나씩 검토하는 것보다 섹터라는 큰 흐름을 보는 것이 더 효과적으로 돈의 흐름을 파악할 수 있는 방법입니다.'라고요. 이해를 돕기 위해 몇 가지 예시를 들어보겠습니다. 5G 시대가 도래하며 투자자들의 많은 기대를 받는 반도체 산업의 대표 기업인 엔비디아 NVDA, 인텔 INTC, AMD AMD 의 주가를 보면 놀랍게도 비슷하게 움직이는 것을 볼 수 있습니다.

[그림 2-15] 유사하게 움직이는 IT 기업들의 주가

출처: Yahoo Finance

그렇다면 경기 둔화로 인한 유가 수요 감소 우려로 투자자 사이에서 인기가 떨어진 에너지 섹터를 볼까요? 대표 기업인 엑손모빌 XOM, 셰브런 CVX, 코노코필립스 COP를 비교해보니 역시 비슷한 주가 흐름을 보입니다.

[그림 2-16] 유사하게 움직이는 에너지 기업들의 주가

출처: Yahoo Finance

같은 섹터에 속한 기업들이 유사한 흐름을 보인다는 걸 이해했다면 투자한 기업의 수를 늘리기만 하는 것이 분산투자라고 오해하는 실수도 방지할 수 있습니다. 다양한 기업으로 나눠 투자했더라도 해당 기업들이 같은 섹터에 속해있다면 결국 한 섹터에 투자한 것에 불과하기 때문입니다.

# 경기와
# 섹터의 관계

섹터들은 돈의 흐름을 반영하며 움직인다는데 혹시 여기에 일정한 패턴이 있을까요? 공식처럼 정확히 반복되는 건 아니지만 경기순환 사이클에 따라 섹터 간 움직임이 유사하게 반복되는 경향은 있습니다. 흔히 경기 침체기에는 '방어주'에 돈이 몰려 관련 기업들이 시장대비 높은 수익률을 보이며 반대로 '민감주'는 시장대비 낮은 수익률을 보인다고 합니다. 경기순환 사이클, 방어주, 민감주 등 낯선 용어들이 마구 등장한다고 겁먹으실 필요는 없습니다. 지금부터 경기 사이클과 시기별 특징을 설명한 뒤, 역사적으로 시기별로 섹터마다 어떤 성과를 보이는지 이야기하겠습니다.

## ① 경기순환 사이클이란

경기가 상승과 하락을 일정한 주기를 두고 반복하는 것을 경기순환 사이클이라고 말합니다. 경기 변동, 비즈니스 사이클 등으로 불리기도 합니다.

통상적으로 자본주의 경제 체제에서 생산과 소비, 교환을 통해 경제 활동이 활발해지면 호황이라 표현하고 반대로 침체되기 시작하면 불황이 왔다고 합니다*. 이처럼 경기는 호황과 불황을 반복하는데 일반적으로 경기순환 사이클은 크게 회복기, 활황기, 후퇴기, 침체기의 4단계로 구분하며 각 시기별 특징은 아래와 같습니다.

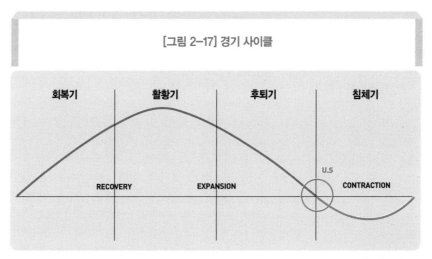

[그림 2-17] 경기 사이클

회복기　　활황기　　후퇴기　　침체기

RECOVERY　　EXPANSION　　U.5　　CONTRACTION

출처 : Fidelity.com

## (1) 회복기의 특징

일반적으로 회복기에는 고용, 소비, 생산 등 경제활동이 긍정적으로 개선됩니다. 기업들의 투자심리가 회복되며 생산량이 점진적으로 증가하고 금융시장의 자금 수요 또한 증가합니다. 주식시장은 실물 경제를 선행하는 경향이 있어 경기가 활황기에 접어들기 이전인 회복기에서 큰 성과를 보입니다.

---

\*　　보통 투자 수익률을 평가할 때 시장을 벤치마크로 삼는데, 시장보다 높은 수익을 내면 아웃퍼폼(Outperform), 낮은 수익을 내면 언더퍼폼(Underperform)한다고 평가합니다.

주식시장과 실물 경제 경기는 보통 1년 정도의 격차를 보입니다.

### (2) 활황기의 특징

투자, 생산, 소비 모두 증가합니다. 재고와 판매가 모두 증가하여 서로 평형 상태를 이룹니다. 성장률 자체는 회복기보다 저조하나 꾸준한 성장을 보이는 시기입니다. 일반적으로 경기순환 사이클 중 가장 긴 시기이며 보통 3년에서 3년 반 정도 유지됩니다.

### (3) 후퇴기의 특징

과잉 생산, 과잉 투자로 기업 재고량이 증가하는 시기입니다. 통화 정책의 제한, 기업 이익 악화로 인해 일자리 감소, 소득 감소, 물가 하락이 일어나는 시기입니다. 보통 1년에서 1년 반 정도 됩니다. 피델리티 인베스트먼트 Fidelity Investment에 따르면 미국은 현재* 후퇴기의 막바지에 해당됩니다.

### (4) 침체기의 특징

경제활동이 수축되는 시기로 생산량 급감, 실업 급증, 기업 이윤 감소 등 모든 경제적 요인이 부정적인 상황에 놓이게 됩니다. 경기를 다시 부양시키기 위해 금리를 낮추고 재정정책이 동반되기도 하는 시기로 보통 1년 미만의 기간을 가집니다.

---

\*     2023년 3분기 기준

# 경기가 어떻게 움직이는지
# 30분 만에 이해하기!

경기순환 사이클을 이해하는 데 도움이 되는 영상을 추천합니다. 유튜브에 'How The Economic Machine Works by Ray Dalio'라고 검색하면 아래 동영상이 나오는데요, 경제의 기본 요소와 경기순환 사이클이 왜 생기는지에 대해 쉽게 설명한 30분짜리 애니메이션입니다. 세계 최고의 헤지펀드 회사인 브리지워터 어소시에이츠를 설립한 레이 달리오가 일반인 대상으로 경제의 기본을 쉽게 이해할 수 있도록 만든 영상입니다.

**[그림 2-17] 'How The Economic Machine Works by Ray Dalio' 캡쳐 영상**

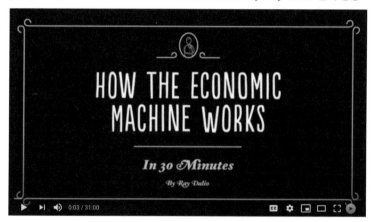

출처 : Youtube 'Principles by Ray Dalio' 채널[*]

---

[*]    https://youtu.be/PHe0bXAIuk0

## ② 각 사이클마다 강한 섹터가 있다

피델리티 인베스트먼트에서 1962년 이후 경기순환 사이클을 분석한 결과를 보면 사이클이 다른 국면으로 진입할 때 섹터별 성과 차이가 나타난다는 걸 알 수 있습니다. 물론 기술과 산업의 변화로 인해 과거의 성과가 미래의 결과를 보장해주지는 않고, 경기 사이클별 섹터 성과가 공식처럼 정해진 것도 아닙니다. 하지만 투자 시 현재 경기 사이클에서 어떤 섹터에 더 큰 비중을 싣고 어떤 섹터에서 비중을 줄여야 하는지 결정하는 데 있어 각각의 사이클에서 성과가 좋았던 섹터들을 알아두는 건 꼭 필요합니다.

다음 페이지의 그림은 피델리티 인베스트먼트에서 경기 사이클에 따른 11개 섹터의 성과 추이를 나타낸 그림입니다. 곡선은 경기 사이클을 나타내며 (+)는 섹터가 상대적으로 수익을 낸다는 것을, (−)는 섹터가 상대적으로 손실을 기록한다는 것을 의미합니다. 경기 사이클별 섹터들의 특징을 살펴보되 특히 '침체기'에 관심을 가져봅시다. 앞서 언급했듯이 미국은 현재 후퇴기의 막바지에 위치했기 때문에 이미 섹터별 성과가 어느 정도 결정된 후퇴기보다는 곧 다가올 침체기에 좋은 성과를 보일 확률이 높은 섹터를 미리 공부해 두고, 해당 섹터의 기업에 비중을 실어 투자를 해야 더 좋은 투자 성과를 낼 수 있습니다.

[그림 2-18] 경기 사이클에 따라 차이를 보이는 섹터별 성과

| | 회복기(반등) | 활황기(절정) | 후퇴기(안정) | 침체기(수축) |
|---|---|---|---|---|
| 금융 | + | | | |
| 부동산(리츠) | ++ | | | -- |
| 임의소비재 | ++ | - | -- | |
| 정보기술 | + | + | -- | -- |
| 산업재 | ++ | | | -- |
| 소재 | + | -- | ++ | |
| 필수소비재 | | | ++ | ++ |
| 헬스케어 | -- | | ++ | ++ |
| 에너지 | -- | | ++ | |
| 커뮤니케이션 | | + | | - |
| 유틸리티 | -- | - | + | ++ |

출처 : Fidelity.com

## (1) 회복기의 섹터별 상승과 하락

일반적으로 회복기에는 침체기 때 낮아진 금리로 인해 금리에 민감한 섹터인 임의소비재, 부동산, 금융, IT 섹터가 좋은 성과를 보입니다. 또한 기업들의 생산이 늘어나므로 산업재 섹터의 실적이 좋아지는 경향도 보이는데요. 반면, 상대적으로 경기에 영향을 받지 않는 헬스케어, 유틸리티 섹터와 경기 침체기에 하락한 유가로 인해 에너지 섹터는 시장대비 낮은 실적을 보이는 경향이 있습니다.

## (2) 활황기의 섹터별 상승과 하락

섹터 로테이션이 자주 일어나는 시기로, 각 섹터들이 3분기 이상 뚜렷한 상승세와 하락세를 이어가지 않는 특징이 있습니다. 특히 이 시기에는 IT와 커뮤니케이션 섹터가 좋은 실적을 보이지만 소재, 유틸리티, 임의소비재 섹

터의 경우 부진한 실적을 보이는 경향이 있습니다.

### (3) 후퇴기의 섹터별 상승과 하락

경기가 성숙해짐에 따라 원자재 가격과 밀접한 관련이 있는 에너지 및 소재 섹터의 성과가 좋아집니다. 인플레이션과 후반기 경제 확장으로 인해 수요가 증가하며 자연스럽게 상승하는 것입니다. 한편 경기 둔화를 감지한 투자자들이 방어적인 섹터를 선호하는 경향이 나타나기 시작하면서 헬스케어, 필수소비재 섹터 또한 좋은 성과를 보입니다. 반면 IT와 임의소비재 섹터의 경우 직전 시기인 활황기에 몰렸던 자금이 사이클 변화에 따라 안전한 섹터로 이동하려는 성향 때문에 빠져나가면서 전보다 낮은 성과를 보이기도 합니다.

### (4) 침체기의 섹터별 상승과 하락

침체기에는 전체적으로 기업들의 실적이 좋지 않기 때문에 투자자는 가장 방어적인 섹터에 집중해서 투자합니다. 경기와 상관없이 사용되는 필수적인 아이템과 연관된 섹터가 좋은 성과를 보이는데 필수소비재, 유틸리티 및 헬스케어와 같은 방어주가 큰 힘을 발휘합니다. 반면 경기의 영향을 많이 받는 산업재, 리츠 및 IT 섹터는 이 시기에 부진한 성과를 기록할 확률이 높습니다.

각각의 사이클에 따른 흐름은 논리적으로도 충분히 이해할 수 있는 현상입니다. 지금 경기가 좋지 않다면 대부분이 평소보다 소비를 신중하게 할 것입니다. 정기적으로 가던 해외여행을 포기하고, 사고 싶었던 신형 핸드폰 구매를 다음으로 미룰 것입니다(임의소비재). 그러나 경기가 좋지 않다고 해서 아픈 것을 참거나 내버려둘 수 없으니 먹던 약은 계속 구입할 것이고(헬스케어), 생활에 필수적인 전기나 수도 역시 경기 사이클 변동과 무관하게 계속 사용할 것입니다(유틸리티).

이처럼 경기에 상관없이 사람들이 많이 소비하는 재화, 서비스와 관련된 섹터를 '경기 방어 섹터'라고 부르는데 필수소비재, 유틸리티, 헬스케어가 대표적인 섹터들입니다. 이들은 호황기일 때 상대적으로 큰 수익을 내지는 못하지만 불황기에 주가가 덜 하락하는 경향을 보입니다. 반대로 경기 흐름에 따라 큰 영향을 받는 섹터는 '경기 민감 섹터'라고 부르는데 여기에 속한 섹터는 임의소비재, 금융, 산업재, IT 및 소재 섹터가 있습니다. 이처럼 경기순환 사이클에 따라 섹터별 돈의 흐름이 달라지기 때문에 어떤 기업에 투자할지 정하기에 앞서 경기순환 사이클과 각 섹터들에 대한 특징을 먼저 이해한다면 더욱 현명한 의사결정을 할 수 있을 것입니다.

## ③ 지금은 어느 단계일까?

현재 시점이 경기순환 사이클에서 어느 단계에 있는지를 판단할 땐 통화정책과 금리, 기타 경제적 요인을 포함한 다양한 요인을 종합적으로 고려한 경제 및 시장 분석이 필요합니다. 하지만 전문가도 아닌 개인투자자가 광범위한 경제 분석을 정확히 하기란 현실적으로 불가능하다고 볼 수 있는데요. 다행히도 우리는 인터넷에서 간단한 검색을 통해 전문기관에서 조사한 자료들을 확인할 수 있습니다. 경기 사이클과 주식시장 간 상관관계를 분석한 자료는 피델리티Fidelity라는 사이트에서 확인할 수 있는데 이 사이트에선 금융 전문가들이 과거 데이터를 근거로 분석한 여러 자료를 확인할 수 있습니다. 피델리티는 미국뿐만 아니라 각 국가가 경기 사이클이 현재 어디 위치에 있는지 매달 분석한 자료도 발표하는데 이는 투자에 유용하게 활용할 수 있습니다.

### 피델리티를 통해 경기 사이클 파악하기

institutional.fidelity.com > Insights > Insights Series로 접속합니다.* 현재 경기 사이클이 어디에 위치해 있는지 확인할 수 있습니다.

[그림 2-19] 경기 사이클 확인하기

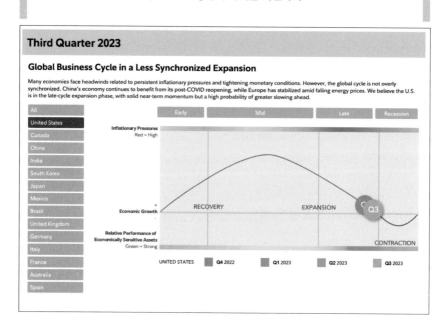

출처 : Fidelity.com

***

\*    https://eresearch.fidelity.com

# 섹터를 투자에 접목하기

## 03

US STOCKS CLASS

## ① 적용 방법

돈의 흐름을 파악하기 위해 섹터를 알아야 한다는 점, 섹터는 산업 변화와 경제 사이클의 영향을 받는다는 점을 앞에서 다뤘습니다. 섹터에 대해 공부한 것들을 어떻게 투자에 적용할 수 있고, 포트폴리오는 어떻게 구성해야 하는지에 관해 초보 투자자들이 참고하면 좋을 내용을 살펴보겠습니다.

### (1) 11개의 섹터에 '동일한 비중'으로 투자하기

초보 투자자가 가장 쉽게 시작할 수 있는 것은 각 섹터에 동일한 비중의 투자금을 넣는 방법입니다. 각 섹터마다 9%*씩 분할하여 투자한 뒤 일정 주기마다 포트폴리오를 점검하고 섹터별 수익률을 파악한 뒤 매도·매수를 통

---

\*    100%를 11개의 섹터로 나눈 수치.

해 비중을 조정하는 방식으로 포트폴리오를 운영합니다. 비중 조절 주기는 투자자 스스로가 정해야 하지만 일반적으로 기업들이 실적을 발표하는 3개월 단위로 하면 좋습니다. 비중 조절 시기마다 수익이 난 섹터는 9% 이상이 된 비중을 일부 매도하여 수익률이 저조한 섹터를 추가 매수하는 방식으로 섹터별로 9% 비중을 유지해 주는 것이 중요한데요. 앞서 살펴봤듯이 모든 섹터는 상승과 하락을 반복하기 때문에 섹터별 동일 비중 투자를 진행한다면 낮은 변동성을 지닌 포트폴리오를 통해 유의미한 수익률을 기대할 수 있습니다.

> **포트폴리오**
>
> 주식 투자 시 리스크를 줄이고 수익은 극대화하기 위해 다양한 종목, 대상에 분산하여 자금을 투입하고 운용하는 것을 말한다. 주식 투자에서 여러 종목에 분산투자함으로써 한 곳에 투자할 경우 생길 수 있는 위험을 피하고 투자 수익을 극대화하기 위한 방법으로 이용된다.

## 섹터 대표 ETF를 활용하는 방법

섹터별로 분산하여 투자하라는 내용을 소개했으면 구체적으로 어떤 종목들을 매수해야 하는지에 대한 내용도 빠질 수 없겠죠. 섹터별 비중을 분산하여 투자하는 데 가장 쉽게 활용할 수 있는 투자 대상은 바로 ETF입니다. 우리말로 상장지수펀드라고도 불리는 ETF Exchange Traded Fund 는 여러 주식을 하나의 바구니에 담아 거래소에 상장시킨 후 주식처럼 소액으로 자유롭게 거래할 수 있도록 만든 상품을 말합니다. 다양한 종류의 ETF 상품 중 시장 지수 ETF와 함께 대표성을 띠는 ETF가 바로 11개의 섹터를 추종하는 ETF인데요. 앞서 소개했듯이 각각의 섹터에 동일한 비중으로 투자를 하고자 할 때 개별 종목들이 아닌 섹터별 대표 ETF를 활용하여 투자하는 방법은 가장 효율적이고 간단한 방법의 하나입니다.* 섹터별 대표 ETF와 구성은 다음의 표에 소개했

---

\*    ETF에 관한 내용은 다음 장에서 다루기 때문에 여기서 자세한 설명은 생략합니다. ETF를 설명한 제3장을 먼저 읽고 난 후 이 부분으로 돌아오셔도 좋습니다.

## [표 2-4] 섹터별 대표 ETF*

| 섹터 | ETF 티커 |
|---|---|
| 에너지 | XLE |
| 소재 | XLB |
| 산업재 | XLI |
| 임의소비재 | XLY |
| 필수소비재 | XLP |
| 헬스케어 | XLV |
| 금융 | XLF |
| 정보기술 | XLK |
| 커뮤니케이션 서비스 | XLC |
| 유틸리티 | XLU |
| 부동산 | XLRE |

습니다.

그럼, 지금부터 각 섹터를 대표하는 ETF들의 세부 산업 구성을 간략하게 살펴보겠습니다.**

---

\*     ETF에 대한 상세한 정보는 ETFdb.com(https://www.etf.com)에서 확인 가능합니다.

\*\*    출처 : ETFdb.com, 2020년 8월 7일 종가 기준.

## ◎ 에너지 섹터 ETF XLE

### [표 2-5] XLE ETF 세부 산업 구성

| ETF 세부 산업 구성 | 비중 |
|---|---|
| 석유 및 가스 정제 및 마케팅 Oil & Gas Refining and Marketing | 60.55% |
| 석유 및 가스 탐사 및 생산 Oil & Gas Exploration and Production | 20.57% |
| 석유 및 가스 운송 서비스 Oil & Gas Transportation Services | 10.46% |
| 석유 관련 서비스 및 장비 Oil Related Services and Equipment | 8.42% |

## ◎ 소재 섹터 ETF XLB

### [표 2-6] XLB ETF 세부 산업 구성

| ETF 세부 산업 구성 | 비중 |
|---|---|
| 상품 화학 Commodity Chemicals | 48.41% |
| 종이 외 용기 및 포장 Non-Paper Containers & Packaging | 8.66% |
| 특수 화학 Specialty Chemicals | 7.64% |
| 금 Gold | 7.60% |
| 다각화 화학 제품 Diversified Chemicals | 6.55% |
| 종이 포장 Paper Packaging | 4.87% |
| 건축 자재 Construction Materials | 4.56% |
| 낚시 및 농업 Fishing & Farming | 3.26% |
| 특수 채광 및 금속 Specialty Mining & Metals | 2.68% |
| 식품 가공 Food Processing | 2.13% |

## ◎ 임의소비재 섹터 ETF XLY

### [표 2-7] XLY ETF 세부 산업 구성

| ETF 세부 산업 구성 | 비중 |
|---|---|
| 다각화 소매 Diversified Retail | 33.31% |
| 기타 전문 소매 업체 Other Specialty Retailers | 25.62% |
| 호텔 및 엔터테인먼트 서비스 Hotels & Entertainment Services | 22.44% |
| 섬유 및 의류 Textiles & Apparel | 7.24% |
| 자동차 및 자동차 부품 Automobiles & Auto Parts | 4.82% |
| 주택 건설 및 건축 용품 Homebuilding & Construction Supplies | 2.53% |
| 소프트웨어 및 IT 서비스 Software & IT Services | 1.65% |
| 가정 용품 Household Goods | 1.15% |
| 통신 및 네트워킹 Communications & Networking | 0.67% |
| 레저 제품 Leisure Products | 0.45% |

## ◎ 필수소비재 섹터 ETF XLP

### [표 2-8] XLP ETF 세부 산업 구성

| ETF 세부 산업 구성 | 비중 |
|---|---|
| 개인 및 가정 용품 및 서비스 Personal & Household Products & Services | 29.21% |
| 음식 및 담배 Food & Tobacco | 26.88% |
| 음료수 Beverages | 24.68% |
| 식품 및 의약품 소매 Food & Drug Retailing | 14.72% |
| 다각화된 소매 Diversified Retail | 4.52% |

## ◎ 산업재 섹터 ETF XLI

### [표 2-9] XLI ETF 세부 산업 구성

| ETF 세부 산업 구성 | 비중 |
|---|---|
| 기계, 장비 및 부품Machinery, Equipment & Components | 27.94% |
| 항공 우주 및 방위Aerospace & Defense | 21.16% |
| 화물 및 물류 서비스Freight & Logistics Services | 19.16% |
| 산업 대기업Industrial Conglomerates | 14.67% |
| 전문 및 상업 서비스Professional & Commercial Services | 7.57% |
| 여객 운송 서비스Passenger Transportation Services | 2.62% |
| 소프트웨어 및 IT 서비스Software & IT Services | 1.37% |
| 자동차 및 자동차 부품Automobiles & Auto Parts | 1.24% |
| 주택 건설 및 건축 용품Homebuilding & Construction Supplies | 1.07% |
| 기타 전문 소매 업체Other Specialty Retailers | 0.86% |

## ◎ 헬스케어 섹터 ETF XLV

### [표 2-10] XLV ETF 세부 산업 구성

| ETF 세부 산업 구성 | 비중 |
|---|---|
| 제약Pharmaceuticals | 39.72% |
| 의료 장비 및 용품Healthcare Equipment & Supplies | 33.82% |
| 의료 제공 및 서비스Healthcare Providers & Services | 17.63% |
| 생명 공학 및 의학 연구Biotechnology & Medical Research | 7.27% |
| 식품 및 의약품 소매Food & Drug Retailing | 1.05% |
| 헬스케어 기계, 장비 및 부품Machinery, Equipment & Components | 0.51% |

## ◎ 금융 섹터 ETF XLF

### [표 2-11] XLF ETF 세부 산업 구성

| ETF 세부 산업 구성 | 비중 |
|---|---|
| 은행 서비스Banking Services | 40.38% |
| 보험Insurance | 32.56% |
| 투자 은행 및 투자 서비스Investment Banking & Investment Services | 21.02% |
| 전문 및 상업 서비스Professional & Commercial Services | 6.04% |

## ◎ 정보기술 섹터 ETF XLK

### [표 2-12] XLK ETF 세부 산업 구성

| ETF 세부 산업 구성 | 비중 |
|---|---|
| 소프트웨어 및 IT 서비스Software & IT Services | 52.00% |
| 컴퓨터, 전화 및 가전 제품Computers, Phones & Household Electronics | 22.03% |
| 반도체 및 반도체 장비Semiconductors & Semiconductor Equipment | 17.21% |
| 통신 및 네트워킹Communications & Networking | 3.44% |
| 전문 및 상업 서비스Professional & Commercial Services | 2.50% |
| 투자 은행 및 투자 서비스Investment Banking & Investment Services | 1.20% |
| 전자 장비 및 부품Electronic Equipments & Parts | 0.94% |
| 기계, 장비 및 부품Machinery, Equipment & Components | 0.64% |
| 사무 기기Office Equipment | 0.04% |

◎ 커뮤니케이션 섹터 ETF XLC

**[표 2-13] XLC ETF 세부 산업 구성**

| ETF 세부 산업 구성 | 비중 |
|---|---|
| 인터넷 서비스Internet Services | 57.34% |
| 방송Broadcasting | 18.53% |
| 무선 통신 서비스Wireless Telecommunications Services | 8.49% |
| 통합 통신 서비스Integrated Telecommunications Services | 5.49% |
| 소프트웨어Software | 4.58% |
| 광고 및 마케팅Advertising & Marketing | 2.15% |
| 장난감 및 청소년 제품Toys & Juvenile Products | 1.93% |
| 엔터테인먼트 프로덕션Entertainment Production | 0.77% |
| 소비자 출판Consumer Publishing | 0.72% |

◎ 유틸리티 섹터 ETF XLU

**[표 2-14] XLU ETF 세부 산업 구성**

| ETF 세부 산업 구성 | 비중 |
|---|---|
| 전기 유틸리티 및 독립 전력 생산Electric Utilities & IPPs | 81.83% |
| 여러 줄 유틸리티Multiline Utilities | 13.70% |
| 수도 시설Water Utilities | 2.94% |
| 천연 가스 유틸리티Natural Gas Utilities | 1.53% |

◎ 리츠(부동산) 섹터 ETF XLRE

## [표 2-15] XLRE ETF 세부 산업 구성

| ETF 세부 산업 구성 | 비중 |
|---|---|
| 전문 REIT Specialized REITs | 45.72% |
| 상업용 REIT Commercial REITs | 40.23% |
| 주거용 리츠 Residential REITs | 12.04% |
| 부동산 서비스 Real Estate Services | 2.01% |

## 전체 섹터를 동일 비중으로 담고 있는 ETF 활용하기

주기적으로 ETF 비중을 조절하는 것이 어렵고 번거롭다면 이미 섹터별로 동일한 비중을 투자하고 있는 ETF에 투자하는 것도 방법이 될 수 있습니다. ALPS Equal Sector Weight ETF가 바로 그런 ETF인데요. 포트폴리오 구성을 보면 11개의 섹터에 유사한 비중으로 고르게 투자하고 있는 것을 확인할 수 있습니다.*

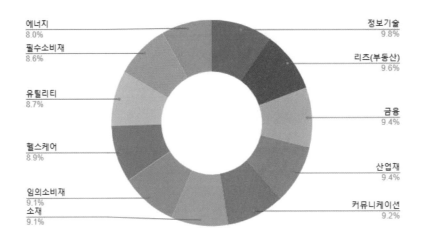

[그림 2-20] EQL 구성 섹터 비중

| 에너지 8.0% | 정보기술 9.8% |
| 필수소비재 8.6% | 리츠(부동산) 9.6% |
| 유틸리티 8.7% | 금융 9.4% |
| 헬스케어 8.9% | 산업재 9.4% |
| 임의소비재 9.1% | 커뮤니케이션 9.2% |
| 소재 9.1% | |

---

\* 보다 상세한 내용은 Alpsfund 홈페이지에서 확인 가능합니다. 2023.09.26 종가 기준.

## [표 2-16] EQL ETF 구성 상위 11개 종목*

| ETF 구성 종목 | 섹터 | 비중 |
|---|---|---|
| **XLK** Technology Select Sector SPDR Fund | 정보기술 | 9.85% |
| **XLRE** Real Estate Select Sector SPDR Fund | 리츠(부동산) | 9.60% |
| **XLF** Financial Select Sector SPDR Fund | 금융 | 9.41% |
| **XLI** Industrial Select Sector SPDR Fund | 산업재 | 9.40% |
| **XLC** Communication Services Select Sector SPDR Fund | 커뮤니케이션 | 9.20% |
| **XLB** Materials Select Sector SPDR Fund | 소재 | 9.12% |
| **XLY** Consumer Discretionary Select Sector SPDR Fund | 임의소비재 | 9.08% |
| **XLV** Health Care Select Sector SPDR Fund | 헬스케어 | 8.93% |
| **XLU** Utilities Select Sector SPDR Fund | 유틸리티 | 8.75% |
| **XLP** Consumer Staples Select Sector SPDR Fund | 필수소비재 | 8.63% |
| **XLE** Energy Select Sector SPDR Fund | 에너지 | 8.04% |

ETF의 구성 종목들을 보면 앞서 설명한 섹터별 대표 ETF에 유사한 비중으로 투자하고 있음을 알 수 있습니다. 투자자는 EQL이라는 단 하나의 ETF를 매수하는 것만으로 11개의 대표 섹터에 동일한 비중으로 투자할 수 있는데요. 시장의 상황에 따라 섹터별 비중이 변할 때마다 해당 ETF를 관리하는 운용사에서 연간 0.28%의 보수만 받고 일정 기간마다 비중을 조정해 주는 리밸런싱 작업도 해주니 투자자는 투자 기간 동안 특별히 신경 쓸 것이 없다는 장점이 있습니다.

*    출처 : alpsfunds.com, 2023. 12. 14 종가 기준

## ⑵ 전체 시장의 섹터별 비중에 맞춰 투자하기

모든 섹터에 동일한 비중으로 투자하는 방법은 초보 투자자가 처음 시도하기 좋은 단순한 방법이지만 때때로 아쉬운 상황이 생깁니다. 시장에서 높은 성과를 보이는 섹터가 전체 시장에서 차지하는 비중이 클 때인데요. 성과가 좋은 섹터가 전체 시장에서 차지하는 비중과 투자자의 포트폴리오 내에서 차지하는 비중의 차이만큼 투자 성과가 감소하기 때문입니다.

이런 아쉬움을 해소하기 위해 조금 업그레이드된 또 다른 방법이 있습니다. 투자자의 포트폴리오에서 각 섹터들의 비중을 정할 때 전체 시장의 섹터별 비중을 추종하는 방법입니다. 예를 들어 현재 시장에서 IT와 헬스케어 섹터 비중이 각각 25%, 11%라면 내 포트폴리오의 각 섹터 비중도 이와 유사하게 가져가는 것이지요. 전체 투자금이 1,000만 원일 때 IT 섹터를 추종하는 대표 ETF인 XLK에 250만 원을, 헬스케어 섹터를 추종하는 대표 ETF인 XLV에 110만 원을 투자하는 식입니다.

이 방법을 투자에 활용하기 위해선 스스로 11개의 섹터에 각각 얼마만큼의 비중으로 가져갈 것인지를 결정한 후 개별 종목이나 ETF를 선정해야 합니다. 그래야 한정된 투자금으로 시장과 유사한 투자 수익률을 추구할 수 있을 것입니다. 전체 시장의 섹터별 비중에 맞춰 투자하는 이 방식은 시장 수익률과 투자자의 포트폴리오 수익률이 비슷한 수준으로 형성될 확률이 높으므로 투자자가 시장보다 높은 수익률을 내겠다는 욕심만 부리지 않는다면 안정적인 투자를 이어나갈 수 있을 것입니다.

### (3) 경기 사이클에 맞는 전략 세우기

현재 시장의 섹터별 비중을 따라 하는 것을 넘어 경기 사이클 각 단계에서 성과가 좋을 것으로 예상되는 섹터에 투자 비중을 늘리고, 성과가 나빠질 것이라 예상되는 섹터의 투자 비중을 줄이는 전략을 취할 수도 있습니다. 예를 들어 현재 시장이 침체기라면 침체기에 상대적으로 덜 하락하는 섹터인 헬스케어나 유틸리티에 일정 부분 자금을 투입하되, 침체기가 끝난 후 회복기를 대비하여 역사적으로 회복기에 좋은 성과를 보였던 임의소비재, 부동산, 산업재 섹터에 더 많은 비중을 투자하는 것이죠. 침체기에는 임의소비재, 부동산, 산업재 섹터에 속한 기업이나 ETF의 가격도 저렴해져 있을 테니 다른 섹터보다 비중을 실어 싸게 매수한 후 회복기에 접어들어 가격이 올랐을 때 매도한다면 높은 투자 성과를 얻을 수 있을 것입니다. 즉, 현재 시장에서 관심도가 낮은 섹터의 주식들을 분할 매수하고, 경기 사이클 변화에 따라 다시 해당 섹터에 관심이 집중될 때에 분할 매도하며 수익을 취하는 것이죠.

## ② 섹터를 공부할 때 도움이 되는 사이트

비중을 조절하며 각각의 섹터에 분산하여 투자하지 않더라도 섹터별 대표 ETF들을 살펴보는 것은 중요합니다. 섹터별 대표 ETF들의 추이를 통해 돈의 흐름을 간접적으로 파악할 수 있기 때문인데요. 이렇게 시장을 전체적으로 살펴볼 때 유용한 사이트는 피델리티Fidelity와 팩트세트Factset 입니다. 다음에 소개하는 방법을 통해 하루, 주, 월, 년 단위로 섹터별 성과를 파악할 수 있는데요. 필자의 경우 매주, 매달 섹터별 성과를 지켜보며 시장의 흐름을 파악하고 있습니다.

## (1) Fidelity.com

Fidelity에서는 각 섹터별 성과를 한눈에 볼 수 있으며 각 섹터를 클릭하면 세부 산업군 및 산업들의 성과도 함께 확인할 수 있습니다.

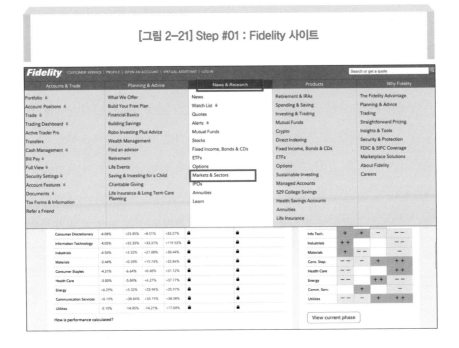

[그림 2-21] Step #01 : Fidelity 사이트

**Step #01** : Fidelity 메인 화면 상단에서 'News & Research'를 누른 후 'Markets & Sectors'를 선택하여 나타나는 화면의 메뉴에서 'Sectors'를 선택합니다.

# [그림 2-22] Step #02 : 'Sector' 탭 클릭

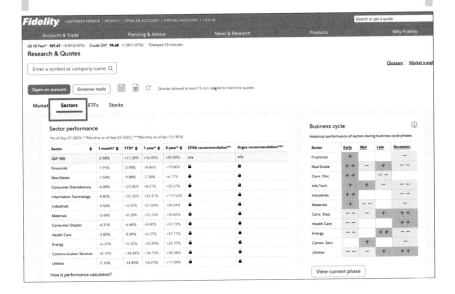

Step #02 : 11개 섹터의 1일, 1주일, 1년, 10년 등 여러 기간에 걸친 성과를 확인할 수 있습니다. 보다 상세하게 보고 싶은 섹터가 있다면 클릭해봅니다.

**[그림 2-23] Step #03 : 하위 산업별 성과와 같은 섹터별 상세 내용 확인**

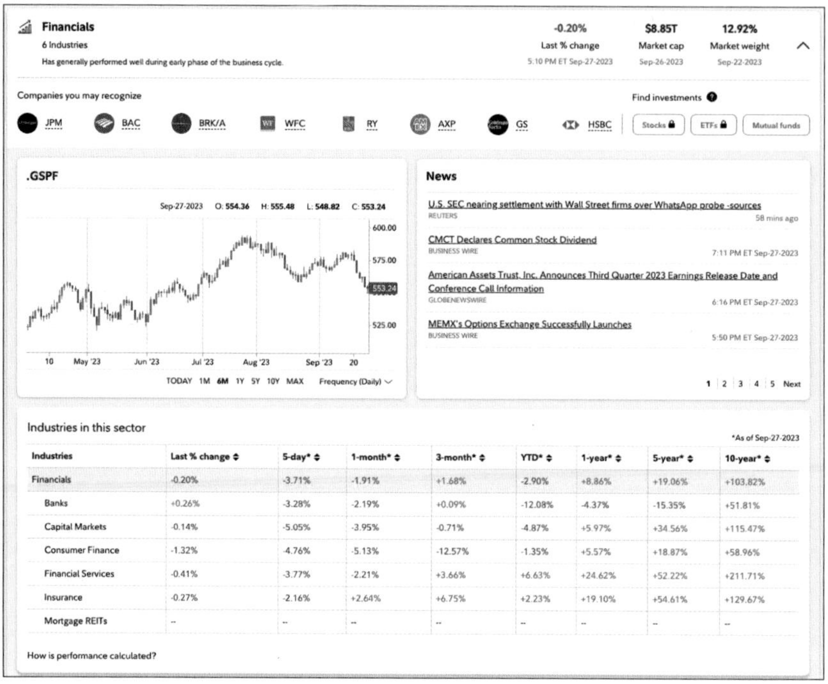


| Industries | Last % change | 5-day* | 1-month* | 3-month* | YTD* | 1-year* | 5-year* | 10-year* |
|---|---|---|---|---|---|---|---|---|
| Financials | -0.20% | -3.71% | -1.91% | +1.68% | -2.90% | +8.86% | +19.06% | +103.82% |
| Banks | +0.26% | -3.28% | -2.19% | +0.09% | -12.08% | -4.37% | -15.35% | +51.81% |
| Capital Markets | -0.14% | -5.05% | -3.95% | -0.71% | -4.87% | +5.97% | +34.56% | +115.47% |
| Consumer Finance | -1.32% | -4.76% | -5.13% | -12.57% | -1.35% | +5.57% | +18.87% | +58.96% |
| Financial Services | -0.41% | -3.77% | -2.21% | +3.66% | +6.63% | +24.62% | +52.22% | +211.71% |
| Insurance | -0.27% | -2.16% | +2.64% | +6.75% | +2.23% | +19.10% | +54.61% | +129.67% |
| Mortgage REITs | -- | -- | -- | -- | -- | -- | -- | -- |

How is performance calculated?

출처 : Fidelity.com

**Step #03** : 섹터를 선택하면 하위 산업별 성과를 확인할 수 있습니다. 위 그림은 금융 섹터의 산업별 성과인데요. 은행, 보험 등 다양한 하위 산업들의 기간별 퍼포먼스를 볼 수 있습니다.

### (2) FactSet

피델리티 사이트가 섹터별 돈의 흐름을 파악하는 데 유용하다면 FactSet는 앞으로 섹터별 성과가 어떻게 될지를 예측하는 데 도움이 됩니다. 팩트세트는 리서치 업체이며 매주 섹터별 실적 전망에 대한 보고서를 발표합니다. 해당 보고서를 통해 현재까지 섹터별 실적과 다음 분기 실적 및 매출 예상치를 상세히 알 수 있습니다. 또한 각 섹터별로 향후 얼마나 가격이 더 오를 것인가와 같은 가격 변동에 관한 예측 자료도 확인할 수 있으므로 투자에 관한 의사결정을 하는 데 큰 도움을 받을 수 있습니다. 이메일 주소만 등록하면 해당 자료는 무료로 확인할 수 있으니 꼭 활용하시길 권장합니다. 자료는 영어로 작성되어 있지만 번역기를 통해서 내용을 이해하는 데 어려움이 없고, 주요 내용이 표나 그래프여서 시각적으로 확인할 수 있기 때문에 언어가 큰 장애물이 되진 않습니다.

[그림 2-24] FactSet 활용하기

출처 : FactSet.com

FactSet 홈페이지에서 메뉴 바의 'Insight'를 클릭하면 최신 리포트를 확인할 수 있습니다.

상단 'Subscribe'를 클릭하고 이메일 주소를 등록하면 매월 혹은 매주로 설정한 기간마다 리포트를 받아볼 수 있습니다. 섹터별 실적을 확인할 수 있는 리포트는 우리나라 시간으로 매주 토요일 업데이트됩니다.

[그림 2-25] FactSet 리포트 일부

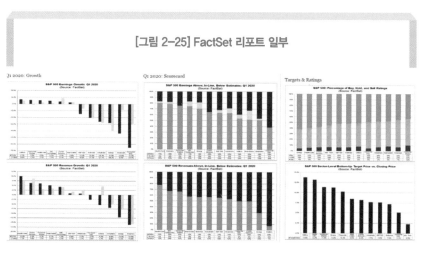

출처 : FactSet.com

# 애나정의 오답 노트를
# 공개합니다!

투자의 세계에서 성공하기까진 분명 수많은 실패와 실수들이 있었을 것입니다. 그러나 SNS의 발달로 투자 성과를 자랑하는 문화가 생기면서 성공의 발판이 되었던 실패나 실수담보단 성공 사례를 담은 무용담들이 공유되고 퍼지는 분위기지요. 이제 막 투자에 발을 들인 입문자는 성공 사례들만을 보곤 '뭐야, 투자라는 게 어려운 게 아니구나?'라고 생각해 지나친 낙관과 함께 준비없이 투자에 뛰어들 수도 있습니다. 또 투자 성과가 좋지 않은 투자자들은 상대적 박탈감을 느끼며 괜히 위축되기도 하는데요. 특히 요즘처럼 무섭게 오르는 시장 분위기에서는 그런 경향이 심해지곤 합니다. 이 책을 보는 독자분도 혹시 그런 마음이 생기지 않을까 해서 저의 오답 노트를 공개하고자 합니다. 투자 초기에 제가 했던 실수 세 가지를 소개할 텐데요. '이런 행동이 실수라는 것'을 미리 알아두는 것만으로도 분명 도움이 되실 것이고, 여러분은 저와 같은 실수를 하지 않기를 간절히 바라기 때문입니다.

## 애나정의 투자 실수 Worst 3

❶ '좋다고 하는 기업'은 일단 샀습니다.

**너무 당연하지만 공부하고 투자해야 합니다.**

처음 투자를 시작하면 열정도 넘치고 마음도 급합니다. 빨리 좋은 주식을 찾고 싶고 누구보다 빠르게 수익을 내고 싶지요. 여기저기 투자 세미나를 들으러 다니고, 많은 책을 읽으며 추천 종목들을 매수합니다. 그러나 추천받은 종목들은 '공부해야 할 리스트'일 뿐입니다. 투자를 하려면 내가 직접 기업에 대해 공부하며 '내 돈을 이 기업에 투자해도 되는지'에 대해 판단해야 하는데(이 과정이 진짜 공부입니다), 마음이 급해 공부는 생략하고 좋아 보이는 기업들을 매수하기 급급했죠. 공부하지 않고 산 기업들은 조금만 오르면 '이거 지금 팔아야 하나?' 생각하게 되고, 반대로 조금만 내리면 '왜 떨어지지? 잘못 샀나?' 하며 고민하게 됩니다. 초보 투자자가 하는 전형적인 실수 중 하나인데요. 이때 제가 섣불리 팔아버린 좋은 기업들 중에는 누구나 알 만한 기업인 프록터앤드갬블 PG과 스타벅스 SBUX도 있었습니다. 지금까지 보유했더라면 수익률이 적어도 50% 이상이었기에 제 조급함과 무지함을 반성하게 됩니다.

**❷ 살 때나 팔 때나 한 번에 진행했습니다.**

**매수와 매도는 언제나 분할해서 진행합시다.**

저는 성격이 급한 편이라 괜찮아 보이는 주식이 있으면 마치 오늘만 살 수 있는 것처럼 한번에 큰 비중으로 샀습니다. 그러다 보니 현금 비중이 적어 해당 기업이나 관심 기업들을 싸게 살 수 있었던 기회도 많이 놓치고 말았죠. 매도할 때도 보유하고 있는 주식을 한번에 다 팔아버렸습니다. 주가는 하락하더라도 쭉 떨어지기보다는 다시 반등하는 시기가 있습니다. 이런 사실을 알았더라면 조금이라도 더 좋은 가격에 팔 기회가 있었을 텐데 그런 기회들을 다 놓쳐버리고 말았지요. 우리는 '주식시장은 오늘만 있는 것이 아니며 기회는 항상 있다'라는 점을 기억해야 합니다. 주식이 오를지 내릴지 아무도 모르기 때문에 '−5% 하락 시 전체 투자금의 10%를 추가 매수', '수익률이 50%에 도달하면 해당 종목의 30%를 매도'와 같이 자신만의 원칙을 정하고 시점을 분할하여 매매해야 합니다. 그렇게 해야 내 포트폴리오의 변동성은 낮추고 투자 성과는 높아지며 평정심을 유지하는 데도 좋습니다.

**❸ 현금 비중, 그런 건 몰랐습니다.**

**일정 비중의 현금을 보유하는 것은 꼭 필요합니다.**

처음 투자를 할 땐 이것저것 다 좋아 보여 마구 매수하게 됩니다. 그렇게 매수하게 된 기업은 요즘 핫한 테슬라 TSLA, 애플 AAPL, 아마존 AMZN 등 성장성에 큰 비중을 두고 있는 변동성 높은 기업들이 대부분일 것이고 현금 비중은 자연스럽게 0에 가깝게 됩니다. 물론 모두 훌륭한 기업들이고, 초저금리 시대에 엄청나게 풀린 유동성으로 인해 '현금은 쓰레기, 투자는 필수'라는 말이 나오는 분위기지만 투자는 항상 '최악의 시나리오'에 대비해야 합니다. 왜냐하면, 하락장은 항상 아무도 예측하지 못할 때 빠르게 진행되기 때문입니다. 우리는 미·중 무역갈등으로 2018년도 4분기에 애플조차도 주가가 무려 30% 넘게 하락했다는 사실을 기억해야 합니다. 2020년 3월엔 코로나19 바이러스 이슈로 시장이 하루에도 10% 내외로 며칠 동안 하락하며 많은 투자자를 공포에 빠지게도 했습니다. 이때 포트폴리오를 주식으로만 채우고 현금 비중이 없었던 분들은 추가로 담을 여력이 없었을 뿐더러 엄청난 손실 때문에 심리적인 불안감과 스트레스가 엄청났을 겁니다. 언제 어떻게 될지 모르는 주식시장에서 일정 비중의 현금 보유는 필수라고 강조하고 싶습니다.

## 어떻게 하면 실수를 줄일 수 있을까?

저는 주기적으로 포트폴리오를 점검하며 어떤 논리로 기업들을 매수·매도했고 그 과정에서 어떤 실수가 있었는지 복기합니다. 저의 경우에는 투자를 시작한지 8개월이 지났을 때 〈오답 노트〉를 처음 작성하게 되었습니다. 오답 노트를 작성하고 그 내용을 수시로 복습하다 보니 실수를 최소화할 수 있었고, 그 과정을 통해 한 단계 성장했다고 느꼈습니다. 여러분도 이런 오답 노트를 기록해 보시면 어떨까요? 매달 혹은 분기별과 같이 일정한 주기를 정해서 투자 성과를 복기하고 다음에는 어떤 실수를 반복하면 안 되겠는지를 확인해 보는 것이지요. 이 과정에서 나의 투자 성향을 파악하고 나만의 투자 원칙을 세울 수 있습니다.

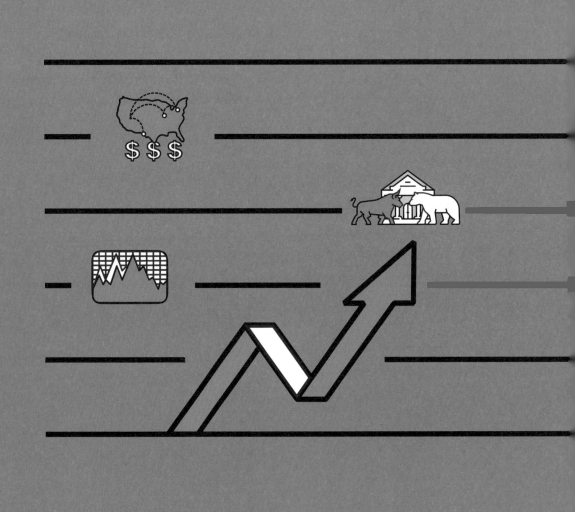

# Chapter 3

# ETF

# 어떤 종목을
# 어떻게 사야 할까

　미국주식에 대한 오리엔테이션과 11개의 업종 그리고 해당 섹터를 대표하는 기업들에 대한 이해를 마쳤으니 이제 본격적으로 투자를 시작해야겠다는 의욕이 샘솟을 것입니다. 하지만 우리는 이제 막 투자를 시작하는 초보자입니다. 투자에 대한 원칙이나 철학이 부족하고, 포트폴리오를 구성하고 관리하는 방법에 아직 익숙하지 않습니다. 또한 시장에서 겪게 되는 다양한 경험이 대부분 낯설고 어색하며 때론 견디기 힘들 수도 있습니다.

　평소 준비가 안 된 사람이 마라톤 대회에 나가 42.195km를 완주할 가능성은 제로에 가깝습니다. 하지만 장거리에 적합한 달리기 자세를 배우고 꾸준한 훈련을 통해 자신만의 루틴을 만들고, 5km, 10km, 하프코스 대회에 출전하여 경험을 쌓다 보면 비로소 풀코스 마라톤 대회에서 완주할 수 있게 됩니다. 투자도 이와 비슷합니다. 시장에서 오래 살아남으며 투자를 이어나가기 위해선 기초부터 잘 다지고 다양한 경험을 통해 자신만의 투자 원칙과 철학을 만들어 나가야 합니다. 경험은 단기간에 속성으로 얻을 수 있는 것이 아니기에 시장이 우리에게 던져주는 크고 작은 다양한 경험들을 놓치지 않는 데 집중해야 합니다.

## ① 여러 기업의 주식을 사 모으면 되는 걸까?

계좌도 만들고 환전을 통해 달러 예수금도 확보했다면 이제 어떤 주식을 사야 할지가 고민일 겁니다. 앞서 공부했던 11개의 섹터 1, 2등 기업들을 하나씩 담아볼까 싶다가도 평소 봐뒀던 스타벅스SBUX나 나이키 NKE, 맥도날드MCD처럼 일반인에게 친숙한 글로벌 기업들의 주식을 사볼까 싶기도 합니다. 이렇게 투자 초기에 의욕이 넘쳐서 여러 기업의 주식들을 하나씩 사 모으다 보면 어느새 포트폴리오엔 수십 개의 종목으로 가득합니다. 어떤 전략에 기반을 두거나 계획을 갖고 구성한 포트폴리오가 아니라 무작정 좋아 보이는 기업들의 주식을 사 모으다 만들어진 포트폴리오는 효율적으로 관리가 되지 않고 모래 위에 지은 성처럼 금세 무너질 확률이 높습니다.

## ② 소수의 개별 종목에 집중투자하는 것은 어떨까?

어떤 투자자는 소수의 개별 종목에 집중하며 투자를 시작하기도 합니다. 초기 투자금의 대부분을 다섯 개 이하의 종목에만 투입하고 추가 자금도 이 종목들만 더 매수하는 방식으로 투자하는데요. 기업에 대한 이해와 자신만의 투자 아이디어가 확고하지 않은 상태에서 소수 종목에 집중 투자한다면 개별 기업의 변동성과 생각만큼 오르지 않는 주가를 견디지 못하고 투자의 세계에서 조기 퇴장할 수 있습니다.

# ③ 초보 투자자의 고민과 어려움을 해결해 줄 ETF

이렇듯 투자 초창기는 누구에게나 고민과 어려움의 연속입니다. 포트폴리오를 구성하는 적정 보유 기업 수는 몇 개가 좋은지, 업종 및 기업별 투자 비중은 어떻게 구성해야 하는지, 효율적으로 포트폴리오를 관리하기 위해선 어떻게 해야 하는지와 같이 고민거리들이 꼬리에 꼬리를 물며 생겨납니다. 또한, 투자 중인 각각의 개별 기업과 전체 투자 포트폴리오의 변동성은 어느 정도가 적당하고, 투자자 본인은 변동성에 대해 어느 정도의 감내도가 있는지에 대한 부분은 이제 막 투자를 시작한 초보자에겐 참 어려운 부분입니다.

그런데 주식시장엔 초보 투자자들의 이런 고민과 어려움을 해결해 줄 수 있는 열쇠가 이미 마련되어 있습니다. 펀드와 주식의 장점을 골라 담은 'ETF'라는 상품군입니다.

# ETF,
# 녀는 누구니?

**02**

US STOCKS CLASS

우리말로 '상장지수펀드'라고도 불리는 ETF Exchange Traded Fund 는 여러 주식을 하나의 바구니에 담아 거래소에 상장시킨 후 주식처럼 자유롭게 거래할 수 있도록 만든 상품을 말합니다. 소액으로 여러 기업에 나눠 투자할 수 있다는 점에선 펀드와 비슷하지만, 장 중에 실시간으로 횟수 제한 없이 자유롭게 거래할 수 있고 운용 보수가 저렴하다는 점에서 ETF는 펀드의 장점은 살리고 단점은 보완한 상품이라 볼 수 있습니다.

**[그림 3-1] ETF 시장의 성장 추이**

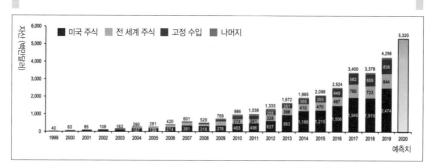

출처 : BofA Global Research, Bloomberg

# ① ETF는 어떤 기준으로 주식을 바구니에 담을까?

바구니에 어떤 기준으로 주식들을 담느냐에 따라 ETF의 특징과 투자 방향이 결정됩니다. 이런 기준을 '벤치마크 지수'라고 하는데요. ETF가 어떤 벤치마크 지수를 추종하는지에 따라 주식들의 종류와 비중은 물론 투자 방향성과 레버리지 ETF의 경우 강도까지 정해집니다. 예를 들어, IT 기업들을 비롯한 비금융 업종들이 주로 상장된 나스닥 증권거래소에서 시가총액 상위 100개의 기업을 모아 만든 '나스닥100 인덱스Nasdaq-100 Index'라는 벤치마크 지수가 있습니다. 이 지수를 추종하는 ETF는 나스닥 시가총액 상위 100개 기업의 주식을 시가총액 비중에 따라 편입한 것입니다. 원래 같으면 나스닥 상위 100개 기업 주식을 1주씩만 사더라도 엄청난 투자금이 필요하겠지만 이렇게

[그림 3-2] ETF가 추종하는 벤치마크 지수들의 예시

**주가지수**
S&P500과 같은
특정 지수 추종

**상품**
금, 석유와 같은
상품의 가격을 추종

**인버스**
주가지수 방향과
반대 방향을 추종

**레버리지**
추종하는 지수의 변동성을
2배 혹은 3배로 확대하여 추종

**산업(업종)**
IT, 필수소비재 등
특정 산업을 추종

**해외시장**
해외시장의 특정 국가
지수를 추종

**벤치마크(Benchmark)**

사전적 의미는 '비교평가 대상'이지만 투자 분야에서 사용할 때는 성과평가 기준이 되는 지표를 말한다. 수익률이 벤치마크한 지표보다 높으면 초과 수익률이 발생해 성공적인 투자를 실행했다고 평가한다.

나스닥100 인덱스를 벤치마크 지수로 추종하는 ETF를 매수하면 소액으로도 시가총액 기준 나스닥 상위 100개 기업을 한 번에 사는 효과를 볼 수 있습니다. 즉, 소액으로 분산투자를 할 수 있는 효과를 봅니다.

## ② 다양한 벤치마크 지수들을 추종하는 다양한 ETF

ETF가 추종할 수 있는 벤치마크 지수는 어떤 것들이 있을까요? ETF가 추종하는 대표적인 벤치마크 지수에는 ①특정 국가의 증시를 대표하는 S&P500 지수나 코스피 지수 같은 주가지수, ②금융, 에너지, 필수소비재, 헬스케어 등의 대표 업종(섹터) 지수가 있습니다. ③금이나 은, 천연가스, 원유 등의 원자재 가격을 추종하는 상품 Commodity 지수도 있으며 ④장기채, 중기채, 단기채 그리고 미국 국채나 전 세계 모든 채권 등의 채권 지수를 추종하기도 합니다. 또한 ⑤주가와 반대 방향으로 가는 인버스 지수도 있고, ⑥변동폭을 2배 혹은 3배로 확대한 레버리지 지수도 있습니다. 그뿐만 아니라 ⑦각종 통화 Currency 지수부터 ⑧특성과 성과가 비슷한 종목군을 묶어서 만들어 낸 스타일 지수, ⑨게임이나 클라우드, 5G와 같이 특정 주제를 추종하는 테마 지수, ⑩편입 종목을 공개하지 않고 매니저의 전략에 따라 운용되는 액티브 ETF까지, ETF가 추종할 수 있는 벤치마크 지수는 무궁무진합니다.

벤치마크 지수가 다양하다는 건 그만큼 거래소에 상장되어 거래할 수 있는 ETF의 종류 역시 많다는 것을 뜻합니다. 종류나 형태가 워낙 다양하여 복잡하게 느껴질 수도 있지만, 그만큼 ETF는 수많은 투자자의 다양한 니즈를 충족시켜줄 수 있는 상품입니다.

# ETF의
# 몇 가지 특징

## 03

ETF는 이제 막 투자를 시작하는 초보 투자자부터 투자 경력이 오래되고 투자금이 큰 투자자까지 누구나 활용하기 좋을 만큼 장점이 많습니다. ETF 엔 어떤 특징과 장점이 있는지 함께 보실까요?

## ① 직관적이고 이해하기 쉬운 구조

ETF는 상품 이름만 보더라도 어떤 운용사에서 운용하고 어떤 벤치마크를 추종하는지 알 수 있을 만큼 직관적입니다. 대부분의 ETF 이름 맨 앞엔 해당 ETF를 발행하고 운용하는 운용사들의 ETF 브랜드가 붙습니다. 보통은 뱅가 드Vanguard라는 운용사의 ETF 브랜드도 뱅가드여서 운용사의 이름과 ETF의 브랜드가 일치하지만, 블랙록Black Rock이라는 운용사가 아이셰어즈iShares라 는 브랜드를 쓰거나, 스테이트 스트리트 글로벌 어드바이저State Street Global Advisors라는 운용사가 SPDR Spider라는 브랜드를 쓰듯 운용사의 이름과 다른

## [표 3-1] 대표 ETF 운용사와 브랜드

| ETF 운용사 | ETF 브랜드 |
|---|---|
| 블랙록 BlackRock | 아이셰어즈 iShares |
| 뱅가드 Vanguard | 뱅가드 Vanguard |
| 스테이트 스트리트 글로벌 어드바이저 State Street Global Advisors | SPDR Spider |
| 인베스코 Invesco | 파워셰어즈 PowerShares |
| 찰스슈왑 Charles Schwab | 슈왑 Schwab |
| 퍼스트 트러스트 First Trust | 퍼스트 트러스트 First Trust |
| 위즈덤 트리 Wisdom Tree | 위즈덤 트리 Wisdom Tree |
| 벤엑 VanEck | 마켓 벡터스 Market Vectors |
| 구겐하임 Guggenheim | 구겐하임 Guggenheim |
| 프로셰어즈 ProShares | 프로셰어즈 ProShares |

## [그림 3-3] ETF 상품명의 구조와 의미

출처 : ETFdb.com

별도의 브랜드를 만들어 사용하기도 합니다.

운용사의 ETF 브랜드 뒤에는 해당 ETF가 추종하는 벤치마크 지수가 표기됩니다. 예를 들어, SPDR Dow Jones Industrial Average ETF Trust(티커:

DIA)라는 ETF 이름을 살펴봅시다. 제일 앞에 'SPDR'이라는 ETF 운용사의 브랜드가 나오고, 그 뒤에 이 ETF가 추종하는 벤치마크 지수인 다우존스 산업 지수가 표기되어 있습니다. 즉, DIA라는 ETF는 SPRD라는 ETF 브랜드를 사용하고 있는 스테이트 스트리트 글로벌 어드바이저 State Street Global Advisors 운용사에서 운용하며 다우존스 산업지수를 추종하는 ETF임을 알 수 있지요.

또한, 투자자는 ETF가 추종하는 벤치마크 지수가 무엇인지만 이해한다면 해당 ETF의 가격이 어떻게 변할지 직관적으로 이해할 수 있습니다. 예를 들어, 금 가격을 추종하는 ETF에 투자했다면 실제 금 가격이 오른 만큼 ETF의 가격이 상승하는 것이고, 특정 업종이나 국가의 성장을 기대한다면 해당 업종이나 국가의 주가지수를 추종하는 ETF를 사면 되는 것입니다. 어떤 벤치마크 지수를 추종하고 있으며 그 벤치마크 지수가 오르는지 내리는지만 파악하면 되는 것이죠.

## ② 분산투자를 통한 낮은 변동성

ETF가 추종하는 대부분의 벤치마크 지수는 적게는 수십 개에서 많게는 수백 개의 주식을 담아 구성합니다. 단일 ETF 중 운용자산의 규모AUM*가 가장 큰 ETF인 SPDR S&P500 Trust ETF(티커: SPY)는 미국의 대표 시장 지수인 S&P500 지수를 추종하며 ETF 내 보유 주식 수는 무려 505개입니다. 쉽게 말해, 주당 약 $421인 SPY ETF** 1주를 매수하면 505개의 기업을 시가총액 비중에 따라 분산투자하는 효과를 볼 수 있죠. 또한 여러 기업과 산업에 골고

---

\*　　　Asset Under Management

루 나눠서 투자하는 만큼 단일 기업에 투자했을 때에 비해 투자 위험을 분산시켜 변동성을 낮출 수 있다는 장점이 있습니다.

[그림 3-4] SPY의 상위 10개 섹터 및 보유 종목의 비중

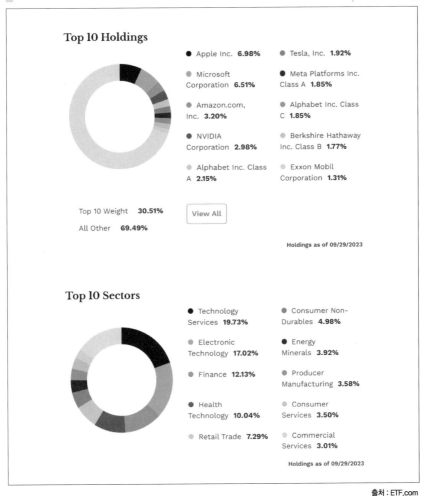

출처 : ETF.com

** 2023년 10월 3일 종가 기준

분산투자를 통한 낮은 변동성이라는 ETF의 특징은 개별 기업의 높은 변동성에 익숙하지 않은 초보 투자자나 투자금의 규모가 커서 변동성을 낮추길 원하는 투자자에게 큰 장점으로 작용합니다. 그래서 필자는 대부분의 미국주식 입문자에게 종목 선정의 시간과 고민을 줄이고 개별 기업보다 훨씬 작은 변동성을 가지며 시장 수익률만큼은 따라갈 수 있는 미국의 3대 대표 인덱스 ETF 3종(DIA: 다우존스 산업지수, SPY: S&P500 지수, QQQ: 나스닥100지수)부터 매수하길 추천합니다.

## ③ 적은 금액으로 여러 기업에 투자 가능

미국을 넘어 글로벌 IT 업계를 선도하는 기업들의 주식을 1주씩 매수하려면 얼마의 투자금이 필요할까요? 아마존 AMZN, 구글의 모회사인 알파벳 GOOGL과 테슬라 TSLA, 마이크로소프트 MSFT와 애플 AAPL, 페이스북과 인스타그램의 메타 META, 엔비디아 NVDA 이렇게 일곱 개의 기업 주식을 한 주씩만 사더라도 이미 약 $1,774나 필요하고 원화로 환산할 경우 약 240만 원($1=1,350원 기준)이 필요*합니다.

대부분의 투자자가 소액으로 투자를 시작해 차차 투자금을 늘려나간다는 점을 고려한다면 1,700달러가 넘는 투자금은 초기 금액으로써 결코 적지 않습니다. 하지만 이런 일곱 개의 기업들(AMZN, GOOGL, TSLA, MSFT, AAPL, META, NVDA)이 담겨있는 ETF를 매수할 경우엔 이야기가 달라집니다. Invesco QQQ Trust(티커: QQQ)라는 ETF는 나스닥100 지수를 추종하는 ETF

---

\*    2023년 10월 3일 종가 기준

**[표 3-2] 개별 기업의 주식을 샀을 때와 이를 하나에 담은 ETF를 샀을 때를 비교\***

| 기업명 | 티커 | 종가 |
|---|---|---|
| Amazon.com, Inc. | AMZN | $172.40 |
| Alphabet Inc. | GOOGL | $132.43 |
| Tesla, Inc. | TSLA | $246.53 |
| Microsoft Corporation | MSFT | $313.39 |
| Apple Inc. | AAPL | $172.40 |
| NVIDIA Corporation | NVDA | $435.17 |
| Meta Platforms Inc. Class A | META | $300.94 |
| 달러 필요 투자금 | | $1,773.26 |
| 원화 환산 필요 투자금\*\* | | ₩2,393,901 |

| ETF | 티커 | 종가 |
|---|---|---|
| Invesco QQQ Trust | QQQ | $354.92 |

ETF 내에서 7종목이 차지하는 비중
= 약 37.2%

| | | |
|---|---|---|
| 달러 필요 투자금 | | $354.92 |
| 원화 환산 필요 투자금 | | ₩479,142 |

로, 앞서 언급한 대표적인 IT 기업이 모두 포함되어 있습니다. 일곱 개의 기업이 QQQ ETF 내에서 차지하는 비중은 약 37.2%이며, ETF 1주당 약 $355의 가격으로 매수가 가능합니다.

물론 일곱 개의 기업 주식을 1주씩 샀을 때와 QQQ ETF를 1주 샀을 때는 일곱 개 기업이 전체 투자금에서 차지하는 비중의 차이가 있긴 합니다. 그러나 개별 기업에 각각 투자했을 때보다 훨씬 적은 금액으로도 동일한 기업에 투자할 수 있어 초기에 투자금 규모가 작을 때 균형 잡힌 포트폴리오를 구성하는 데 도움이 됩니다.

---

\*    환율은 $1 = 1,350원으로 계산
\*\*    2023년 10월 3일 종가 기준

# ④ 저렴한 비용과 운용 보수

펀드는 상품의 구조상 판매 수수료부터 운용 보수, 수탁 보수, 사무보수, 평가보수 등이 발생하는데, 이는 수익률을 갉아먹는 요인으로 작용합니다. 펀드 매니저의 운용 노하우와 전략이 필요한 액티브 펀드냐 시장의 흐름과 지수를 추종하는 인덱스 펀드냐에 따라 차이는 있겠으나 평균적으로 펀드 상품은 1~3% 사이의 수수료가 발생합니다.

이에 반해 ETF는 벤치마크 지수를 정확히 추종하는 것에 대부분의 비용이

[표 3-3] 운용자산 규모가 큰 대표적 ETF와 연간 수수료

| ETF 이름 | 티커 | 벤치마크 지수 | 수수료(연간) |
|---|---|---|---|
| SPDR S&P500 ETF Trust | SPY | S&P500 | 0.09% |
| iShares Core S&P500 ETF | IVV | | 0.03% |
| Vanguard S&P500 ETF | VOO | | 0.03% |
| SPDR Dow Jones Industrial Average ETF Trust | DIA | DJ Industrial Average | 0.16% |
| Invesco QQQ Trust | QQQ | NASDAQ100 | 0.20% |
| iShares 1-3 Year Treasury Bond ETF | SHY | 1~3년 단기채 | 0.15% |
| iShares 7-10 Year Treasury Bond ETF | IEF | 7~10년 중기채 | 0.15% |
| iShares 20+ Year Treasury Bond ETF | TLT | 20년 이상 장기채 | 0.15% |
| SPDR Gold Trust | GLD | 금 시세 | 0.40% |
| iShares Gold Trust | IAU | 금 시세 | 0.25% |

\* 참고로 미국주식시장에 상장된 전체 ETF의 평균 운용 보수는 0.19%이며, 레버리지나 인버스 등 벤치마크 지수의 구조가 복잡해질수록 ETF의 운용 보수가 비싸집니다.

들어갑니다. 이마저도 운용사들은 자동화 작업으로 운용 인력에 들어가는 비용을 최소화합니다. 또한 ETF는 거래소에 상장되어 주식처럼 거래되는 만큼 판매보수나 환매수수료 같은 불필요한 비용이 거의 발생하지 않습니다. 그러다 보니 ETF의 연간 수수료는 적게는 0.03%에서 많게는 1% 이내*로 발생합니다.

특히 시장 지수인 인덱스를 추종하는 ETF일수록 운용 보수가 무척 저렴한데 S&P500을 추종하는 대표 ETF 3종(SPY, IVV, VOO)의 운용 보수는 각각 0.09%, 0.03%, 0.03%로 펀드와는 비교할 수 없을 정도로 낮은 운용 보수를 자랑합니다.

**[그림 3-5] 해외주식형 펀드의 환매 소요 기간 예시**

출처 : 네이버 금융

## ⑤ 뛰어난 유동성과 환금성

국내에서 판매되는 해외 주식형 펀드는 환매 후 기준가가 결정되기까지

3~4영업일이 소요되고, 계좌로 환매된 자금이 들어오기까지 8~9영업일이라는 시간이 필요합니다. 그러나 ETF는 주식처럼 장 중에 실시간으로 매도가 가능하고 매도 자금 역시 결제일인 3영업일이 지나면 출금할 수 있습니다. 또한 펀드는 기준가가 결정되기 전까지의 변동성으로 인해 내가 생각하는 것과 다른 수익률로 마감될 수 있는 데 반해 ETF는 실시간으로 매도하여 원하는 수익률을 바로 확정할 수 있습니다.

한편 거래소에서는 일정 시간 동안 일정한 범위 내의 호가가 없는 경우 의무적으로 매수 또는 매도 호가를 제시함으로써 유동성 부족으로 인한 거래 부진을 해결해주는 유동성 공급자Liquidity Provider가 있으므로 거래량이 적은 ETF라도 환금성이 떨어지지 않습니다.

## ⑥ 높은 투명성

펀드는 어떤 기업에 어떻게 투자되고 있는지 실시간으로 정확히 파악하기가 힘듭니다. 특히 펀드가 펀드에 투자하는 모자(母子) 형태의 재간접펀드는 투자자 입장에서 어떤 기업에 투자하고 있는지 더더욱 파악하기 힘듭니다. 또한, 투자자는 매 분기 받는 펀드 운용보고서를 통해 펀드의 자산구성과 운용 내역을 사후에 알 수 있습니다.

하지만 ETF는 해당 ETF가 보유하고 있는 종목들과 비중에 대해 실시간으로 확인할 수 있습니다. 뿐만 아니라 ETF 운용사는 추적오차율과 괴리율에 대한 ETF 운용 성과를 매일 공시하고 있기에 투자자들은 ETF가 벤치마크 지수를 얼마나 잘 추적하고 있는지를 수시로 확인할 수 있습니다. 즉, ETF는 높은 투명성을 갖췄고 그로 인해 투자자들은 ETF를 활용하여 더 정확하고 정교한 투자를 할 수 있습니다.

### Invesco QQQ Trust Series I

Price: $356.33
Change: $1.41 (0.40%)
Category: Large Cap Growth Equities
Last Updated: Oct 04, 2023

QQQ Stock Profile & Price

Dividend & Valuation

Expenses Ratio & Fees

**Holdings**

Holdings Analysis Charts

Price and Volume Charts

Fund Flows Charts

Price vs Flows AUM Influence Charts

ESG

Performance

Technicals

Realtime Rating

NEW! Advisor Report & Fact Sheet

Read Next

**Top 15 Holdings**

| Symbol | Holding | % Assets |
|--------|---------|----------|
| AAPL | Apple Inc. | 10.80% |
| MSFT | Microsoft Corporation | 9.46% |
| AMZN | Amazon.com, Inc. | 5.29% |
| NVDA | NVIDIA Corporation | 4.33% |
| META | Meta Platforms Inc. Class A | 3.77% |
| TSLA | Tesla, Inc. | 3.20% |
| GOOGL | Alphabet Inc. Class A | 3.13% |
| GOOG | Alphabet Inc. Class C | 3.08% |
| AVGO | Broadcom Inc. | 2.96% |
| COST | Costco Wholesale Corporation | 2.17% |
| PEP | PepsiCo, Inc. | 2.02% |
| ADBE | Adobe Incorporated | 2.01% |
| CSCO | Cisco Systems, Inc. | 1.89% |
| CMCSA | Comcast Corporation Class A | 1.58% |
| NFLX | Netflix, Inc. | 1.45% |

출처 : ETFdb.com

## ⑦ 배당 수령도 그대로

대부분의 미국 기업들은 배당 성향(이익 대비 배당금의 지급 비율)의 정도와 지급 주기의 차이는 있지만, 배당금을 지급합니다. 이러한 기업들의 주식을 바구니에 모아 담은 ETF 역시 기업들이 지급하는 배당금과 ETF 보유 자산들에서 발생하는 수익을 모아 ETF 투자자에게 동일하게 분배금 형태로 지급*합니다. 그런데 이런 ETF의 분배금은 ETF가 추종하고 있는 벤치마크 지수와 보유하고 있는 기업들의 유형에 따라 분배금을 아예 지급하지 않을 수도 있고, 매 분기 혹은 매월 지급하기도 합니다.

[그림 3-7] 개별 주식의 배당 정보와 비슷한 ETF의 배당 관련 정보

**SPHD  Invesco S&P 500® High Dividend Low Volatility ETF**

Price: $38.69 ↑
Change: $0.49 (1.29%)
Category: Volatility Hedged Equity
Last Updated: Oct 04, 2023

SPHD Stock Profile & Price
**Dividend & Valuation**
Expenses Ratio & Fees
Holdings
Holdings Analysis Charts
Price and Volume Charts
Fund Flows Charts
Price vs Flows AUM Influence Charts
ESG
Performance
Technicals
Realtime Rating
NEW! Advisor Report & Fact Sheet

**SPHD Valuation**

This section compares the P/E ratio of this ETF to its peers.

| SPHD | ETF Database Category Average | FactSet Segment Average |
|---|---|---|
| P/E Ratio | P/E Ratio | P/E Ratio |
| 13.30 | 3.46 | 5.77 |

**SPHD Dividend**

This section compares the dividend yield of this ETF to its peers.

| | SPHD | ETF Database Category Average | FactSet Segment Average |
|---|---|---|---|
| Dividend | $ 0.18 | $ 0.10 | $ 0.17 |
| Dividend Date | 2023-09-18 | N/A | N/A |
| Annual Dividend Rate | $ 1.82 | $ 0.32 | $ 0.61 |
| Annual Dividend Yield | 4.73% | 1.02% | 1.39% |

출처 : ETFdb.com

*   ETF 분배금은 ETF에 편입된 주식의 배당금뿐만 아니라 채권 이자 수익, 기초자산의 대여를 통한 이익, 현금 운용 수익 등을 모두 합한 개념으로 이를 ETF 보유 주주들에게 분배하는 구조입니다.

# ETF에서 '추적오차율'과 '괴리율'은 무엇일까?

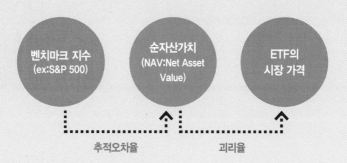

추적오차율          괴리율

**[그림 3-8] ETF의 추적오차율과 괴리율 이해하기**

ETF의 운용 성과를 볼 때 '추적오차율'과 '괴리율'이라는 지표가 나옵니다. 이 두 지표는 특정 ETF가 청산했을 때의 순자산가치를 나타내는 NAV Net Asset Value가 기준이 되는데요. '추적오차율'은 ETF가 추종하는 벤치마크 지수를 ETF의 순자산가치 NAV가 얼마나 잘 따라가는지를 나타냅니다. 추적오차율이 작다는 건 그만큼 벤치마크 지수를 잘 추종하고 있다는 의미입니다. '괴리율'은 거래소에서 거래되는 ETF의 시장 가격과 ETF의 순자산가치 NAV와의 차이를 나타냅니다. 괴리율이 양수인 경우 ETF가 순자산가치 NAV에 비해 비싸게 거래되고 있다는 뜻이고, 음수인 경우는 순자산가치 NAV에 비해 더 싸게 거래되고 있음을 뜻합니다. 추적오차율과 괴리율은 '0'에 가까울수록 좋으며 이 지표들은 운용사가 매일 공시하므로 자신이 투자한 ETF가 잘 운용되고 있는지 수시로 확인할 수 있습니다.

# ETF,
# 단점도 있다

## 04

투자자는 항상 객관적인 시각으로 바라보려는 노력이 필요합니다. ETF 역시 매력적인 투자처이지만 장점만 있는 건 아닌데요. 투자자가 알아둬야 할 ETF의 단점으론 어떤 것들이 있나 살펴보겠습니다.

## ① 사람이기에 이겨내기 힘든 '지루함'

ETF는 펀드 매니저의 성향이나 전략에 따라 운용 방향과 성과가 달라지지 않기 때문에 투자자가 특별히 신경 쓸 것이 없습니다. 종종 ETF가 추종하는 벤치마크 지수를 정확하게 따라가고 있는지 오차율 정도만 확인해 주면 되죠. 이마저도 운용 규모AUM가 일정 수준을 넘어가는 ETF들은 특별히 확인할 필요가 없을 만큼 아주 작은 오차율로 벤치마크 지수를 추종합니다.

세상이 빠르게 변하고 경제가 돌아가는 상황에 따라 기업들이 흥망성쇠하다 보니 S&P500이나 나스닥100에 속하는 기업의 구성 명단은 수시로 바

## [표 3-4] S&P500과 나스닥100 상위 10개 기업

| 순번 | S&P500 | | | 나스닥100 | | |
|---|---|---|---|---|---|---|
| | 기업명 | 티커 | 비중 | 기업명 | 티커 | 비중 |
| 1 | Apple Inc. | AAPL | 7.15% | Apple Inc. | AAPL | 10.82% |
| 2 | Microsoft Corporation | MSFT | 6.57% | Microsoft Corporation | MSFT | 9.48% |
| 3 | Amazon.com, Inc. | AMZN | 3.19% | Amazon.com, Inc. | AMZN | 5.30% |
| 4 | Nvidia Corporation | NVDA | 3.03% | Nvidia Corporation | NVDA | 4.34% |
| 5 | Alphabet Inc. Class A | GOOGL | 2.21% | Meta Platforms Inc. | META | 3.78% |
| 6 | Tesla Inc. | TSLA | 1.92% | Tesla Inc. | TSLA | 3.21% |
| 7 | Alphabet Inc. Class C | GOOG | 1.90% | Alphabet Inc. | GOOGL | 3.14% |
| 8 | Meta Platforms Inc. Class A | META | 1.89% | Alphabet Inc. | GOOG | 3.09% |
| 9 | Berkshire Hathaway Inc. Cl B | BRK.B | 1.76% | Broadcom Inc. | AVGO | 2.97% |
| 10 | Unitedhealth Group Inc. | UNH | 1.33% | Costco Wholesale Corp. | COST | 2.17% |

출처 : slickcharts.com, 2023년 10월 3일 종가 기준

뀔 수밖에 없습니다. 이런 인덱스를 추종하는 ETF는 지수를 구성하는 기업의 명단이 바뀔 때마다 ETF 운용사에서 알아서 보유 종목들을 리밸런싱합니다. 즉, 투자자는 ETF만 보유하면 지수 구성 종목의 변경 시점에 맞춰 우량한 기업들만 계속 보유할 수 있습니다. 이렇다 보니 투자자는 ETF를 투자하

는 도중 특별히 무엇을 할 필요가 없습니다. 만약 투자자가 S&P500이나 나스닥100 등 시장의 평균을 추종하는 인덱스 ETF에 투자금 대부분을 투자했다면 시간이 지남에 따라 투자자는 '지루함'을 느낄 수 있습니다. 그래서 오랜 기간 보유만 해도 매년 시장이 성장하는 정도의 수익을 얻을 수 있다는 걸 알면서도 이 지루한 감정과 심리를 이겨내지 못하고 샀다 팔았다를 반복하다 제풀에 지쳐 쓰러지기도 합니다.

그런데 이렇게 신경 쓸 것이 없는 데서 오는 지루함이라는 ETF의 단점은 누군가에게 장점으로 작용할 수 있는데요. 바로 투자는 하고 싶은데 일상이 바쁜 분들입니다. 꾸준히 투자 공부를 할 시간적 여유가 없고 수시로 변하는 시장 상황을 일일이 따라가기엔 너무 바쁜 분들에게 ETF는 저렴한 비용으로 알아서 리밸런싱도 해주고 매년 시장의 평균 수익률만큼을 가져다주는 최고의 투자 상품입니다. 이런 분들은 바쁜 일상 덕분에 ETF가 주는 지루함을 느낄 새가 없고, 오히려 가끔 생각날 때마다 계좌를 열어보며 기대 이상의 수익률에 만족하며 오랫동안 즐겁게 투자를 이어나갈 수 있을 것입니다.

## ② 개별 기업의 지분을 소유했을 때 느끼는 '만족감'의 부재

소액으로 다양한 기업들을 한 번에 투자할 수 있다는 ETF의 장점이 때론 아쉬움으로 느껴질 때가 있습니다. 바로 개별 기업 지분을 소유했을 때 느낄 수 있는 만족감을 느끼지 못할 때인데요. 백화점이나 아울렛에 가면 사람들로 북적이는 나이키 NKE 매장, 스타벅스 SBUX 에 앉을 자리가 없을 정도로 북적이는 모습, 피자나 햄버거, 치킨을 시키면 항상 세트로 함께 오는 펩

시 PEP와 코카콜라 KO, 지하철 출퇴근 시간 주변 사람들이 에어팟 프로를 귀에 꽂고 아이폰 AAPL으로 보고 있는 유튜브 GOOGL나 넷플릭스 NFLX 등. 이렇게 우리 주변에선 미국 기업들이 제공하고 있는 제품이나 서비스를 어렵지 않게 만나볼 수 있고, 수많은 사람이 해당 기업들의 제품과 서비스를 소비하고 있는 모습을 보게 됩니다. 뉴스에서도 미국의 다국적 기업들이 엄청난 성장과 이익을 냈다는 기사를 수시로 보도하기에 우리는 점점 더 뉴스에 관심을 두고 노출될 수밖에 없습니다. 그런데 이런 개별 기업들의 좋은 소식을 들었을 때 해당 기업의 주식을 직접 투자한 투자자와 ETF를 통해 간접적으로 투자한 투자자는 만족감의 정도에서 큰 차이를 보이게 됩니다. ETF는 바구니로 여러 기업을 담는다는 특징으로 인해 개별 기업은 100%가 아닌 전체 비중의 일부만 담길 수밖에 없습니다. 그래서 개별 기업의 주식을 매수한 투자자에 비해 ETF 투자자의 만족감이 반감될 수밖에 없죠.

그러나 ETF와 개별 기업의 주식에 대해 '이것 아니면 저것'이라는 이분법적인 사고로 투자할 필요가 없다는 점을 기억해야 합니다. ETF만으로 투자를 해야 하는 것도 아니고, 위대한 기업의 지분을 소유하고자 하는 욕구를 충족시키기 위해 개별 기업의 주식만 사야 하는 것도 아닙니다. 우리는 개별 기업의 주식과 ETF를 함께 투자하며 서로의 단점을 보완하는 방식으로 자신만의 포트폴리오를 구성하고, 주식과 ETF가 가지고 있는 각각의 장점을 극대화하는 방향을 추구해야 할 것입니다.

## ③ '추적오차율'이 커질 수 있는 ETF의 위험성

ETF 선택의 폭이 무척이나 넓다 보니 시장 지수 인덱스나 대표 업종과 같

[그림 3–9] WTI 배럴 당 가격(달러)

출처 : Bloomberg, BBC

이 일반적인 벤치마크 지수를 추종하는 ETF가 아닌, 주식시장에서 큰 비중을 차지하지 못하는 벤치마크 지수를 추종하는 ETF들이 있습니다. 천연가스나 원유, 구리 등 원자재를 추종하는 ETF들이 대표적인데요. 여기에 변동성의 강도를 2배 혹은 3배 강하게 하는 '레버리지'나 벤치마크 지수와 반대 방향으로 움직이는 '인버스'라는 변수가 가미되기도 합니다.

그런데 이런 ETF는 거래는 가능하지만 변동성이 극심하며 투기적인 요소가 강하다는 특징이 있습니다. 또한, ETF의 벤치마크 지수인 원자재 가격이 급변할 경우 실제 벤치마크 지수와 ETF의 순자산가치 NAV 사이에 큰 오차가 벌어지게 되고 이는 해당 ETF 투자자들에게 큰 손실로 돌아오게 됩니다.

실제로 2020년 4월, 코로나19 이슈로 글로벌 원유 수요가 급감하면서 한때 유가가 마이너스를 기록한 적이 있습니다. 유가가 단기간 급락했던 이 시기에 강한 레버리지(3X) 요소가 가미된 원유 관련 ETF들은 대부분 상장폐지되었고, 해당 ETF의 투자자들은 투자금을 대부분 잃게 되었습니다. 이처럼 투자자들에게 다양한 선택권을 주는 ETF일지라도 욕심이 불러일으킨 투자판단은 대규모의 원금 손실이라는 결과를 낳을 수 있습니다. 그러므로 투자자들은 변동성과 추적오차율이 클 수밖에 없는 극단적인 ETF보단 자신의 포트폴리오를 구성하고 있는 보유 종목들과 상호보완하며 조화를 이룰 수 있는 주류 ETF들을 투자 대상으로 삼아야 할 것입니다.

[그림 3-10] 상장 폐지된 원유 레버리지 ETF

출처 : ETFdb.com

# 어떤 기준으로
# ETF를 골라야 할까?

US STOCKS CLASS

2023년 8월 기준 미국주식시장에 상장된 ETF의 개수는 무려 3,072개에 이르며 ETF의 총자산 규모는 7조 316억 달러를 넘어섰습니다. 글로벌 주식시장에선 꾸준히 ETF 시장이 확대되고 형태도 더욱 다양화되고 있습니다. 그러나 대부분의 개인투자자는 ETF 시장이 성장하고 다양화되고 있다는 내용보단 '어떤 기준으로 안정적이면서 나에게 유리한 ETF를 찾을 수 있는지'가 궁금할 것입니다. 투자자들은 각자 자신이 처한 상황과 목적에 맞는 ETF를 찾으려 합니다. 포트폴리오에 편입하고자 하는 특정 벤치마크 지수를 먼저 정하고 해당 지수를 추종하는 ETF들을 찾다 보면 투자자들이 혼란스러워지는 상황에 마주하게 됩니다. 같은 벤치마크 지수를 추종하는 ETF인데도 여러 운용사에서 여러 이름으로 나오기 때문이죠. 대표적인 예로 미국의 대표 시장 지수인 S&P500 인덱스를 추종하는 ETF는 4개(SPY, IVV, VOO, SPLG)나 있습니다. S&P500 인덱스의 안정적이고 장기적인 상승에 투자 포인트가 있는 사람이라면 이 4개의 ETF 중 무엇을 사더라도 결과는 크게 달라지지 않

[그림 3-11] 미국 상장 ETF 숫자(2003년~2022년)

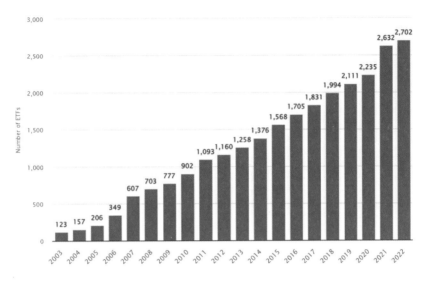

출처 : Statista.com

지만 같은 값이면 다홍치마라고 그중에서도 가장 좋은 것을 고르고 싶은 게 투자자의 마음일 것입니다. 그래서 이번 파트에서는 여러 개의 비슷한 ETF 중 우량하고 안정적이며 투자자에게 유리한 ETF를 고르는 기준점 4가지를 소개하겠습니다.

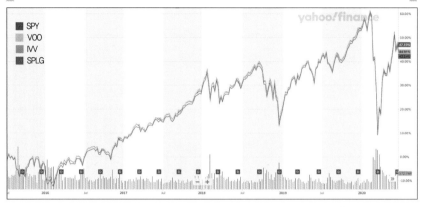

[그림 3-12] S&P500 지수를 추종하는 ETF 4종의 주가 추이*

# ① 운용 보수 Expense Ratio

결과에 있어 큰 차이가 없다면 운용 보수가 작은 ETF들이 시장에선 인기를 끌 수밖에 없습니다. S&P500 인덱스를 추종하는 SPDR S&P500 ETF Trust(티커: SPY)는 시장에 상장된 ETF 중 가장 큰 운용 자산 규모ᴬᵁᴹ를 기록하고 있을 정도로 ETF 시장에서 대표성이 뚜렷한 종목입니다. 그러나 SPY의 연간 운용 보수는 0.09%로, 동일한 벤치마크 지수를 추종하는 Vanguard S&P500 ETF(티커: VOO)의 연간 운용 보수**에 비해 무려 3배나 높습니다.

---

\*    4개의 ETF(SPY, VOO, IVV, SPLG)가 S&P500 인덱스라는 동일한 벤치마크 지수를 추종하는 만큼 서로 구분하기 어려울 정도로 장기 주가 흐름이 거의 비슷하다는 것을 알 수 있습니다.

\*\*   VOO의 연간 운용 비용은 0.03%입니다.

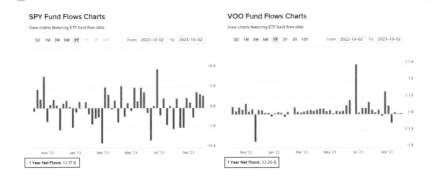

[그림 3-13] 최근 1년간 SPY와 VOO의 자금 유출입 흐름 비교

다른 면에서는 VOO와 SPY에 큰 차이가 없다 보니 투자자들은 SPY보단 운용 보수가 3배나 저렴한 VOO를 선호합니다. 실제로 지난 1년간 SPY에선 133.7억 달러가 유입된데 반해, VOO로는 332.6억 달러가 유입되었는데요. 이렇듯 '운용 보수'는 투자자들에게 유리한 ETF를 고르는 가장 중요한 지표 중 하나입니다.

참고로 ETF들의 카테고리별 평균 운용 보수는 저마다 다르므로, 해당 ETF가 속한 카테고리의 평균 운용 보수와 세그먼트의 평균 운용 보수를 기준으로 여러분이 선택한 ETF의 운용 보수가 적정한가를 판단하면 됩니다.

[그림 3-14] VOO의 연간 운용 보수

**VOO Expenses & Fees**

This section compares the cost efficiency of this ETF to its peers.

**Expenses Ratio Analysis**

| VOO | ETF Database Category Average | FactSet Segment Average |
|:---:|:---:|:---:|
| Expense Ratio | Expense Ratio | Expense Ratio |
| 0.03% | 0.37% | 0.58% |

출처 : ETFdb.com

## ② 운용 자산 규모 AUM

ETF의 규모를 나타내는 운용 자산 규모AUM, Asset Under Management는 ETF를 선정하는 중요한 지표 중 하나입니다. ETF를 운용하는 운용사 입장에서 ETF의 운용 자산 규모가 너무 작으면 벤치마크 지수를 정확히 추종하는 데 한계가 있고 향후 자금 유입이 미비할 경우에는 운용하던 ETF를 청산할 수도 있습니다. 반대로 꾸준히 자금이 유입되어 운용 자산 규모가 점점 늘어나는 ETF는 규모의 경제가 발생하여 운용 보수도 낮아지고 추종 벤치마크를 낮은 오차율로 더욱 정교하게 추종할 수 있습니다. ETF의 운용 자산 규모가 얼마 이상이어야 좋은지에 대한 명확한 기준은 없지만, 대부분의 전문가는 최소 10억 달러($1B) 이상의 운용 자산 규모를 안정적인 수준으로 보고 있으며 1억 달러($100M) 미만의 ETF는 피할 것을 추천하고 있습니다.

[그림 3-15] 미국 3대 대표 주가지수를 추종하는 ETF 3종의 AUM*

**[그림 3-15] 미국 3대 대표 주가지수를 추종하는 ETF 3종의 AUM\***

| DIA Summary | | VOO Summary | | QQQ Summary | |
|---|---|---|---|---|---|
| Issuer | State Street Global Advisors | Issuer | Vanguard | Issuer | Invesco |
| Inception Date | 01/14/98 | Inception Date | 09/07/10 | Inception Date | 03/10/99 |
| Expense Ratio | 0.16% | Expense Ratio | 0.03% | Expense Ratio | 0.20% |
| AUM | $31.11B | AUM | $354.48B | AUM | $216.39B |
| Index Tracked | DJ Industrial Average | Index Tracked | S&P 500 | Index Tracked | NASDAQ-100 Index |
| Segment | MSCI USA Large Cap Index | Segment | MSCI USA Large Cap Index | Segment | MSCI USA Large Cap Index |
| Structure | Unit Investment Trust | Structure | Open-Ended Fund | Structure | Unit Investment Trust |

출처 : ETF.com

## ③ 평균 거래량 Average Volume

미국은 전 세계에서 가장 큰 규모의 주식시장이지만 상장된 ETF의 종류가 워낙 다양하다 보니 개별 ETF의 거래량 역시 천차만별입니다. 투자자가 손해를 입을 요인이 거의 없는 수준의 높은 거래량을 보이는 ETF가 있는 반면 유동성 공급자LP, Liquidity Provider가 제시하는 호가에 의존하여 거래가 이루어지는 ETF들도 있습니다. ETF의 거래량이 부족할 경우 ETF의 순자산가치 NAV 와 ETF의 시장 가격 사이의 괴리율이 높아짐에 따라 투자자가 원치 않은 손실을 볼 수 있으며, 괴리율이 적

**유동성 공급자**

주식시장에서 운용사들이 수행하고 있는 유동성 공급자는 상장된 개별 ETF들이 일정 시간 동안 일정한 범위 내의 호가가 없는 경우 의무적으로 매수 또는 매도 호가를 제시함으로써 유동성 부족으로 인한 거래 부진을 해소해 주는 역할을 합니다.

---

\*　DIA는 다우존스 산업지수, VOO는 S&P500, QQQ는 나스닥100 인덱스를 추종, AUM은 2023년 12월 11일 종가 기준

정 범위를 벗어나 일정 기간 이상 지속되는 경우 상장폐지 요건에 해당하여 청산될 수도 있습니다. 따라서 투자자는 일정 수준 이상의 평균 거래량을 유지하고 있는 ETF를 선별해야 하며 3개월 평균 거래량(1일 기준)이 최소 10만 주 이상인 ETF들 위주로 보는 것이 좋습니다.

## [그림 3-16] ETF 거래량의 예시*

### Historical Trading Data

| | |
|---|---|
| 1 Month Avg. Volume | 540,146 |
| 3 Month Avg. Volume | 759,574 |

출처 : ETFdb.com

## ④ ETF 주당 가격(단가)

포트폴리오를 구성할 때 ETF의 주당 가격(단가)는 중요한 요소 중 하나입니다. 전체 투자금 규모에 비교해 편입하고자 하는 ETF의 주당 가격이 너무 높으면 원하는 비중만큼 담기 곤란할 수 있는데요. 이럴 때는 같은 벤치마크 지수를 추종하는 여러 ETF 중 주당 가격이 낮은 ETF를 포트폴리오에 편입하는 것이 해결책이 될 수 있습니다.

예를 들어, 금 시세를 추종하는 ETF 중 SPDR Gold Shares(티커: GLD)와 Aberdeen Standard Gold ETF Trust(티커: SGOL)는 같은 벤치마크 지수를 추

---

\*    1개월 평균 거래량과 3개월 평균 거래량으로 나타내는 ETF 거래량의 예시

종하지만 SGOL의 주당 가격은 GLD의 1/10 수준입니다. 투자자가 포트폴리오에 금을 편입하고자 할 때 주당 가격이 작은 SGOL를 활용하면 원하는 비중만큼 채우기가 훨씬 쉽습니다. 그러므로 투자자는 ETF의 주당 가격(단가) 역시 자신에게 유리한 ETF를 선별하는 요소 중 하나로 기억해야 합니다.

[그림 3-17] 금 시세를 추종하는 GLD와 SGOL의 사례

**GLD vs SGOL ETF Facts**

| | |
|---|---|
| Last Trade | Last Trade |
| $166.54    +0.74 (0.45%) | $17.04    +0.08 (0.47%) |
| 4:00:00 p.m. (ET) 06/25/20 Cboe BZX Real-Time Quote | 4:00:00 p.m. (ET) 06/25/20 Cboe BZX Real-Time Quote |
| Ticker | Ticker |
| GLD | SGOL |
| SPDR Gold Trust | Aberdeen Standard Physical Gold Shares ETF |
| Issuer | Issuer |
| State Street Global Advisors | Aberdeen Standard Investments |
| Expense Ratio | Expense Ratio |
| 0.40% | 0.17% |
| Assets Under Management | Assets Under Management |
| $66.72B | $2.17B |
| Underlying Index | Underlying Index |
| Gold Spot | Gold Spot |
| Number Of Holdings | Number Of Holdings |
| 1 | 1 |

출처 : ETF.com

# ETF를
# 어떻게 활용할까?

처음 방문한 카페에 낯선 이름의 메뉴가 너무 많아 무엇을 주문해야 할지 주저했던 경험이 있으실 겁니다. 초보 투자자 역시 미국주식시장에 상장된 ETF를 보고 비슷한 느낌을 받을 수 있습니다. ETF의 종류가 많다는 건 선택의 폭이 넓다는 장점도 있지만, 노하우가 부족하고 투자 경험이 적은 초보에게는 무엇을 선택하는 게 좋은지 혼란스러울 수 있습니다. 이에 몇 가지 사례를 통해 ETF를 어떻게 활용하면 좋을지 소개합니다.

## ① 특정 국가의 경제가 앞으로
## 성장할 것 같다면? - 국가 ETF

베트남으로 해외 파견을 떠났던 직장인 A씨는 우리나라로 돌아오는 비행기 안에서 지난 1년 동안 베트남의 산업 현장에서 직접 보고 느꼈던 경험과 분위기를 떠올립니다. 미국과 함께 G2로 떠오르는 중국과 맞닿아 있는 지리적 위치, 꾸준히 증가하는 해외 투자 자본, 베트남 정부의 강력한 경제 성장 의지 등. A씨는 이런 생각들을 머릿속에 떠올리며 앞으로 베트남이라는 국가가 과거 우리나라의 고도성장기처럼 빠른 경제 성장을 이뤄내지 않을까 생각했습니다. 한국으로 돌아온 A씨는 베트남의 상장 기업들을 찾아봅니다.

## [그림 3-18] VanEck Vectors Vietnam (VNM) ETF의 상세 내역
### (2023년 10월 4일 종가 기준)

**VNM VanEck Vietnam ETF**

Price: $13.15
Change: $0.24 (1.86%)
Category: Asia Pacific Equities
Last Updated: Oct 04, 2023

**VNM Stock Profile & Price**

Dividend & Valuation
Expenses Ratio & Fees
Holdings
Holdings Analysis Charts
Price and Volume Charts
Fund Flows Charts
Price vs Flows AUM Influence Charts
ESG
Performance
Technicals
Realtime Rating
NEW! Advisor Report & Fact Sheet
Read Next
More at ETF Trends
Data Lineage & Disclosures

**Vitals**

| | |
|---|---|
| Issuer | VanEck |
| Brand | VanEck |
| Structure | ETF |
| Expense Ratio | 0.66% |
| ETF Home Page | Home page |
| Inception | Aug 14, 2009 |
| Index Tracked | MarketVector Vietnam... |

**ETF Database Themes**

| | |
|---|---|
| Category | Asia Pacific Equities |
| Asset Class | Equity |
| Asset Class Size | Multi-Cap |
| Asset Class Style | Blend |
| Region (General) | Emerging Asia Pacific |
| Region (Specific) | Vietnam |

**Trading Data**

| | |
|---|---|
| Open | $13.17 |
| Volume | 265,673 |
| Day Lo | $13.25 |
| Day HI | $13.25 |
| 52 Week Lo | $10.63 |
| 52 Week HI | $15.65 |
| AUM | $576.9 M |

**Analyst Report** FA Report PDF

VNM offers exposure to Vietnamese equities, including both companies that are domiciled in the country as well as those that generate at least 50% of their revenues from the country. For investors seeking investment in the nation, VNM is one of the only choices available as most ETFs do not offer any allocations to the emerging nation. VNM is a nice option for investors who want to load up on Vietnam but be aware the fund could experience high levels of volatility.

**FactSet Classifications**

| | |
|---|---|
| Segment | Equity: Vietnam - Total Market |
| Category | Size and Style |
| Focus | Total Market |
| Niche | Broad-based |
| Strategy | Vanilla |
| Weighting Scheme | Market Cap |

**Historical Trading Data**

| | |
|---|---|
| 1 Month Avg. Volume | 736,877 |
| 3 Month Avg. Volume | 692,723 |

출처 : ETFdb.com

베트남의 삼성이라 불리는 빈 그룹Vingroup부터 거리에서 자주 봤던 몇몇 기업의 이름이 보입니다. 그런데 베트남에서 어떤 기업이 성장하며 주가가 오를지 선별해 내는 것은 무척이나 어렵게 느껴집니다. 그래서 A씨는 개별 기업의 리스크를 지면서까지 성장 가능성이 높은 베트남 기업들을 선별하기보단 베트남의 경제가 성장할 것이라는 최초의 투자 아이디어를 가장 확실하게 실현해 줄 수 있는 베트남 ETF에 투자하기로 합니다.

직장인 A씨가 투자하기로 한 미국 시장에 상장된 베트남 ETF 명칭은 VanEck Vectors Vietnam ETF(티커: VNM)입니다. 베트남 증시에 상장되어 있거나 베트남에서 매출의 50% 이상을 창출하는 기업에 투자하는 이 ETF는 시가총액 상위 25개 내외의 종목들을 담고 있습니다. 베트남의 경제가 앞으로 발전할 거라 보지만 개별 기업을 선별하여 직접 투자하기엔 여러 어려움이 있는 직장인 A씨 같은 투자자에게 안성맞춤인 ETF가 바로 VNM이라 할 수 있습니다.

이처럼 특정 국가의 시장 지수를 추종하는 ETF도 있지만, 경제 규모가 큰 국가라면 해당 국가의 특정 산업에 집중하는 ETF도 있습니다. 예를 들어, 중국의 인터넷 플랫폼 기업들에 주로 투자되는 KraneShares CSI China Internet ETF(티커: KWEB)이라는 ETF가 있습니다. 이 ETF를 통해 투자자는 알리바바나 텐센트, 징동닷컴, 바이두, 핀둬둬 등 중국 자체 인터넷 플랫폼 기업에 투자를 할 수 있습니다. 만약 중국이나 홍콩 시장에 상장된 기업들의 주식을 직접 사면 외국인의 직접 투자가 불가능한 종목도 있고 배당이나 양도소득에 대한 세금 계산도 복잡해졌을 텐데, 이런 어려움을 미국 상장 ETF 하나로 해결한 셈이죠. 이렇듯 미국 외 특정 국가의 경제 성장이 기대되거나 특정 국가의 산업에 집중적으로 투자하고 싶다면 '국가 ETF'를 찾아보시길 바랍니다.

## KWEB KraneShares CSI China Internet ETF

Price: $26.62 ↓
Change: $0.16 (0.60%)
Category: China Equities
Last Updated: Oct 03, 2023

**KWEB Stock Profile & Price**

Dividend & Valuation

Expenses Ratio & Fees

Holdings

Holdings Analysis Charts

Price and Volume Charts

Fund Flows Charts

Price vs Flows AUM Influence Charts

ESG

Performance

Technicals

Realtime Rating

NEW! Advisor Report & Fact Sheet

Read Next

More at ETF Trends

Data Lineage & Disclosures

### Vitals

| | |
|---|---|
| Issuer | CICC |
| Brand | KraneShares |
| Structure | ETF |
| Expense Ratio | 0.69% |
| ETF Home Page | Home page |
| Inception | Jul 31, 2013 |
| Index Tracked | CSI Overseas China In... |

### ETF Database Themes

| | |
|---|---|
| Category | China Equities |
| Asset Class | Equity |
| Asset Class Size | Multi-Cap |
| Asset Class Style | Blend |
| Sector (General) | Technology |
| Sector (Specific) | Internet |
| Region (General) | Emerging Asia Pacific |
| Region (Specific) | China |

### Trading Data

| | |
|---|---|
| Open | $26.67 |
| Volume | 513,740 |
| Day Lo | $26.69 |
| Day Hi | $26.69 |
| 52 Week Lo | $17.22 |
| 52 Week Hi | $36.19 |
| AUM | $5,613.0 M |
| Shares | 203.4 M |

### Analyst Report

`FA Report PDF`

KraneShares CSI China Internet ETF (KWEB) is the only ETF on the market that offers pureplay exposure to Chinese software and information technology stocks that are China's answer to U.S. firms like Amazon and Facebook.

See more

### FactSet Classifications

| | |
|---|---|
| Segment | Equity: China Internet |
| Category | Sector |
| Focus | Theme |
| Niche | Internet |
| Strategy | Vanilla |
| Weighting Scheme | Market Cap |

### Historical Trading Data

| | |
|---|---|
| 1 Month Avg. Volume | 14,814,822 |
| 3 Month Avg. Volume | 18,704,180 |

출처 : ETFdb.com

## ② 특정 테마나 대표 섹터에 투자하고 싶다면? - 테마 및 섹터 ETF

어려서부터 공상과학 영화와 소설을 좋아했던 대학생 B씨는 대학에서도 물리학을 전공하고 있을 정도로 오랜 기간 해당 분야에 열정을 쏟고 있습니다. 어느 날 전공 수업에서 4차 산업혁명 속 로봇 기술에 관한 내용을 배운 B씨는 며칠 동안 유튜브와 논문, 뉴스를 찾아보며 로봇공학과 관련된 정보들을 찾아보는 데 몰두했습니다. 그는 조사했던 자료들을 보며 로봇공학은 독립된 분야가 아니라 우주개발, 나노기술, 자동화 공장 등 4차 산업 혁명의 수많은 부분과 연결되어 있고 미국엔 이와 관련된 기업들이 무척이나 많다는 걸 알게 되었습니다. 정보통신기술ICT의 융합으로 수많은 기업이 함께 상호작용하며 신기술과 인프라 그리고 새로운 미래 세상을 만들어 나간다는 생각에 B씨는 이런 분야에 속한 기업의 주식에 조금이라도 투자를 해두면 좋겠다는 생각을 합니다. 그런데 '4차 산업혁명'이라는 공통분모는 있으나 분야도 너무 많고 각 분야 아래 딸린 기업들도 많으며 하나의 기업이 여러 분야에 얽혀있는 경우도 다반사였습니다. 여러 기업의 주식을 사기엔 학생 신분이라 투자금에 한계가 있었던 그는 '4차 산업혁명'이라는 테마를 벤치마크 지수로 추종하는 ETF들을 찾기 시작했습니다.

**ARKQ** ARK Autonomous Technology & Robotics ETF

Price: $51.15 ↑
Change: $0.28 (0.55%)
Category: All Cap Equities
Last Updated: Oct 03, 2023

| | Vitals | | | Top 15 Holdings | | |
|---|---|---|---|---|---|---|
| ARKQ Stock Profile & Price | | | | Symbol | Holding | % Assets ▾ |
| Dividend & Valuation | Issuer | ARK | | TSLA | Tesla, Inc. | 14.11% |
| Expenses Ratio & Fees | Brand | ARK | | PATH | UiPath, Inc. Class A | 8.36% |
| | Structure | ETF | | KTOS | Kratos Defense & Security Solutions, Inc. | 7.66% |
| Holdings | Expense Ratio | 0.75% | | TRMB | Trimble Inc. | 7.15% |
| Holdings Analysis Charts | ETF Home Page | Home page | | TER | Teradyne, Inc. | 6.72% |
| Price and Volume Charts | Inception | Sep 30, 2014 | | IRDM | Iridium Communications Inc. | 6.66% |
| Fund Flows Charts | Index Tracked | ACTIVE - No Index | | AVAV | AeroVironment, Inc. | 3.87% |
| Price vs Flows AUM Influence Charts | | | | ACHR | Archer Aviation Inc Class A | 3.84% |
| ESG | | | | KMTUY | Komatsu Ltd. Sponsored ADR | 3.74% |
| Performance | ETF Database Themes | | | DE | Deere & Company | 3.60% |
| Technicals | Category | All Cap Equities | | NVDA | NVIDIA Corporation | 2.88% |
| Realtime Rating | Asset Class | Equity | | GOOG | Alphabet Inc. Class C | 2.44% |
| NEW! Advisor Report & Fact Sheet | Asset Class Size | Multi-Cap | | CAT | Caterpillar Inc. | 1.91% |
| Read Next | Asset Class Style | Growth | | MG | Magna International Inc. | 1.72% |
| | Region (General) | Developed Markets | | MKFG | Markforged Holding Corporation | 1.69% |
| | Region (Specific) | Broad | | | | |

출처 : ETFdb.com

여러 개의 ETF 중 B씨의 마음을 사로잡은 ETF는 ARK Autonomous Technology & Robotics ETF(티커: ARKQ)라는 종목으로, 자율주행, 3D 프린팅, 로봇공학 및 에너지저장 ESS 등 자동화와 로봇 관련 기술력이 뛰어난 기업에 주로 투자하는 ETF입니다. B씨는 지금부터 이 ETF를 사 모으기 시작하여 10년 안에 투자 수익으로 테슬라의 자율주행 전기자동차를 사겠다는 목표를 정했습니다. 이렇게 자율주행, 클라우드 컴퓨팅, 5G 등 특정 테마를 벤치마크로 추종하는 ETF도 있으니 대학생 B씨의 사례처럼 개별 종목을 선별하는 데 어려움이 있거나 해당 테마의 관련 기업들에 관심이 많다면 '테마 ETF'를 투자에 활용하시면 좋은 선택지가 될 것입니다.

한편 특정 테마 외에 헬스케어, 필수소비재, 유틸리티, 리츠 등 11개의 MSCI 대표 섹터들의 지수를 추종하는 업종 ETF도 있습니다. 제2장에서 소개한 대표 섹터에 관한 내용을 참고하여 개별 종목 투자가 부담스럽거나 포트폴리오에서 특정 섹터의 비중을 확보하고 싶으시다면 업종 ETF도 활용해 보시기 바랍니다.

[그림 3-21] 세계 경제를 구성하고 있는 11개의 대표 업종

## ③ 주식과 낮은 상관관계를 가진 투자처를 찾는다면? - 채권 ETF

3년째 적립식으로 미국주식 투자를 하는 직장인 C씨. 몇 년째 사상 최고치를 경신하며 오르기만 하는 S&P500과 나스닥 지수와 함께 점점 불어나는 자신의 계좌를 보면 미소가 절로 지어집니다. 그러나 C씨에게도 한 가지 걱정거리가 있었으니 바로 계좌에 현금은 거의 없고 개별 기업의 주식만 보유

하고 있다는 점이었습니다. 매달 투자금을 달러로 환전하여 평소 눈여겨보던 기업의 주식을 새로 사거나 보유 중인 종목 가운데 하락한 기업들을 기계적으로 추가 매수하다 보니 이런 상황에 놓이게 된 것인데요. 시장의 분위기가 좋을 때야 주식들로만 가득 채운 계좌의 평가 잔고가 늘어서 좋지만 반대로 조정이나 큰 폭의 하락이 찾아왔을 때 그로 인해 발생하는 커다란 손실을 감당할 자신이 없었기에 C씨는 계좌 잔고가 커질수록 마음속 부담과 걱정의 크기도 커졌습니다.

이런 불안한 마음을 덜어버릴 좋은 방법이 없나 찾아보던 C씨는 통상적으로 채권이 주식과 낮은 상관관계를 갖고 있기 때문에 이를 포트폴리오에 편입할 경우 전체적인 포트폴리오의 변동성을 줄여준다는 정보를 찾았고, 그때부터 매달 만기가 20년 이상 남아있는 장기 채권들로 구성된 iShares 20+ Year Treasury Bond ETF(티커: TLT)*를 조금씩 사 모으기 시작했습니다. 혹시 모를 하락에 대비해 완충작용을 해줄 수 있는 채권 ETF의 비중을 조금씩 늘린 C씨는 전보다 훨씬 편안한 마음으로 투자를 이어나갈 수 있게 되었습니다. 이렇게 C씨의 사례처럼 주식과 낮은 상관관계를 가진 금이나 채권과 같은 자산들을 ETF로 포트폴리오에 편입시킬 경우 전체적인 투자 자산의 변동성을 낮춰 안정적인 투자를 이어나갈 수 있습니다.

---

\* 만기 7~10년의 중기 채권으로 구성된 대표적인 채권 ETF는 iShares 7~10 Year Treasury Bond ETF(티커: IEF), 만기 1~3년의 단기 채권으로 구성된 대표적인 채권 ETF는 iShares 1~3 Year Treasury Bond ETF(티커: SHY) 가 있습니다.

[표 3-5] 일일 수익률을 기준으로 한 자산별 상관관계*

| ETF 이름 | 티커 | SPY** | QQQ | TLT | GLD |
|---|---|---|---|---|---|
| SPDR S&P500 ETF Trust | SPY | – | 0.91 | −0.41 | 0.02 |
| Invesco QQQ Trust | QQQ | 0.91 | – | −0.37 | 0.00 |
| iShares 20+ Year Treasury Bond ETF | TLT | −0.41 | −0.37 | – | 0.13 |
| SPDR Gold Shares | GLD | 0.02 | 0.00 | 0.13 | – |

출처 : www.portfoliovisualizer.com, 집계 기간 : 2005년 1월 1일~2019년 12월 31일

# ④ 한정된 투자금으로 성과를 극대화하고 싶다면? - 레버리지 ETF

4년 차 미국주식 투자자인 대치동 스타강사 D씨는 코로나19가 불러온 글로벌 팬데믹으로 주식시장에 큰 폭의 하락이 있었을 때 당황하긴 했지만 이내 정신을 차리고 기회를 잡고자 했습니다. D씨는 4년 동안 미국주식시장에 몸담으며 직접 느낀 미국 기업들의 뛰어난 회복 탄력성을 믿으며 시장이 과도하고 급격하게 떨어진 만큼 금세 다시 제자리로 회복할 것이라는 확신이 있었습니다. 평소 관심을 두고 바라보던 언택트 비즈니스 모델의 IT 기업들은 이번 팬데믹으로 인한 실적 타격이 다른 일반 기업들에 비교해 크지 않을 것이라 분석했고, 포트폴리오의 대부분 종목들을 팔아 확보한 달러 예수

---

* 표에서의 숫자는 상관관계의 정도를 나타내며 -1~+1의 범위로 표현됩니다. -1일 경우 완전히 반대로 움직인다는 의미이며 +1일 경우 완전히 동일하게 움직이는 것을 나타냅니다.
** SPY : S&P500, QQQ : 나스닥100, TLT : 장기 채권, GLD : 금

금으로 IT 업종의 비중이 크면서 나스닥100 인덱스의 변동성을 3배 확대하여 추종하는 ProShares UltraPro QQQ(티커: TQQQ)를 매수하기 시작했습니다. 시장이 불안정하다 보니 나스닥100 인덱스는 시장의 평균값인 지수임에도 불구하고 3월의 대부분을 하루 3% 내외의 큰 폭으로 움직였고, 이 지수를 3배 확대하여 추종하는 TQQQ ETF 역시 하루 9% 내외로 움직이기가 부지기수였습니다. 애초에 코로나19 바이러스로 야기된 이번 하락이 단기간에 해결될 문제가 아니라고 봤던 D씨는 전체 예수금의 일부를 분할하여 TQQQ ETF를 사 모으는 전략으로 접근했고, 본인이 매수한 평균 매입 가격보다 -30% 이상 떨어질 때마다 미리 정한 비율대로 추가 매수를 통해 ETF의 보유 수량을 늘려나갔습니다. 혼란스럽던 미국의 주식시장은 쏟아진 대책들로 3월

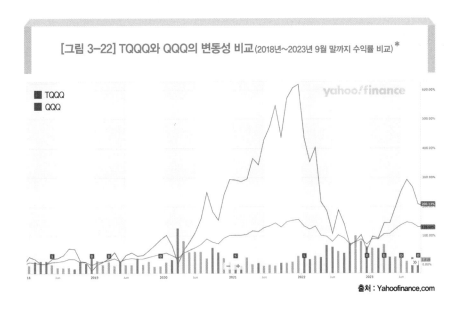

[그림 3-22] TQQQ와 QQQ의 변동성 비교 (2018년~2023년 9월 말까지 수익률 비교) *

출처 : Yahoofinance.com

---

\*     QQQ에 비해 변동성이 3배 높은 TQQQ의 경우 하락기에 QQQ에 비해 훨씬 큰 폭으로 떨어지지만 반등하는 속도 역시 3배 빠르므로 이런 특성을 잘 활용할 경우 한정된 투자금으로 성과를 극대화할 수 있습니다.

말부터 조금씩 회복하기 시작했고 지수가 하락할 때마다 평균 매입 단가를 낮춰가며 TQQQ를 분할 매수했던 D씨의 전략적 접근은 성공적인 결과로 마무리될 수 있었습니다.

이렇게 투자자는 레버리지 ETF*를 활용하여 자신의 성과를 극대화할 수 있습니다. 다만, 레버리지 ETF는 변동성이 무척 심하고 투자 아이디어가 잘못됐거나 시장이 투자자 생각과 반대로 움직일 경우 엄청난 손실을 볼 수 있으니 신중하게 접근해야 합니다. 또한, 인덱스를 레버리지로 추종하는 ETF가 아닌 금, 원유, 천연가스 등의 원자재를 레버리지로 추종하는 ETF는 다른 ETF에 비해 비용도 높고, 극심한 변동성으로 단기간에 상장폐지되어 투자원금 대부분을 잃을 수 있다는 점 또한 유념해야 합니다.

이렇게 네 가지 대표적인 사례를 통해 ETF를 활용하는 방법을 살펴보았습니다. ETF는 투자자가 개별 종목을 선별하는 데 들이는 고민과 시간을 줄여주고 다양한 선택지를 제공해 줍니다. 개별 종목과 함께 투자하면 시너지 효과를 발휘하는 ETF를 상황에 맞게 잘 활용한다면 수익률과 안정성이라는 두 마리 토끼를 모두 잡을 수 있을 것입니다.

---

\*     추종하는 벤치마크 지수의 변동성을 확대하는 레버리지 ETF는 현재까지 크게 네 가지 유형(정방향으로 2배, 3배 그리고 반대 방향(인버스)으로 2배, 3배)으로 나눠볼 수 있습니다.

# ETF와 세금

　　미국주식시장에 상장된 ETF(해외상장 ETF)는 개별 기업 주식 거래와 같은 세금 체계를 따릅니다. 따라서 ETF로부터 받게 되는 배당금(=분배금)은 배당소득세(15%)로 계좌에 수령하기 전 원천징수되고, 매매차익에 대해선 양도소득세가 부과됩니다.

　　한편, KODEX 미국S&P500선물(H)이나 TIGER 미국나스닥100과 같은 국내 주식시장에 상장되어 해외 벤치마크 지수를 추종하는 ETF(국내상장 해외 ETF)는 분배금과 차익* 모두 배당소득세로 15.4% 원천징수한다는 세금적인 측면에서 해외상장 ETF와 차이가 있습니다.

같은 벤치마크를 추종하는 ETF라 할지라도 어느 국가에 상장되어 있느냐에 따라 세금 체계가 다르게 적용됩니다. 여러분의 이해를 돕기 위해 두 가지 사례로 국내상장 해외 ETF와 해외상장 ETF의 세금 차이를 소개합니다.

---

\*　　2020년 기준이며, 2023년 시행되는 국내 금융 세제 개편안 내용에 따라 변동될 수 있습니다.

[표 3-6] 해외상장 ETF와 국내상장 해외 ETF의 비교*

| 구분 | 해외상장 ETF | 국내상장 해외 ETF |
|---|---|---|
| 매매차익 과세 | 양도소득세 22% | 배당소득세 15.4% |
| 분배금(=배당금) | 배당소득세 15% | 배당소득세 15.4% |
| 금융소득종합과세 | 대상 아님<br>(분배금은 대상) | 적용 대상 |
| 연간 손익 통산 | 적용 대상 | 적용 대상 아님 |

**사례 1** 첫 번째 사례는 A 종목에서 2천만 원의 이익이 발생했고, B, C 종목에서는 각각 1천만 원, 750만 원의 손실이 발생한 경우입니다. 국내상장 ETF는 손실과 이익을 합산하여 계산하는 방식을 적용할 수 없으므로 손실이 난 B와 C 종목은 고려하지 않고 이익이 난 A 종목에 대해서만 수익의 15.4%를 세금으로 원천징수하게 됩니다. 그러나 해외상장 ETF의 경우 해외주식 과세체계를 따르므로 손익 통산이 가능하여 A 종목의 이익과 B, C 종목의 손실을 합쳐 순이익인 250만 원에 대해서만 양도소득세를 계산하면 됩니다. 그런데 해외주식 양도차익에 대해선 연간 인당 250만 원씩 기본 공제를 해주므로 이 사례에서 투자자가 다른 해외주식의 양도차익이 없다고 가정했을 때 실질적으로 납부할 세금은 없습니다.

**사례 2** 두 번째 사례는 A 종목에서 2천만 원, B, C 종목에서 각각 1천만 원, 250만 원의 손실이 발생한 경우입니다. 국내상장 ETF는 사례

\* 매매차익과 과세가격 상승분 중 적은 금액으로 과세

1과 마찬가지로 손익통산 대상이 아니므로 손실 종목은 고려하지 않고 A 종목의 2천만 원 이익에 대해서만 15.4%의 배당소득세가 원천징수 방식으로 부과됩니다. 해외상장 ETF의 경우엔 손익통산 시 순이익이 750만 원이고, 다른 해외주식 양도차익이 없다고 가정했을 때 250만 원을 기본 공제한 500만 원의 차익에 대해서 22%의 양도소득세를 수익이 발생한 다음 해의 5월에 신고 및 납부하면 됩니다.

**[표 3-7] 사례로 보는 국내상장 해외 ETF와 해외상장 ETF의 차이** (단위: 원)

| 구분 | A종목 | B종목 | C종목 | 손익통산 | 납부해야 할 세금 | |
|---|---|---|---|---|---|---|
| | | | | | 국내상장 ETF | 해외상장 ETF |
| 사례 1 | +2,000만 | -1,000만 | -750만 | +250만 | 3,080,000원 | 0원 |
| 사례 2 | +2,000만 | -1,000만 | -250만 | +750만 | 3,080,000원 | 1,100,000원 |

※ ETF 외 다른 금융 및 종합소득은 없다고 가정
※ 해외주식 양도소득세 기본 공제는 연 250만 원

ETF에 관한 정보를 제공하는 사이트는 많지만, ETF 정보만을 전문적으로 다루는 대표적인 사이트 세 곳(ETF.com/ ETFdb.com/ ETFChannel. com)의 주요 메뉴와 활용 방법을 간략하게 소개합니다.

■ 찾고자 하는 ETF 찾기

ETF.com 사이트 접속 → ETF Screener & Database 메뉴 → ETF Filters에서 원하는 조건값으로 ETF 검색

■ 비슷한 두 개의 ETF를 한눈에 비교하기

ETF.com 사이트 접속 → ETF Comparison Tool → 화면 좌우측에 비교하고자 하는 ETF의 티커 검색 후 비교하기

■ 투자자가 모르는 ETF 테마나 카테고리를 찾기

ETF.com 또는 ETFdb.com 사이트 접속 → ETF Channels 메뉴 → 사이트별 분류 테마 및 카테고리 참고

■ 특정 기업의 주식을 높은 비중으로 보유하고 있는 ETF 찾기

ETF.com 사이트 접속 →ETF Stock Finder 메뉴 → 특정 기업의 티커명으로 검색

■ 특정 기업 여러 곳의 주식을 담고 있는 ETF를 찾기

ETFChannel.com 사이트 접속 → ETF Finder 메뉴 → 특정 기업들의 티커명을 입력하여 검색(쉼표로 구분하여 복수 입력)

# 수미숨이 생각하는
# 투자 초기 수익보다 중요한 것

## #01. 투자 초기, 수익보다 중요한 다양한 경험

투자의 주된 목적은 '수익 추구'일 것입니다. 배당소득이나 시세차익을 통한 수익을 얻을 수 있기에 원금 손실이라는 위험을 감수하고라도 투자라는 영역에 발을 들여놓는 것이죠. 제가 투자를 시작하며 지금까지 가장 잘했다고 생각하는 점은 바로 투자 초기에 '수익'을 투자의 우선순위에서 뒤로 미뤘다는 점입니다. 대부분의 투자자가 수익을 위해 투자하지만 저는 당장의 수익보단 오랜 기간 투자를 할 수 있는 기초를 잘 다져놓는 게 중요하다고 판단했습니다. 이를 위해 '잃지 않으려 노력하기'와 '투자의 영역에서 최대한 다양한 경험하기'라는 두 가지 요소를 최우선으로 고려해 투자에 임했습니다. 물론 주변에서 괄목할 만한 수익을 내는 분들을 보면 나도 빨리 수익을 내서 경제적 자유에 한 발자국이라도 더 다가가고 싶다는 생각에 조바심이 나는 순간도 여러 번 있었습니다. 하지만 버크셔 해서웨이의 워런 버핏과 찰리 멍거가 구순에 가까운 나이에도 여전히 투자의 세계에서 건재한 것만 보더라도 투자라는 행위는 몇 년 하고 마는 것이 아니라 평생 할 수 있는 것이라는 걸 깨달았고 조바심이 드는 제 마음을 다잡을 수 있었습니다. 얼마 되지 않는 투자금으로 수익을 추구하기보단 다양한 경험을 통해 탄탄하게 기초를 쌓고자 노력했습니다. 그리고 적립식으로 불입하고 있는 투자금을 잃지 않으며 점진적으로 계좌 잔액을 늘려나간 후 시간이 흘러 운용자산이 충분히 커졌을 때 제대로 된 투자 수익을 내겠다는 다짐도 하게 되었습니다.

그리하여 저는 다양한 시도를 하면서 최대한 많은 경험을 해보고자 노력했습니다. 계좌를 여러 개로 나눠보기도 하고, 집중투자도 해봤다가 분산투자도 해봤으며, 정해 놓은 기간마다 정액으로 적립식 투자를 하다가 시장 상황에 맞춰 비정기적으로 적립식 투자를 해보기도 했죠. 잃지 않기 위해 이런저런 시도 끝에 감당 가능한 범위 내에서 최대한 분산하여 투자하는 것이 좋겠다는 결론을 내리게 됨니다. 그래서 전체 운용자산 대비 개별 종목들의 비중을 3% 이내로 유지했고, 시장을 구성하는 업종들의 비중에 맞춰 저의 포트폴리오 내 업종 비중 또한 유사하게 만들고자 노력했습니다. 포트폴리오를 어느 정도 갖춘 후엔 보유 종목들과 산업에 대해 더 깊이 공부했고, 보유 종목 중 손실을 기록하고 있는 종목들은 적립식 투자금으로 추가 매수하여 평균 매입 단가를 낮추기도 했죠. 그러다 보니 자연스럽게 전체 포트폴리오의 변동성은 낮아졌고 S&P500 지수의 방향성과 유사한 흐름을 보이며 잃지 않으려 했던 저의 노력이 긍정적인 결과로 나타나기 시작했습니다.

이런 경험을 하면서 스스로에 대해 미처 몰랐던 부분을 알게 되었고, 예상치 못한 상황이나 이벤트와 마주칠 때마다 했던 수많은 고민들, 그런 고민에 대해 내렸던 결론들이 쌓여가며 스스로가 성장하고 있음을 느꼈습니다. 여기에 더하여 투자에는 정해진 답이 있는 게 아니라 나에게 맞는 방식을 찾고 나만의 투자 원칙을 정립해 나가는 것이 중요하다는 것 또한 깨닫게 되었죠. 이렇게 잃지 않으면서 다양한 경험을 추구하는 저의 투자 초기 방식은 2015년부터 현재까지 5년이 넘는 기간 동안 저를 투자의 세계에서 살아남는 것은 물론 수익도 낼 수 있게 만들어 주는 초석이 되었고, 지금부터 투자를 시작하는 누구에게라도 추천하고 싶은 방식이기도 합니다.

## #02. 개인투자자에게 가장 큰 무기인 '시간'을 내 편으로 만들기

저처럼 직장을 다니는 개인투자자의 가장 큰 무기는 '시간'입니다. 개인투자자는 남에게 위임받은 자금으로 투자하는 것도 아니고 정해진 기일까지 성과를 내야 할 의무도 없으므로 자신의 상황이 허락하는 만큼 오랜 시간을 투자할 수 있기 때문이죠. 미국 시장을 대표하는 S&P500과 나스닥100 인덱스의 장기 추이를 보면 크고 작은 변동성은 있지만 결국은 장기간 우상향하는 모습을 보여줬기에 앞으로 저의 투자에서도 시간만 내 편으로 만들면 성공적인 투자 성과를 낼 수 있을 것으로 생각했습니다. 그리고 그 시간이라는 무기를 온전히 내 것으로 만들기 위해선 두 가지 중요한 노력이 필요했는데요.

첫 번째 중요한 점은 '남들과 비교하지 않는 연습하기'입니다. 대부분의 투자자는 투자의 목적이 자신의 수익을 위한 것임에도 불구하고 다른 사람들의 투자 성과와 자신의 성과를 끊임없이 비교합니다. 개인마다 처한 환경, 전략, 목표 등이 전부 다름에도 불구하고 수익이라는 하나의 지표만으로 서로를 비교하는 것이죠. 그러나 이런 비교는 스스로를 조급하게 만들고 무리한 투자를 하게 하므로 좋지 못한 결과를 초래할 확률이 높습니다. 그렇기에 나에게 주어진 '시간'이라는 무기를 잘 활용하기 위해선 타인과 자신을 비교하지 않는 연습을 꾸준히 함으로써 자신만의 투자 원칙을 고수하며 오랜 기간 투자의 세계에서 건재해야 합니다.

두 번째 중요한 점은 '장기간 투자를 이어나갈 수 있는 환경을 조성하기'입니다. 개인투자자에게 있어 '시간'이 주는 의미를 제대로 이해하는 사람이라면 장기적인 관점으로 투자를 해야 한다는 것쯤은 너무나 잘 알고 있을 것입니다. 하지만 실제로 장기간 투자를 이어나갈 수 있는 환경을 조성했냐는 질문에 대해 자신있게 긍정적인 답을 할 수 있는 사람은 생각보다 많지 않은데요. 패기 넘치게 최소 10년은 투자할 생각으로 미국주식에 입문했다는 사회초년생은 자신이 앞으로 맞이하게 될 결혼이나 주택 마련, 자녀 출산 및 양육 등 일생일대의 이벤트들의 무게감을 간과하고 있을 가능성이 큽니다. 다시 말해, 최소 10년 이상 투자할 생각으로 투자 전략과 원칙을 세웠으나 결혼을 하거나 신혼집을 마련하느라 스스로 말했던 10년이라는 시점이 다가오기도 전에 투자금을 회수해야 할 상황에 처할 수 있는 것이죠. 따라서 언제 써야 할지 모르는 불확실한 자금이나 일정 기간 내에 사용처가 분명한 자금은 섣불리 장기 투자 계좌에 넣지 않아야 합니다. 앞으로 생애 주기상 큰 자금이 필요한 이벤트가 예정되어 있거나 발생할 확률이 높다면 해당 자금 마련을 우선순위로 두고 그 이벤트를 무사히 마친 후 본격적으로 투자금을 늘려나가는 방식을 택해야 할 것입니다.

오랜 기간 계좌를 허물지 않으며 투자를 이어나갈 수 있는 환경을 조성하는 건 쉬운 일이 아닙니다. 고려해야 할 상황도 많으며 예고없이 닥치는 상황도 많습니다. 또한, 살아가다 보면 자연스럽게 당장 우선하여 해결해야 할 이벤트들이 끊임없이 생깁니다. 투자금을 빨리 늘리고 싶은 욕구를 억누르고 절제해야 하는 상황도 빈번하게 마주하게 되죠. 이렇게 장기간 투자를 이어나갈 수 있는 환경을 조성한다는 것은 그만큼 어려운 과제이기 때문에 이를 잘 수행했을 경우 그에 상응하는 큰 보상이 돌아오게 됩니다. 한마디로, '시간'이 세월을 만나 복리라는 결실을 맺어 커다란 수익으로 돌아오게 되는 것이죠. 이렇게 개인투자자는 남과 비교하지 않는 연습을 꾸준히 하고, 장기간 투자를 이어나갈 수 있는 환경을 조성하려는 두 가지 노력을 통해 시간을 자기 편으로 만들어 성공적인 투자를 이어나갈 수 있을 것입니다.

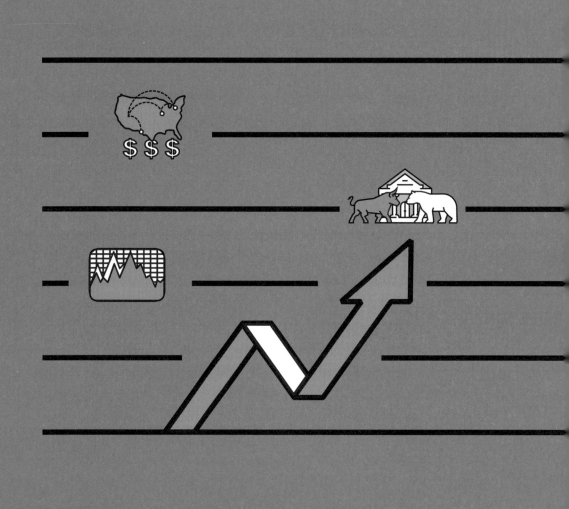

# Chapter 4

## 배당

# 배당주로 시작하는 미국주식투자

성공적인 투자를 하려면 투자자는 자신만의 관점으로 기업의 가치를 평가할 수 있어야 합니다. 하지만 기업의 가치를 평가하는 능력은 다양한 경험과 꽤 긴 시간이 필요합니다. 즉, 하루아침에 생기는 능력이 아니란 것이죠. 이제 막 투자를 시작한 사람이 기업의 가치를 평가한다는 건 불가능에 가깝습니다. 그래서 주변에 좋은 기업을 추천해 달라 하거나 다른 사람들이 투자하는 기업들을 보고 따라서 투자하곤 하지요. 스스로 발굴한 기업이 아닐지라도 좋은 기업이라 생각하여 매수했다면 자신의 선택과 해당 기업의 경쟁력을 믿고 기다려야 하지만 대부분의 초보 투자자는 매일 오르락내리락하는 호가 창을 지켜보며 밤잠을 설치기 일쑤입니다. 또 일상생활을 할 때도 투자한 기업에 대한 생각이 머릿속에 가득한 나머지 수시로 관련 정보나 뉴스 기사를 찾아보기도 하죠. 이런 불편한 심리상태가 지속되다 보면 투자자는 이를 견디지 못하고 투자를 중단하거나 투자의 세계에 담갔던 발을 금세 뺄 수도 있습니다. 투자 초기 초보자가 겪는 불안하고 초조한 상태는 지극히 정상

입니다. 이런 불안정한 시기를 잘 견디고 이겨내는 과정에서 쌓인 경험들이 자신만의 투자 원칙으로 승화될 때 우리는 비로소 성숙한 투자자의 길로 접어들 수 있게 됩니다.

## ① 덜 신경 쓰고 덜 불안한 주식이 있다

조금이라도 덜 신경 쓰고 덜 초조하고 싶은 게 모든 초보 투자자의 마음일 겁니다. 불편한 마음의 정도는 어떤 특성을 가진 주식으로 투자를 시작하냐에 따라 달라집니다. 투자를 통해 얻을 수 있는 수익 방식이 시세차익이라는 한 가지 요인만 있는 주식보단 배당 수익까지 기대할 수 있는 주식이라면 투자자의 마음은 한결 편해질 것입니다. 여기에 변동성까지 낮은 주식이라면 더할 나위 없지요. 이런 특징을 가진 주식이 있습니다. 바로 '배당주'입니다. 지난 몇십 년 동안 꾸준히 배당금을 지급했고, 안정적인 배당 정책을 가진 기업은 투자자로부터 호의적인 대우를 받기에 충분합니다. 주식시장에 큰 위기가 오거나 외부적 요인으로 주가 변동성이 커지더라도 해당 기업의 주가가 일정 수준 이하로 떨어지지 않는 프리미엄이 부여되기도 합니다. 즉, 수십 년간 쌓아온 '연속 배당'이라는 요소는 위기가 왔을 때 회사의 생존력과 경쟁력을 많은 부분 대변해 주는 것이죠.

## ② 기업의 경쟁력을 가늠할 수 있는 배당 이력

배당주는 쉽게 말해 배당금을 지급하는 기업의 주식을 말합니다. 좀 더 정확한 의미로는 배당금을 꾸준히 그리고 안정적으로 지급할 수 있으며 이익이 늘어나는 만큼 지급하는 배당금도 증가하는 기업의 주식을 말합니다. 배당주에 관심을 두는 투자자들은 시세차익보단 안정적인 배당금 수령에 주목합니다. 그래서 해당 기업이 끊김 없이 배당금을 지속적으로 지급할 수 있는지를 먼저 살펴보는데요. 장기간 안정적으로 배당금을 지급해 왔고 앞으로도 그러리라 여겨지는 기업들은 일반적으로 재무 상태가 탄탄하고 기업이 속한 산업 내에서 높은 시장 점유율과 경쟁력을 지니고 있습니다. 한 마디로, 지금까지 그래왔듯 앞으로도 배당금을 인상하며 안정적으로 지급할 수 있는 기업들은 우량하고 여러모로 훌륭한 기업일 확률이 높다는 추론을 할 수 있죠. 그래서 많은 사람이 초보 투자자에게 배당주로 투자를 시작하길 추천합니다. 다방면으로 면밀히 분석하는 능력이 다소 떨어지더라도 '배당'이라는 한 가지 지표만 잘 파고들어 꾸준히 배당금을 지급할 수 있는지만 보더라도 손실에 대한 리스크를 많이 줄일 수 있기 때문이죠.

# 배당주가 가진
# 특징과 장점

US STOCKS CLASS

2015년 사회생활을 처음 시작한 필자는 그해 여름 첫 정기 상여금을 받으며 국내주식으로 주식 투자를 시작했습니다. 그리고 1년이 지난 2016년 여름, 우연한 계기*로 미국주식을 매수하게 되었고 그때부터 적립식으로 미국주식 투자를 시작해 현재까지 이어오고 있습니다. 필자가 처음 미국주식을 매수한 2016년 하반기부터 매년 미국시장은 고점 논란이 있었고 크고 작은 조정 역시 있었습니다. 하지만 필자가 지금까지 계좌 잔고를 늘려가며 투자를 이어나갈 수 있었던 가장 큰 요인은 바로 첫 투자를 배당주로 시작했기 때문인데요. 투자한 기업들의 주가가 크게 떨어지더라도 매달 여러 기업으로부터 받은 배당금이 큰 위안이 되었습니다. 또한 수령한 배당금으로 투자

---

* 당시 이용하고 있던 증권사의 MTS에서 해외주식 수수료 우대 이벤트를 진행 중이었는데 호기심 많은 필자는 국내주식을 사고 남았던 예수금 중 일부를 달러로 환전하여 MTS 화면에 보이는 아무 회사나 샀습니다. 가장 처음 매수했던 생애 첫 미국주식은 우리나라의 던킨도너츠와 같이 빵과 케이크 등을 판매하는 Flowers Foods Inc. (티커: FLO)라는 베이커리 회사였고, 그때 당시 FLO는 4% 중반의 배당률을 보여주고 있었습니다.

하는 투자금으로 크게 떨어진 기업들의 주식을 더 사서 더 많은 배당금을 받으면 되겠다는 생각으로 투자를 이어나갈 수 있었습니다. 또한, 보유 기업 중 주가가 유난히 많이 내려간 기업에 대해선 배당금을 앞으로도 안정적으로 줄 수 있는지를 파악하고자 적극적으로 공부를 하게 되었고 점차 기업을 분석하고 바라보는 저만의 시각을 만들어 나갈 수 있었습니다. 한 마디로, 처음 미국주식을 투자하며 매수했던 기업들이 배당주였고, 배당주가 가지고 있는 여러 가지 특징과 장점이 있었기에 수많은 난관을 이겨내고 지금까지 투자를 이어올 수 있었다는 것입니다. 그렇다면 배당주에는 도대체 어떤 특징과 장점이 있기에 초보 투자자에게 적합하다고 하는지 지금부터 살펴보겠습니다.

[그림 4-1] 처음으로 미국주식을 매수했을 당시의 기록

# ① 기업의 안정성과 자신감을 나타내는 배당 정책

기업이 벌어들이는 이익의 일부를 주주들에게 나눠주는 배당은 단순한 것 같지만 다양한 의미가 숨어있습니다. 먼저 기업이 배당 정책을 펼치는 건 주주들과 암묵적인 약속을 한 것이므로, 주주환원 정책에 대한 기업의 신뢰성 측면에서 쉽게 번복하거나 그 내용을 변경하기 어렵습니다. 또한, 기업이 배당금을 지급하는 건 성장을 위한 투자나 향후 예상되는 악재에 대비할 수 있는 여유 자금을 지급 배당금의 규모만큼 포기한다는 의미도 있습니다. 더불어 배당은 현금으로 지급해야 하기에 지속적인 이익과 건전한 재무 상황에 대한 확신이 없는 기업이라면 쉽게 배당 정책을 시행하기 어렵습니다. 기업 입장에서 여러모로 부담스러운 배당금 지급을 오랜 기간 꾸준히 이어오고 있다면 투자자는 해당 기업을 투자 대상으로서 무척 매력적으로 여길 것입니다.

# ② 안정적이고 꾸준한 현금흐름을 기대할 수 있는 배당주

일반적으로 주식 투자를 통한 수익은 특정 종목을 자신이 산 가격보다 비싼 가격에 되파는 행위를 통해 시세차익을 얻는 걸 말합니다. 즉, 해당 종목을 보유하고 있는 기간 동안 주가가 오르지 않는다면 아무리 많은 주식을 보유하고 있다고 하더라도 수익이 나질 않는 것이죠. 그러나 배당주는 보유하고 있는 주식 수에 비례하여 배당이라는 꾸준한 현금흐름을 기대할 수 있습니다. 투자자는 투자 기업의 배당 정책과 과거 배당 지급 이력을 통해 이 기업이 얼마나 안정적으로 배당을 유지해 나갈 수 있을지 판단할 수 있고, 향후 배당이 가져다줄 현금 흐름을 어느 정도 예측할 수 있습니다.

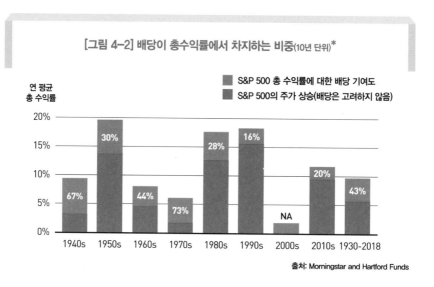

[그림 4-2] 배당이 총수익률에서 차지하는 비중(10년 단위)*

## ③ 주가 방어는 물론 시세차익까지

꾸준히 배당금을 안정적으로 늘려온 우량한 배당주는 그 자체만으로도 시장에서 신뢰도가 높은 기업으로 인정받습니다. 그러다 보니 해당 기업의 주가가 내려가더라도 그 원인이 기업 자체에서 비롯된 것이 아닌 이상, 투자자는 이전보다 낮아진 주가로 해당 기업의 주식을 매수하려 합니다. 이로 인해 하락하던 주가는 그 속도가 더뎌지고 주가 하락의 원인으로 여겨졌던 이슈들이 하나씩 해결될 때마다 주가는 금세 하락 이전 수준으로 빠르게 회복

---

\*    S&P500지수의 총 수익률은 2000년대에 마이너스였으나 배당금이 10년 동안 1.8%의 연간 수익률을 제공했습니다.

하는 모습을 보이는 경향이 있습니다. 이렇듯 우량한 배당주는 주가 하락 시 탁월한 주가 방어 능력이 있습니다.

한편 배당주는 주식이기에 안정적이고 꾸준한 배당금 지급이라는 핵심 가치가 훼손되지 않는 이상 시간이 지남에 따라 자연스럽게 주가도 상승하게 되어있습니다. 즉, 투자자는 보유 기간 동안 받은 배당 수익과 함께 시세차익이라는 또 하나의 수익으로 두 마리 토끼를 모두 잡을 수 있는 것입니다.

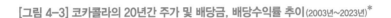

**[그림 4-3] 코카콜라의 20년간 주가 및 배당금, 배당수익률 추이**(2003년~2023년)*

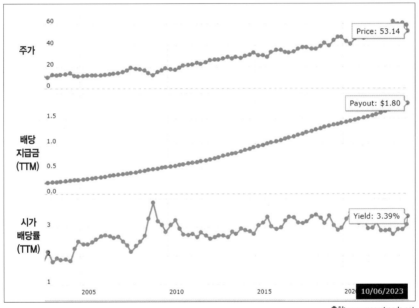

출처: www.macrotrends.net

---

\* 　코카콜라(KO)의 사례에서 볼 수 있듯 우량한 배당주는 꾸준히 늘어나는 이익에 비례하여 배당 지급금도 인상되고 이에 따라 주가도 함께 상승하는 이상적인 모습을 보여줍니다. 배당 지급금과 주가에 의해 산출되는 시가 배당률(=연간 배당 지급금/주가)은 두 변수가 상승함에 따라 2000년 이후 3% 내외의 일정한 수준을 유지하고 있는 것 또한 확인할 수 있습니다.

# ④ 배당 재투자를 통한 복리효과 극대화

　　미국 기업들은 분기 배당 지급을 표준으로 하며 일부 종목은 매달 배당금을 지급하기도 합니다. 배당 지급 주기가 다른 종목들과 월 배당 종목들을 적절히 분산하여 투자할 경우 매달 배당금을 받을 수 있으며 이렇게 수령한 배당금을 인출하는 것이 아니라 배당주를 추가 매수(재투자)하는 데 활용할 경우 투자금은 복리로 굴러가게 됩니다. 투자자는 매달 수령하는 배당금으로 보유 중인 종목 중 평가 손실인 종목들을 추가 매수함으로써 해당 종목의 평균 매입 단가를 낮추고 매수가 대비 배당률을 높이는 효과*를 볼 수 있습

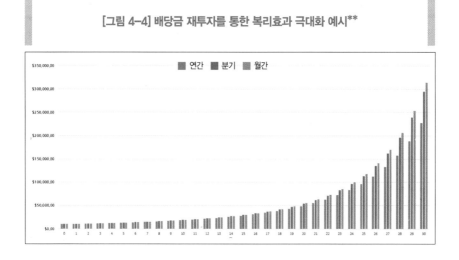

[그림 4-4] 배당금 재투자를 통한 복리효과 극대화 예시**

---

\*　　A라는 기업의 주식을 기존의 평균 매입 단가보다 낮은 가격으로 추가 매수할 경우 새로운 평균 매입 단가는 당연히 더 낮아집니다. 이때 배당률 산출식의 분자에 해당하는 A 기업이 지급하는 배당금에 변동이 없을 경우 분모에 해당하는 평균 매입 단가가 전보다 낮아졌으므로 배당률은 올라가게 되는 것입니다.

\*\*　초기 투자금은 $10,000, 배당률은 5%, 배당 성장률은 연 5%로 가정. 배당 재투자 주기가 짧을수록, 전체 기간 중 마지막 시기에 복리효과가 극대화됨을 알 수 있습니다.

니다. 이런 배당 재투자 전략을 꾸준히 이어 나갈 경우 투자 기간이 길어지면 길어질수록 복리효과는 극대화되어 재투자하지 않았을 때와 비교하여 엄청난 차이를 나타냅니다.

## ⑤ 심리적 안정감을 유지할 수 있는 배당주

주가는 살아있는 생물처럼 끊임없이 움직이는 성향을 갖고 있습니다. 투자자는 자신이 투자한 기업의 주가가 오르면 언제 다시 떨어질지 모른다는 걱정과 언제 팔아야 하는지에 대해 고민을 하고, 반대로 주가가 떨어지면 평가 손실이 유발하는 불안함과 초조함에 엄청난 스트레스를 받게 됩니다. 이런 심리적 불편함과 부담감은 투자자의 이성적인 판단을 저해하고 부정적인 투자 결과를 초래할 수 있습니다.

하지만 주기적으로 받게 되는 배당의 존재는 척박한 땅에 내리는 단비처럼 투자자의 마음속에 자리 잡은 불안함을 덜어주고 평정심을 유지하는 데 도움을 줍니다. 주가가 떨어지거나 변동성이 커지더라도 그동안 받아왔던 누적 배당금과 앞으로 받게 될 예측 가능한 배당금은 투자자가 심리적 안정감을 느끼며 합리적인 의사결정을 하는 데 중요한 역할을 합니다.

### 성공적인 투자자가 되기 위한 초석, 배당주

지금까지 소개한 배당주의 공통된 특징과 장점은 초보 투자자일수록 더 주의 깊게 보아야 합니다. 아직 자신만의 투자 원칙과 기준이 정립되지 못한 투자자일수록 배당이 주는 이점과 중요성이 크기 때문입니다. 투자 초기엔 받게 되는 배당의 절대금액이 적을 수밖에 없습니다. 하지만 꾸준히 그리고 자주 받게 되는 배당은 변덕스럽고 불확실성이 가득한 투자의 세계에서 오랜 기간 살아남으며 성공적인 투자자로 성장해 나가는 데 있어 중요한 초석이 되어줄 것입니다.

투자 초기 투자금이 크지 않을 때일수록 성장 가능성이 큰 종목들로 높은 수익을 내겠다는 욕심보단 주식시장에서 살아남으며 많은 경험을 통해 오랜 기간 투자를 해나갈 기초를 튼튼하게 다져보겠다는 목표를 세우길 권합니다. 지금 당장 얻을 10%의 수익보다 나중에 훨씬 커진 투자금의 1%가 절대적인 수익 금액의 측면에선 더 클 테니까요. 그럼 지금부터 좋은 배당주를 선택하는 기준과 방법을 알아보겠습니다.

# 어떻게 좋은 배당주를 고를 수 있을까?

## 03

좋은 배당주란 일관된 배당 정책을 고수하고 늘어나는 이익에 따라 배당금을 늘려주며 배당금 지급에 있어 기복 없는 꾸준함을 유지할 수 있는 주식을 말합니다. 이런 특징을 가지고 있는 배당주는 투자자에게 꾸준한 현금흐름과 안정적인 배당 수익을 기대할 수 있게 합니다. 투자자들이 이런 '좋은 배당주'를 찾기 위해 반드시 살펴야 할 구체적인 항목에는 어떤 것이 있을까요?

## ① 주당 배당금과 배당수익률

**(1) 주당 배당금** DPS, Dividend per Share : 주당 배당금은 투자자가 매수한 주식 1주당 받을 수 있는 배당금을 말합니다. 통상적으로 배당금은 1년 단위로 지급되는 배당 금액이며 반기, 분기, 월 등 기업이 정한 지급 주기에 따라 분할 지급합니다. 예를 들어, 주당 배당금이 $10이고 지급 주기는 분기 지급인 배당주가 있다면 매 분기마다 주당 $2.5의 배당금을 수령할 수 있습니다. 일반적으로 배

당금은 배당소득에 대한 세금을 징수하기 전 기준으로 표기하며 우리나라 증권사에서는 지급 배당금의 15%에 해당하는 금액을 원천징수한 세후 배당금을 투자자의 계좌에 달러로 입금해 줍니다.

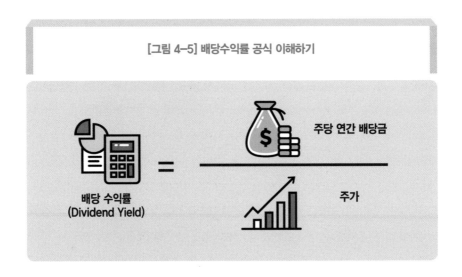

[그림 4-5] 배당수익률 공식 이해하기

**(2) 배당수익률** Dividend Yield : 투자자 입장에서 해당 기업의 배당 수익이 높은지 낮은지는 배당수익률을 통해 판단해야 합니다. 배당수익률은 기업의 주당 배당금을 주가로 나누어 산출하는데 주가와 배당금이 각기 다른 여러 배당주를 비교할 때 활용하기 좋은 지표입니다. 예를 들어, 주가가 $100인 기업 A와 $1,000인 기업 B가 $10의 주당 배당금을 지급한다고 했을 때 투자자는 두 기업으로부터 동일한 금액의 배당금을 받지만 배당수익률은 각각 10%(기업 A), 1%(기업 B)로 크게 차이가 납니다. 추가로 배당수익률을 구할 때 필요한 주가를 어떤 값으로 정하냐에 따라 배당수익률의 의미가 달라지곤 하는데요. 매일 수시로 바뀌는 주가를 기준으로 배당수익률을 계산할 땐

'시가 배당률'이라 하고, 투자자의 평균 매입 단가를 기준으로 계산할 경우 '매수가 대비 배당률'이라고 표현합니다.

한편, 배당수익률은 해당 기업의 주가 수준을 판단하는 보조 지표로도 활용할 수 있습니다. 어떤 기업이 지난 몇 년간 3% 수준의 평균 배당수익률을 유지해왔는데 현재 배당수익률이 그보다 낮을(높을) 경우, 투자자는 현재 주가의 고평가(저평가) 여부를 판단하여 매도(매수)하는 의사결정을 할 수 있는 것이죠.

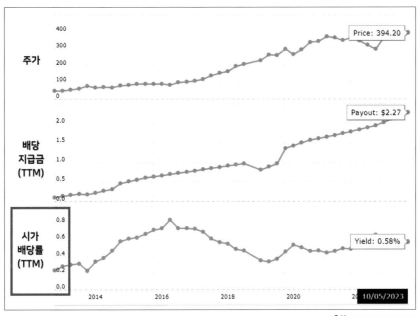

[그림 4-6] 마스터카드의 최근 10년간 주가 및 배당금, 배당수익률 추이
(2013년 1월~2023년 10월)*

출처: www.macrotrents.net

---

\* 　주가(상)가 오르는 만큼 지급 배당금(중)도 상승하여 배당수익률(하)이 1% 미만으로 계속 유지되고 있는 마스터카드(MA)의 사례

### (3) 높은 배당수익률은 함정일 가능성이 크다!

앞에서 소개한 것처럼 배당수익률은 '주당 연간 배당금'과 '주가'라는 두 가지 요인에 의해 결정됩니다. 그렇기에 배당수익률이 높은 고배당주의 경우, 배당금과 주가 중 어떤 부분에 의해 배당수익률이 높아졌는지를 확인해야 하는데요. 기업의 증가하는 이익을 바탕으로 늘어난 배당금이 배당수익률을 높였다면 바람직한 경우로 평가할 수 있습니다. 하지만 시장에선 꾸준히 이익이 늘어나고 있는 기업의 주가를 가만두지 않을 것이고, 금세 올라버린 주가는 해당 기업의 배당수익률을 다시 평소와 비슷한 수준으로 회귀시킬 확률이 높습니다. 즉, 배당금이 오른 만큼 주가도 같이 오르기에 배당수익률 자체에는 큰 변화가 없게 되는 것이죠.

하지만 배당금은 그대로인데 주가가 지속적으로 하락하여 배당수익률이 높은 기업들이라면 의심의 눈초리로 바라보아야 합니다. 기업의 주가가 떨어지는 이유에는 여러 가지 요인이 있겠지만 경쟁력 약화와 이익의 감소가 주된 이유일 가능성이 크고, 배당의 재원이 되는 이익이 감소한다는 것은 향후 지급 배당금의 삭감이나 중단이 예상되기 때문입니다.

결과적으로 투자자는 높은 배당 수익을 기대하고 고배당주를 매수했으나 배당이 대폭 삭감되거나 중단되는 바람에 배당 수익도 얼마 못 얻고, 배당 이슈로 해당 기업의 주가도 하락하여 손실까지 보는 최악의 상황을 마주할 수 있습니다. 따라서 무조건 높은 배당수익률만 보고 매수 결정을 내리는 건 위험할 수 있다는 사실을 기억해야 합니다.

# 같은 기업인데 정보 제공 사이트 마다 다른 배당수익률, 왜 그럴까?

우리는 다양한 사이트에서 기업의 배당과 관련된 정보를 얻습니다. 그런데 사이트마다 같은 기업임에도 정보 값이 다른 경우가 있는데 대표적인 것이 '배당수익률'입니다. 보통 이런 경우는 사이트마다 연간 배당금에 대한 기준이 다른 상태에서 해당 기업의 지급 배당금이 인상되었을 때 발생하는데요.

이때 어떤 사이트는 최근 4개 분기 배당금의 합을 연간 배당금으로 계산하는 반면 다른 사이트는 가장 최근 인상된 분기 배당금에 4를 곱한 값을 연간 배당금으로 계산합니다. 이럴 경우 동일한 기업임에도 배당수익률이 사이트마다 다르게 표기됩니다.

**[그림 4-7] 퀄컴의 사례로 이해하는 사이트별 배당수익률 계산 방식**

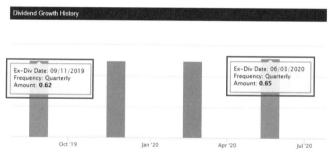

출처: Seekingalpha.com

2020년 2분기부터 배당금을 $0.03 인상한 퀄컴을 예로 들면 최근 4개 분기 배당금의 합으로 계산한 연간 배당금은 $2.51(=0.62+0.62+0.62+0.65)인 반면 가장 최근 인상된 분기 배당금인 $0.65에 4를 곱하여 계산한 연간 배당금은 $2.6(=0.65*4)입니다. 현재 주가인 $78.7로 계산한 배당수익률은 각각 3.19%*와 3.3%**가 됩니다. 연간 배당금을 어떤 기준으로 정하냐에 따라 같은 기업의 배당수익률이 다르게 표기될 수 있음을 보여주는 사례입니다.

---

\*　　= 2.51/78.7×100
\*\*　= 2.6/78.7×100

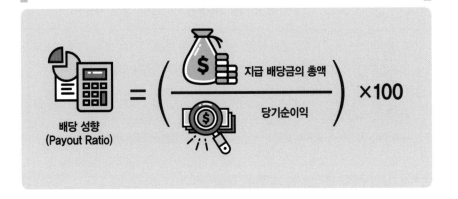

[그림 4-8] 배당 성향 공식 이해하기

## ② 배당 성향

배당 성향 Payout Ratio 은 기업이 일정 기간 영업 활동을 통해 벌어들인 순이익 중 주주들에게 현금으로 지급된 배당금 총액을 나타내는 비율입니다. 예를 들어, 연간 10억 달러의 당기순이익을 기록한 기업이 배당금으로 2억 달러를 지급했다면 이 기업의 배당 성향은 20%입니다. 배당 성향 지표는 기업이 벌어들이는 이익에 비하여 지급하는 배당금의 규모가 적정한지를 판단하는 지표로 활용됩니다. 배당 성향이 100%가 넘는 기업이라면 현재 벌어들이는 이익보다 더 많은 금액을 배당으로 지급하는 것입니다. 근래에 이익이 큰 폭으로 늘어날 것이 아니라면 조만간 배당금이 삭감될 확률이 높은 상황임을 짐작할 수 있지요. 반면 배당 성향이 50% 이하인 기업이라면 이익이 유지

혹은 성장한다는 가정하에 향후 배당금이 늘어날 가능성이 충분한 기업으로 평가할 수 있습니다.

배당 성향은 모든 기업에 공통으로 적용할 수 있는 적정 기준이 있는 건 아닙니다. 또한 배당 성향이 높다고 무조건 좋은 것도 아니고 낮다고 나쁜 것만도 아닙니다. 기업이 속한 산업이 어디냐에 따라 다르고, 기업의 생애주기에 있어 해당 기업이 현재 어느 위치냐에 따라 적정 배당 성향은 다 다르기 때문이죠. 그러므로 투자자는 투자 대상으로 생각하는 기업이 속한 산업의 평균 배당 성향과 비슷한 수준의 경쟁 기업들의 배당 성향을 비교하여 지급 배당금의 적정 여부를 판단해야 합니다.

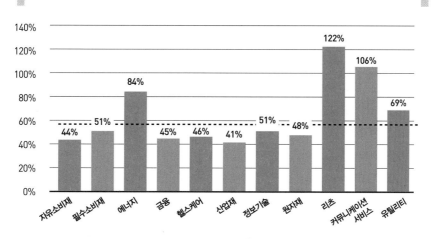

[그림 4-9] 러셀1000 지수 편입 기업들의 섹터별 평균 배당 성향 (2018년 1월 기준)[*]

출처: Smartdividendstocks.com, Bloomberg, Yahoofinance

---

[*]　러셀 1000지수 편입 기업 중 배당 미지급 기업을 제외하여 산출, 2018년 1월 기준

# 리츠 업종은 배당 성향이 아닌
# FFO와 AFFO로 안정성을 확인해야 합니다

리츠 REITs 는 다수의 투자자에게 주식을 발행하여 모은 자금을 부동산이나 부동산 관련 지분에 투자하는 회사를 말합니다. 리츠는 법적으로 과세 소득의 90% 이상을 배당으로 지급하도록 되어있어 배당주를 찾을 때 항상 먼저 찾아보게 되는데요. 그런데 리츠 기업들의 대부분은 배당 성향이 100%가 넘다 보니 몇몇 투자자는 투자 대상에서 제외하곤 합니다. 하지만 리츠는 부동산 자산을 취득하여 임대소득을 배당으로 나눠준다는 업종 특성을 고려하여 회계적 이익(당기순이익)이 아닌 실질적 현금흐름을 고려하는 'FFO'와 'AFFO'라는 지표로 배당금의 지급 규모가 적정한지를 평가해야 합니다.

**FFO** Funds From Operations **= 당기순이익 + 감가상각비 − 자산 매각 차익(이익은 차감, 손실은 가산)**

리츠는 수많은 부동산 자산을 편입하므로 회계적으로 그에 상응하는 '감가상각비'라는 비용이 발생합니다. 감가상각비는 실제 현금이 지출되는 비용이 아님에도 불구하고 회계적 계산상 비용으로 처리되어 감가상각비에 해당하는 만큼 기업의 이익이 감소합니다. 하지만 FFO는 실제 현금 지출이 없는 비용인 감가상각비를 당기순이익에 다시 더해주고, 보유하고 있던 자산의 매각으로 인한 일회성 차익을 가감해줌으로써 보다 정확한 기업의 현금흐름을 나타내줍니다. 과세 소득의 90% 이상을 배당으로 지급해야 하는 리츠 기업의 특성상 배당금의 재원이 되는 현금흐름이 안정적이고 건전한지에 대한 파악이 중요한데 FFO는 투자자들의 이런 궁금증을 해결해주는 중요한 지표입니다.

**AFFO** Adjusted Funds From Operations **= FFO + 임대료 인상 − 자본적 지출 − 유지 보수 비용**

AFFO는 FFO에서 한 단계 더 나아가 임대료 인상분과 자본적 지출, 유지 보수 비용 등을 추가로 고려한 한층 더 보수적인 기업의 현금흐름을 나타내는 지표입니다. 이처럼 리츠 기업은 배당 성향을 계산할 때 계산식의 분모 값을 당기순이익이 아닌 FFO나 AFFO로 계산해야 이익 대비 지급 배당금 규모의 적정성을 정확하게 판단할 수 있습니다. FFO

나 AFFO는 투자자가 직접 계산할 필요 없이 각각의 기업들이 분기 실적을 발표할 때 재무 실적 정보에 표기하여 발표하니 FFO나 AFFO 대비 지급 배당금의 규모를 파악하면 됩니다.

**[그림 4-10] 연간 재무 성과에서 확인할 수 있는 FFO와 AFFO**(리얼티인컴 사례)*

| For the Years Ended December 31, | 2019 | 2018 | 2017 | 2016 | 2015 | 2014 |
|---|---|---|---|---|---|---|
| **Total Revenue** (1) | $1,423 | $1,281 | $1,170 | $1,060 | $980 | $895 |
| Net income available to common stockholders | $436 | $364 | $302 | $288 | $257 | $228 |
| Funds from operations ("FFO")(2) | $1,040 | $903 | $773 | $735 | $652 | $563 |
| Adjusted funds from operations ("AFFO") (2) | $1,050 | $925 | $839 | $736 | $647 | $562 |
| Dividends paid to common stockholders | $852 | $762 | $689 | $611 | $533 | $479 |

출처: www.Realtyincome.com

**[그림 4-11] 프록터 앤드 갬블의 장기 배당금 지급 추이**

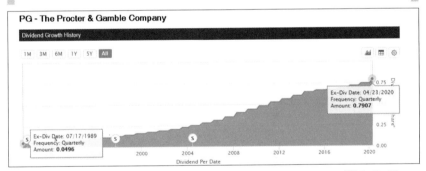

출처: Seekingalpha.com

---

* "The Monthly Dividend Company"라는 문구에 대한 상표권 등록까지 한 월배당 대표 기업 중 하나인 리츠 기업 '리얼티인컴(O)'의 재무 정보에서 FFO와 AFFO를 확인할 수 있습니다.
** 미국의 대표적인 필수소비재 기업인 프록터 앤드 갬블(PG)은 오랜 기간 수많은 위기 속에서도 배당 중단이나 삭감 없이 꾸준히 배당금을 늘려오고 있습니다. 1989년 주당 $0.0496이었던 분기 배당금은 2020년 7월 기준 주당 $0.7907로 30년 조금 넘는 세월 동안 약 16배가 증가했음을 알 수 있습니다.

# ③ 배당 지급 이력

과거 배당 이력 Dividend History 은 기업의 경영 능력과 안정적인 배당 지급 능력을 판단하는 중요한 정보입니다. 글로벌 금융위기나 무역 분쟁, 바이러스로 인한 팬데믹 등 여러 가지 이슈로 인해 기업의 매출과 이익에 악영향이 받았던 시기에도 지급하던 배당금을 삭감하거나 중단하지 않았던 이력은 위기 상황에도 안정적으로 배당금을 지급할 수 있을 정도로 경영 능력이 탁월함을 입증하는 대목입니다. 과거 배당을 삭감하거나 중단했던 이력이 있는 기업은 미래에 어떤 위기에 봉착했을 때 비슷한 행동을 반복할 확률이 높으므로 배당주를 고를 땐 이 부분 또한 주의 깊게 보아야 합니다.

[그림 4-12] 3M Company 사례로 본 연속 배당 성장 기록(2023년 10월 기준)

**MMM - 3M Company**
Dividend Summary

| 시가 배당률(추정) | 연간 배당금(추정) | 배당 성향 | 5년간 배당 성장률 | 연속 배당 성장 연수 |
|---|---|---|---|---|
| 6.79% | $6.00 | 65.64% | 2.65% | 64 Years |

출처: Seekingalpha.com

# ④ 배당 성장 이력

단순히 시가 배당률이나 배당 성향만 보고 매력적인 투자 대상인지 판단하기엔 부족합니다. 여기에 추가로 고려해야 할 부분은 바로 '배당 성장 이력 Dividend Growth History'인데요. 배당금을 증가시킨 누적 연수가 몇 년인지, 최근 몇 년 동안 배당 성장률이 어느 정도인지 등을 살펴보아야 합니다. 기업이 지급하는 배당금을 늘려주기 위해선 배당금의 재원이 되는 이익의 증가가 선행되어야 하고, 기업의 이익이 증가하기 위해선 매출과 이익률이 늘어나야 합니다. 한 마디로, 기업이 꾸준히 성장해야 한다는 것이죠. 꾸준히 성장하는 기업은 이익이 늘어나는 만큼 배당금 또한 지속적으로 늘려줄 수 있습니다. 이런 기업들을 '배당 성장주'라고 부르는데 당장 현재의 배당수익률은 낮지만 매년 증가하는 배당금의 규모가 엄청납니다. 배당 성장주는 단순히 배당금을 늘려주는 것 외에 기업 자체도로 성장을 이어나가기에 시장에서 좋은 평가를 받아 꾸준히 주가가 오르는 경향을 보입니다. 배당금이 늘어나는 만큼 주가도 올라가기에 배당수익률(=배당금/주가)은 몇 년째 비슷한 수준을 보이는데요.

이런 배당 성장주의 대표적인 사례가 바로 중국을 제외한 글로벌 시장 점유율의 50% 이상을 차지하고 있는 카드 네트워크 1위 사업자인 비자ᵛ입니다. 2009년 1월 초 비자의 주가가 $13.23이었고, 2009년 연간 배당금은 $0.44로 배당수익률은 대략 3% 초반이었습니다. 이 기업은 2009년 이후 15년 동안 엄청난 성장을 바탕으로 매년 배당금을 25%씩 늘려왔음에도 불구하고 2023년 12월 중순 현재 주가는 $256.5, 연간 배당금은 $2.08로 배당수익률이 1%에도 못 미칠 정도입니다. 즉, 배당금을 매년 25%씩 늘렸음에도 주가가 더 많이 올라 배당수익률이 10년 전보다 더 낮아진 것이죠. 하지만 2009년 당시 비자의 주식을 주당 $13.23에 1주라도 사뒀다면 현재 시세차익은 약 20배, 배당수익률은 약 15.7%(=$2.08/$13.23)가 넘는 엄청난 투자 성과를 기록하고 있을 겁니다. 이처럼 배당 성장주는 매수 후 오랜 기간 보유하기만 해도 꾸준한 기업의 성장을 바탕으로 '시세차익'과 '배당 수익'이라는 두 마리 토끼를 잡을 수 있는 강력한 투자 매력이 있습니다.

[그림 4-13] 비자의 배당 성장 이력과 과거 분기별 배당수익률

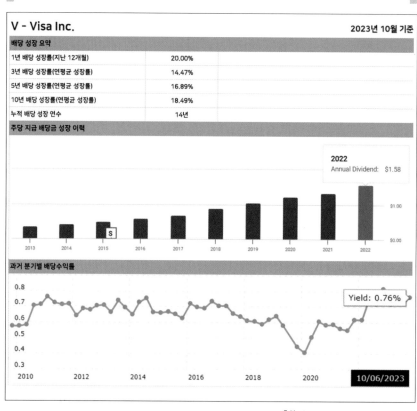

출처 : Seekingalpha.com, Macrotrends.net

## ⑤ 그밖의 재무 정보들

지금까지 소개한 항목들 외에 추가적인 정보를 살펴보고 싶다면 해당 기업의 재무 정보들을 살펴보면 투자 판단의 정확성을 더할 수 있습니다. 매

출Revenue과 이익Profit이 꾸준히 증가하고 영업이익률이 유지되는지를 살펴보아야 하며 신규 투자나 인수 합병 등으로 인해 부채가 늘었을 경우 그에 상응하는 이익 증가가 있는지 눈여겨보아야 하는데요. 배당의 안정성과 지속성을 예측할 수 있는 가장 중요한 재무 정보로는 '잉여현금흐름Free Cash Flow'를 꼽을 수 있습니다. 이 지표는 기업이 영업 활동에 의한 현금흐름Cash Flow From Operating Activities에서 기업의 미래를 위해 투자하는 유·무형자산의 취득금액CAPEX에 해당하는 자본적 지출을 제외하고 남은 현금을 의미합니다. 리츠 기업의 FFO/AFFO와 비슷한 맥락으로, 철저히 현금 유입과 유출만을 따져 기업이 창출해낼 수 있는 현금의 양을 측정하는 지표이기도 합니다.

[그림 4-14] 애플의 잉여현금흐름

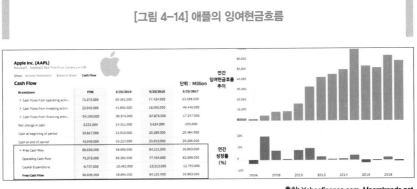

출처: Yahoofinance.com, Macrotrends.net

앞서 소개하였듯 배당은 현금으로 지급해야 하므로 기업이 현금을 얼마나 잘 벌어들이느냐가 중요한데요. 단순히 재무제표상의 이익은 여러 가지 회계적 처리 방법에 따라 왜곡될 수 있기 때문에 보다 정확한 기업의 배당 지급 능력과 상승 여력을 파악하기 위해선 매 분기 창출되는 여유 현금의 규모를 파악할 수 있는 잉여현금흐름FCF을 참고해야 합니다.

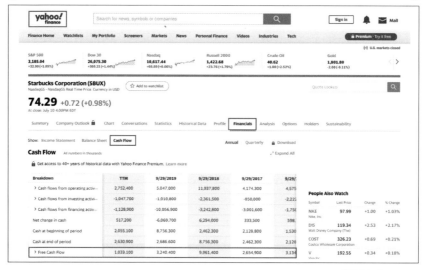

**[그림 4-15] Yahoofinance 사이트에서 기업의 현금흐름 정보 찾기***

출처: Yahoofinance.com

# ⑥ 우량한 배당주들의 별칭

이쯤 되면 '아, 분명 누군가 우량하고 좋은 배당주들만 모아놓은 리스트가 있을 법도 한데….'라는 생각이 들 수도 있습니다. 그런데 공교롭게도 그런 기업들만 모아놓은 별칭들이 있습니다. 배당 왕 Dividend Kings은 50년 이상, 배당 귀족 Dividend Aristocrats은 25년 이상, 배당 성취자 Dividend Achievers는 10년 이상 연속으로 배당금을 늘리며 지급해온 기업을 일컫는 별칭입니다.** 2023년

---

\* 　기업의 최신 잉여현금흐름(FCF) 정보는 YahooFinance 사이트에서 종목을 검색한 후 'Financials' 메뉴에서 'Cash Flow'라는 탭에서 무료로 확인할 수 있습니다.

\*\* 　배당 왕이나 배당 성취자에는 'S&P500에 속하는 기업'이라는 조건이 없는 반면, 배당 귀족에는 'S&P500에 속하는 기업'이라는 조건이 있습니다.

10월 초 기준 배당 왕은 50개 기업, 배당 귀족은 67개 기업, 배당 성취자는 약 370개의 기업이 해당됩니다. 이런 별칭들을 나누는 기준인 '연속 배당 증가 기간'은 기업이 수많은 경제 위기와 여러 가지 변수들, 끊임없는 경쟁을 이겨내고 지금까지 생존하며 주주들에게 배당금을 꾸준히 늘리면서 지급해왔음을 나타내는 영광스러운 지표입니다. 이 기간은 누적 개념이기에 중간에 배당을 삭감하거나 중단할 경우 처음부터 다시 배당 증가 연수를 쌓아가야 하는 만큼 매우 달성하기 어렵습니다. 한 기업의 평균 생존 연수보다 더 긴 기

[표 4-1] 일정 기간 이상 연속으로 지급 배당금을 증가시켜온 기업들의 별칭

| 별칭 | 기준 |
|---|---|
| 배당 왕 Dividend Kings | 〈50년〉 이상 배당 증가 기업 |
| 배당 귀족 Dividend Aristocrats | 〈25년〉 이상 배당 증가 기업 |
| 배당 성취자 Dividend Achievers | 〈10년〉 이상 배당 증가 기업 |

## 배당 귀족과 배당 챔피언은 어떤 차이가 있을까요?

A. 배당 귀족 Dividend Aristocrats과 배당 챔피언 Dividend Champions은 모두 25년 이상 연속으로 배당금을 늘리며 지급해온 기업들이라는 공통점이 있습니다. 그런데 배당 귀족은 여기에 'S&P500에 속하는 기업'이라는 또 하나의 조건이 있지만 배당 챔피언에는 S&P500에 속하지 않은 기업들도 포함됩니다. 즉, 동일한 '25년 이상 연속 배당 증가 기업들'이라도 배당 귀족에 속하는 기업 수보다 배당 챔피언에 속하는 기업 수가 더 많습니다.

## [표 4-2] 2023년 배당 왕 리스트(섹터별 기업 수와 기업명)

| 2023 배당 왕 목록 (2023 Dividend King List) | | | |
|---|---|---|---|
| 섹터 및 기업 수 | 기업명(티커) | 섹터 및 기업 수 | 기업명(티커) |
| Consumer Staples (필수소비재, 14개) | Archer Daniels Midland ADM | Industrial (산업재, 12개) | ABM Industries ABM |
| | The Colgate-Palmolive Company CL | | Dover Corporation DOV |
| | Hormel Foods Corporation HRL | | Emerson Electric EMR |
| | Kimberly-Clark Corporation KMB | | Gorman-Rupp Company GRC |
| | The Coca-Cola Company KO | | W.W. Grainger GWW |
| | Lancaster Colony LANC | | Illinois Tool Works ITW |
| | Altria Group MO | | 3M Company MMM |
| | PepsiCo PEP | | MSA Safety MSA |
| | Procter & Gamble PG | | Nordson NDSN |
| | Sysco Corporation SYY | | Parker Hannifin PH |
| | Target Corporation TGT | | Stanley Black & Decker SWK |
| | Tootsie Roll Industries TR | | Tennant Company TNC |
| | Universal Corporation UVV | Healthcare (헬스케어, 4개) | AbbVie ABBV |
| | Walmart Inc. WMT | | Abbott Laboratories ABT |
| Consumer Discretionary (자유소비재, 3개) | Genuine Parts Company GPC | | Becton, Dickinson & Company BDX |
| | Leggett & Platt LEG | | Johnson & Johnson JNJ |
| | Lowe's Companies LOW | Basic Materials (원자재, 4개) | Stepan SCL |
| Utilities (유틸리티, 7개) | American States Water AWR | | H.B. Fuller FUL |
| | Black Hills Corp. BKH | | PPG Industries PPG |
| | California Water Service CWT | | Nucor Corp. NUE |
| | Canadian Utilities CDUAF | Financial Services (금융, 4개) | Cincinnati Financial CINF |
| | Middlesex Water Company MSEX | | Farmers & Merchants Bancorp FMCB |
| | Northwest Natural Gas Holding Co. NWN | | Commerce Bancshares CBSH |
| | SJW Group SJW | | S&P Global Inc. SPGI |
| Real Estate (리츠, 1개) | Federal Realty Investment Trust FRT | Energy (에너지, 1개) | National Fuel Gas NFG |

| Mega Caps | 시가총액 $200 Billion 이상 | 5개(ABBV, JNJ, PEP, PG, KO, WMT) |
|---|---|---|
| Large Caps | 시가총액 $10 Billion ~ $200 Billion | 23개 |
| Mid Caps | 시가총액 $2 Billion ~ $10 Billion | 14개 |
| Small Cpas | 시가총액 $300 Million ~ $2 Billion | 8개 |

(2023년 10월 초 기준)

간 동안 배당금을 꾸준히 증가시켜 지급해 왔다는 건 그만큼 해당 기업이 뛰어난 경쟁력을 가지고 있으며 경영진들이 이 지표를 중요하게 생각하고 경영을 해왔다는 의미입니다. 이런 우량 배당주들은 그동안 그들이 이어온 '연속 배당 증가 기간'을 안정적으로 갱신하여 안정성을 최우선으로 하는 만큼 초보 투자자들이 매수하기에 적합한 기업들이기도 합니다.

# 낮은 변동성과
# 고정배당을 받는 우선주

## 04

과거부터 꾸준히 배당을 지급해 왔던 이력이 있다고 하더라도 언제 어떻게 배당금이 삭감되거나 끊길지 알 수 없습니다. 안정적이었던 배당금 지급 여력에 의구심이 들 때면 해당 배당주의 주가는 흔들리게 되고 이런 변동성은 투자자가 감내해야 할 부분이기도 합니다. 그런데 변동성은 매우 작고 매번 정해진 배당을 고정적으로 받을 수 있는 배당주가 있다는 사실을 아시나요?

## ① 의결권은 없지만 배당 우선권이 있는 우선주

주식시장에서 거래되는 대부분 주식은 보유 주식 수만큼의 의결권을 행사할 수 있는 보통주로 발행되지만 일부 기업은 보통주 외에 '우선주 Preferred Stock' 형태로 주식을 발행하기도 합니다. 우선주는 의결권이 없지만 배당 수령에 있어 보통주보다 우선권을 가졌다는 특징이 있습니다. 다시 말해, 보통주 주주들에게 배당금을 지급하기 위해선 우선주 주주들에게 배당을 먼저 지급해야 한다는 것이죠. 기업은 새로운 투자나 인수 합병 등을 위해 필요한 자금을 조달하는 방식 중 하나로 우선주 발행을 택합니다. 이 방식은 누군가로부터 상환 의무를 지는 것이 아니라 주식을 발행하여 자금을 조달하는 형태이므로 부채 비율엔 영향을 미치지 않고 자본금을 확충할 수 있습니다.

[그림 4-16] 웰스파고 우선주 시리즈 W의 상세 내역

**WFC.PRW — KEY STATS**

| | |
|---|---|
| Series: (시리즈) | W |
| Alternate symbology: (티커 표기 유형) | WFC-W, WFC-PW, WFCprW |
| Redeemable?: (재매입 여부) | Yes |
| Call Date: (매입 권리 행사 가능일) | 3/15/2021 |
| Perpetual?: (영구적 특성 여부) | Yes |
| Cumulative?: (누적 배당 지급 여부) | No |
| Shares Offered: (발행 주식 수) | 35,000,000 |
| Overallotment: (초과 배정 가능 수량) | 5,000,000 |
| Liquidation Preference: (주당 발행 및 매입가) | $25 |
| Recent Market Price: (최근 주가) | $25.60 |
| Premium to Liquidation Preference: (More Preferreds Trading at a Premium ») (프리미엄) | $0.60 (2.40%) |
| Annualized Dividend: (연간 지급 배당금) | 1.425 |
| Recent Ex-Date: (최근 배당락일) | 5/28/2020 |
| Current Yield: (현재 주가 기준 배당률) | 5.57% |
| Original Coupon: (발행 초기 기준 배당률) | 5.70% |
| Pay Period: (배당 지급 주기) | Quarterly |
| Pay Dates: (배당 지급일) | 15-Mar, 15-Jun, 15-Sep, 15-Dec |

출처: www.Preferredstockchannel.com

## ② 투자자가 알아둬야 할 우선주 발행 조건

우선주 발행 조건은 기업마다 다르지만, 보통은 지급 배당금이 고정된 우선주(고정배당 우선주) 형태로 발행합니다. 주당 발행가(액면가)는 $25, 배당금

지급 주기는 분기가 일반적이며 최초 주식 발행일로부터 일정 기간이 지나면 발행 기업이 처음 발행했던 주당 단가로 다시 사갈 수 있는 옵션 Call Date 이 부여되어 있습니다. 미국의 다국적 금융 서비스 기업인 웰스파고 WFC 가 발행한 우선주(시리즈-W)의 발행 상세 내역을 보면 최초 발행 당시 주당 단가(액면가)는 $25이고, 연 5.7%(세전)의 고정배당을 매 분기(3/6/9/12월) 지급하기로 되어있습니다. 만기 Perpetual is Yes 는 따로 없지만 2021년 3월 15일(Call Date, 매입권리 발생 기준일) 이후부턴 발행 주체인 웰스파고가 원할 때 언제든지 매입권리를 행사할 수 있습니다. 매입권리는 기업의 선택 사항으로 권리 발생 기준일이 지났음에도 행사하지 않을 수 있고, 권리를 행사하고자 한다면 30~60일 전에 주주들에게 통지하게 되어있습니다. 기업은 자금 확보가 필요할 때마다 수시로 우선주를 발행할 수 있다 보니 여러 회차에 걸쳐 우선주를 발행하게 됩니다. 우선주는 발행할 때마다 시리즈 Series 로 구분하는데 발행 순서와 알파벳 순서를 일치시키는 경향이 있습니다. 우선주 '시리즈-W' 다음에 발행된 우선주는 '시리즈-X'처럼 말이죠.

## ③ 상대적으로 변동성이 작을 수밖에 없는 우선주의 주가

고정배당 우선주는 액면가보다 낮은 금액으로 매수한다면 손해를 보기 힘든 구조로 되어있습니다. 앞서 살펴본 WFC-PRW처럼 주당 $25에 발행된 우선주는 매년 5.7%(세전)의 배당(연 $1.425)을 분기마다 나눠 지급해야 합니다. 만약 투자자가 주당 $23에 매수했다면 보유 기간 동안은 매년 6.2%(=$1.425/$23,세전)의 배당을 꼬박꼬박 받을 수 있고, 발행 기업이 매입

권리를 행사한다면 주당 $25에 되사가야 하므로 주당 $2의 시세차익도 얻을 수 있습니다. 이런 면에서 보면 우선주는 주식이긴 하지만 오히려 채권과 그 특성이 비슷하다고 볼 수도 있습니다.

큰 수익보단 주가 변동성이 적고 꾸준하면서도 안정적인 배당 수익을 원하는 투자자라면 고정배당 우선주는 무척이나 매력적인 투자 대상일 것이기에 웰스파고나 JP모건, 골드만삭스 같은 우량한 기업들이 발행한 고정배당 우선주는 시장에서 인기가 좋아 주가가 잘 내려가지 않습니다. 게다가 시리즈마다 발행 주식도 한정적이고 거래량도 적다 보니 주가가 액면가보다 떨어지면 바로 매수세가 따라붙어 액면가 근처로 회귀합니다. 이렇게 배당금 지급에 큰 문제가 없는 기업의 고정배당 우선주는 프리미엄이 붙어 시장에서 액면가 이상으로 거래되기도 합니다.

[그림 4-17] 웰스파고 우선주(시리즈 W)와 보통주의 주가 변동 차이
(2017년 1월~2020년 7월)

출처: Yahoofinance.com

## ④ 고정배당 우선주는 리스크가 전혀 없을까?

낮은 변동성에 정해진 배당금을 꾸준히 받을 수 있는 고정배당 우선주라 해도 리스크가 전혀 없는 건 아닙니다. 일반주에 비해 배당금을 먼저 받을 수 있지만 경영 악화로 기업의 배당 지급 여력이 없을 땐 일반주와 우선주 모두 배당 지급을 중지할 수 있습니다. 우선주 중 미지급된 배당금을 누적하여 언젠간 지급해야 하는 의무 옵션이 담긴 누적적 Cumulative 우선주 같은 경우엔 나중에 회사 상황이 좋아지면 그동안 밀린 배당금을 한번에 받을 수 있지만, 누적적 우선주가 아닌 일반적인 우선주는 고정배당 우선주임에도 불구하고 배당을 못 받을 수도 있습니다. 또한 아무리 안정적인 우선주라 하더라도 주식이기에 기업이 부도나 파산의 수준까지 다다르면 투자금을 모두 날릴 위험이 있습니다. 따라서 투자자는 고정배당 우선주를 고를 때 높은 배당률에 주목하기보단 배당의 재원이 되는 기업의 매출과 이익의 안정성, 잉여현금흐름 FCF 대비 발행된 우선주들의 총 지급 배당금 비중 등을 먼저 살펴보아야 할 것입니다.

## ⑤ 특정 기업의 우선주 정보를 얻을 수 있는 곳

### (1) 발행 기업의 홈페이지 IR

우선주에 대한 가장 정확한 정보를 얻을 수 있는 곳은 발행 기업의 홈페이지입니다. 기업별 홈페이지의 디자인이나 메뉴 구성에 따라 우선주에 관한 정보가 담긴 페이지를 찾기 어려울 수 있으니 구글에서 키워드로 검색하는 방법을 추천합니다. 예를 들어, 웰스파고가 발행한 우선주에 관한 정보를 찾

**[그림 4-18] 웰스파고가 발행한 우선주 정보가 담긴 기업 IR 페이지**

출처: www.Wellsfargo.com

고자 한다면 구글에서 'WFC Preferred Stock List'라고 검색하여 해당 기업의 홈페이지 내 IR Investor Relations 게시판으로 바로 접속할 수 있습니다. IR 게시판에선 지금까지 발행한 우선주에 관한 모든 정보를 확인할 수 있고, 우선주의 시리즈별 발행 상세 내역을 비교할 수 있습니다.

### (2) 프리퍼드 스톡 채널(www.preferredstockchannel.com)

우선주에 관한 다양한 정보들을 모아 놓은 사이트입니다. 특정 기업이 발행한 우선주뿐만 아니라 미국주식시장 내 수많은 우선주에 관한 정보들을 찾을 수 있습니다. 이 사이트에서는 'Preferred Stock Screener'라는 메뉴를 통해 투자자는 자신이 정한 조건 값을 기준으로 원하는 우선주를 찾을 수 있습니다. 다만, 하루에 무료로 이용할 수 있는 페이지 뷰 횟수가 정해져 있으니 더 많은 정보를 원할 경우 유료 결제 후 이용해야 합니다.

[그림 4-19] 〈프리퍼드 스톡 채널〉의 'Preferred Stock Screener' 메뉴

출처: www.Preferredstockchannel.com

# 우선주가 액면가보다 더 비싼 가격에 프리미엄까지 붙어서 거래되는 이유는 무엇일까?

투자자가 우선주의 액면가에 프리미엄을 붙여 매수하더라도 매입권리 발생 기준일까지 수령할 수 있는 배당금이 프리미엄보다 더 크다면 투자자는 해당 우선주 투자를 통해 수익을 보게 됩니다. 그런데 이것은 매입권리 발생 기준일에 바로 권리를 행사한다는 가정하에 계산된 시나리오이므로 매입권리를 행사하지 않는다면 고정배당금을 계속 수령할 수 있어 투자자의 수익은 점점 늘어나게 됩니다. 재무 구조가 우량한 기업들일수록 프리미엄이 높게 붙는 경향이 있습니다.

**우선주에 관하여 추가로 알아두면 좋을 내용**

- 우선주의 주당 발행가(액면가)는 항상 $25가 아니며 $50, $100 등 기업이 정하기 나름
- 우선주 발행에서 금융주가 차지하는 비중이 높지만, 리츠나 일반 기업도 우선주를 발행함
- 최근 발행되는 우선주는 일정 기간 고정배당을 지급 후 회사가 정한 특정 금리물에 연동하여 지급 배당금이 달라지는 변동형 배당 형태로 발행하기도 함
- 시중 금리가 낮아질수록 기업들은 기존에 높은 배당률로 발행했던 우선주를 상환하고 더 낮은 새로운 시리즈의 우선주를 발행하기도 함
- 우선주는 정보 제공 사이트나 증권사마다 표기하는 방식이 조금씩 다름. 예를 들어, JP모건에서 발행한 우선주 시리즈-H의 경우 JPM-H, JPM.PRH, JPM.PH, JPM-PH, JPMPH 등 보통주의 티커와 우선주를 나타내는 PR 혹은 P, 시리즈 알파벳 등을 조합하여 표기하므로 해당 기업을 검색하는 데 약간의 수고로움이 필요함
- 우선주들을 모아놓은 ETF에 투자하는 것도 대안이 될 수 있음

※ 200종목 이상으로 구성된 우선주 ETF Top 3: ①PFF, ②PGX, ③VRP(운용자산 규모 순서)

# 배당주 투자의 난적을 물리칠 노하우 4가지

## 05

배당주의 매력에 푹 빠진 투자자가 우량하고 안정적인 배당주와 장기간 동행하겠다는 마음을 한결같이 유지하는 건 결코 쉬운 일이 아닙니다. 처음 배당주를 매수하고 몇 번 배당금을 받을 때만 하더라도 만족스러웠던 투자자는 어느새 쭉쭉 오르는 다른 기업들의 주가를 보며 배당주 투자에 대해 회의감을 느끼기 시작합니다. 배당주의 낮은 변동성은 지지부진하게 느껴지고, 꾸준히 들어오는 배당금이 안정성이 아닌 지루함으로 여겨지면서 좋은 가격에 매수했던 우량한 배당주를 매도하는 안타까운 행동을 하기도 합니다. 이렇게 배당주를 판 투자금은 단기간에 높은 수익을 가져다줄 것만 같은 기업에 투자하게 됩니다. 결과가 좋으면야 최고의 선택이었다고 평가하겠지만 대부분의 투자자는 자신의 성급한 판단에 후회하곤 하는데요. 지금부턴 투자자가 배당주 투자를 하며 받을 수 있는 여러 가지 유혹을 이겨내고, 자신의 선택에 대한 후회를 줄일 수 있는 몇 가지 노하우를 소개합니다. 이 방식을 잘 이해하고 활용한다면 투자자는 배당 수익이나 시세차익이 아닌 조

## ① 배당 달력 기록하기

[그림 4-20] 매번 수령한 배당금을 월별로 기록하여 만드는 '배당 캘린더'

| 종목명 | JAN | FEB | MAR | APR | MAY | JUN | JUL | AUG | SEP | OCT | NOV | DEC | TOTAL |
|---|---|---|---|---|---|---|---|---|---|---|---|---|---|
| | $ 136.90 | $ 225.90 | $ 161.70 | $ 157.20 | $ 242.20 | $ 180.70 | $ 171.00 | $ 261.70 | $ 194.58 | $ 182.00 | $ 278.10 | $ 209.60 | $ 2,401.58 |
| Altria Group, Inc. | $ 50.50 | | - | $ 52.70 | | - | $ 56.20 | | - | $ 62.40 | | - | $ 221.80 |
| Cincinnati Bell Inc. | $ 43.20 | | - | $ 54.20 | | - | $ 61.20 | | - | $ 64.10 | | - | $ 222.70 |
| AT&T Inc. | | $ 142.10 | | | $ 152.40 | | | $ 162.30 | - | | $ 168.90 | - | $ 625.70 |
| Goldman Sach | | $ 32.70 | | | $ 35.40 | | | $ 41.30 | - | | $ 45.80 | - | $ 155.20 |
| Wells Fargo & Company | | | $ 43.70 | | | $ 46.80 | | | $ 48.90 | - | | $ 51.20 | $ 190.60 |
| Exxon Mobil Corporation | | | $ 70.50 | | | $ 72.50 | | | $ 77.40 | - | | $ 81.40 | $ 301.80 |
| Realty Income Corporation | $ 30.50 | $ 30.50 | $ 30.50 | $ 31.80 | $ 31.80 | $ 31.80 | $ 31.80 | $ 32.40 | $ 32.40 | $ 32.40 | $ 32.40 | $ 33.70 | $ 382.00 |
| Apple Inc. | | $ 20.60 | | | $ 22.60 | | | $ 25.70 | - | | $ 31.00 | - | $ 99.90 |
| Visa Inc. | | | $ 10.00 | | | $ 21.10 | | | $ 25.90 | - | | $ 31.80 | $ 88.80 |
| Microsoft Corporation | | | $ 7.00 | | | $ 8.50 | | | $ 9.98 | - | | $ 11.50 | $ 36.98 |
| Occidental Petroleum Corporation | $ 12.70 | | | $ 18.50 | | | $ 21.80 | | - | $ 23.10 | | | $ 76.10 |

배당 달력을 만들어 보유 중인 배당주들로부터 받는 배당금을 기록해 보세요. 종목과 월(月)의 두 가지 변수로 만든 배당 달력을 통해 투자자는 매달 자신이 배당금을 얼마씩 받았는지, 종목별로 한 해 동안 얼마의 배당금을 받았는지 등을 한눈에 확인할 수 있습니다.

투자 초기엔 투자 규모가 작을뿐더러 연간 배당금을 분기 혹은 매월에 걸쳐 나눠서 받다 보니 수령하는 배당의 금액 자체는 적을 것입니다. 하지만 배당 달력의 빈칸을 채워나가며 한 해의 배당 달력을 완성하는 것 자체가 또 다른 재미로 느껴질 것입니다. 1년 동안의 배당 달력의 빈칸을 모두 채웠을 때의 그 뿌듯함은 이루 말로 표현할 수 없거든요.

## ② 배당 100달러를 받기까지 얼마나 걸릴까?

[표 4-3] 투자자가 직접 목표 수령 배당 금액을 정하고 시작하는
'Dividend Date Counting'

| 배당으로 $100 받기까지의 소요 기간 | | |
|---|---|---|
| 회차 | 금액 | 소요 일수 |
| #01 | $100.43 | 68일 |
| #02 | $101.32 | 47일 |
| #03 | $100.76 | 29일 |
| #04 | $102.04 | 13일 |
| | : | |

LEVEL UP!
→

| 배당으로 $1,000 받기까지의 소요 기간 | | |
|---|---|---|
| 회차 | 금액 | 소요 일수 |
| #01 | $1,002.64 | 105일 |
| #02 | $999.97 | 94일 |
| #03 | $1,010.54 | 81일 |
| #04 | $1,007.27 | 69일 |
| | : | |

누적 배당금의 합계가 목표 금액에 도달하는 데까지 소요된 시간을 기록해 보세요. 목표 금액은 투자 규모에 비례하여 너무 오래 걸리지도, 또 너무 금방 달성하지도 않을 정도의 금액으로 정하면 좋습니다. 수령한 배당금을 인출하지 않고 주식을 추가 매수하는 데 활용한다면 늘어난 보유 주식 수로 인해 앞으로 받게 될 배당금 또한 자연스럽게 늘어나게 됩니다. 그러면 목표 금액만큼의 배당금을 수령하는 데까지 걸리는 시간은 자연스럽게 줄어들게 되죠. 이런 걸 바로 '배당 재투자의 선순환'이라 표현합니다. 투자하면서 점차 늘어나는 배당금과 함께 목표 금액을 높이고, 소요 기간은 줄이는 재미를 느껴보시기 바랍니다.

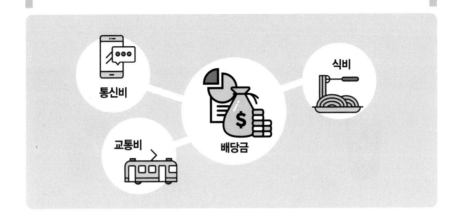

[그림 4-21] 매달 수령한 배당금으로 고정비 지출하기

통신비

교통비

배당금

식비

## ③ 월별 배당 수령금으로 매달 고정비 충당하기

사람들은 모두 다른 환경에서 살아가지만, 교통비, 통신비, 보험료, 식비 등 살아가는 데 있어서 필수로 소비할 수밖에 없는 '고정비' 항목은 대동소이할 것입니다. 투자를 하지 않는 사람들이라면 이런 고정비를 본인의 월 소득에서 지출하겠지만 배당주에 투자하는 우리는 매달 받게 되는 배당금으로 이런 고정비를 충당할 수 있습니다. 분기 배당 정책을 시행하는 기업이라도 저마다 배당 지급일이 다르기에 배당 지급 스케줄만 분산될 수 있도록 여러 배당주를 잘 조합한다면 매달 균일한 금액을 배당으로 받을 수 있습니다.

금액대가 비슷한 고정비와 월 배당금을 매칭하여 특정 고정비를 배당금으로 충당하는 시스템을 만들어 보세요. 매달 배당금이 늘어날수록 커버할 수 있는 고정비 항목들이 늘어나는 재미도 느낄 수 있습니다. 이번 달까지는 배당금으로 통신비를 충당했다면 다음 달부터는 수령 배당금을 늘려 통신비에 보험료까지 커버하는 것이죠. 늘어나는 투자 규모에 따라 배당금도 늘어날 것이니 언젠간 배당금으로 매년 혹은 매 분기 해외여행을 떠나는 날이 올지도 모릅니다.

# ④ 배당금으로 해당 기업의 제품 및 서비스 소비하기

스타벅스SBUX 배당금으로 스타벅스 아메리카노 마시기, 맥도날드MCD 배당금으로 빅맥 세트 사먹기, 엑슨모빌XOM 배당금으로 자동차 주유하기, AT&TT 배당금으로 통신비 내기, 나이키NKE 배당금으로 운동화 구입하기, 애플AAPL 배당금으로 애플워치나 최신 아이폰 구입하기 등등 배당금으로 할 수 있는 멋진 일이 많습니다. 관심을 두지 않으면 모르고 지나칠 수 있지만, 투자를 통해 세상을 한 발자국 더 가까이서 바라보면 생각보다 미국 기업들의 제품과 서비스들이 우리 주변에 많이 자리 잡고 있다는 걸 알 수 있습니다. 내가 투자한 기업으로부터 받은 배당금으로 해당 기업의 제품이나 서비스를 소비해보세요. 평소 내가 소비하던 것과는 다른 뿌듯함과 만족감을 느끼실 수 있을 겁니다.

결국 지금까지 소개한 배당주 투자에 관한 내용은 자산을 모아가는 과정을 풀어 설명한 것입니다. 견고한 건물을 짓기 위해 터 다지기를 오래 하듯, 투자를 통해 자산을 형성해 나가는 과정도 비슷합니다. 다소 지루하고 따분할 수도 있지만 이러한 과정을 통해 점점 늘어가는 배당금은 재투자의 재원이 되기도 하고 소비의 양과 질을 향상시키기도 합니다. 투자의 주된 목적은 수익 추구이지만 배당 수익이나 시세차익에 너무 매몰되기보단 조금은 다른 부분에서 재미와 만족을 추구해 보세요. 묵묵히 투자하다 보면 자본주의의 선순환을 통해 여러분의 자산이 자연스럽게 불어나고 있음을 깨닫게 될 것입니다. 자, 지금부터라도 자본이 나를 위해 일하도록 해봅시다!

# 배당주에 관한 세금

**06**

US STOCKS CLASS

'수익 혹은 소득이 있는 곳엔 세금이 있다'라는 조세 원칙에 따라 배당주로부터 받은 달러 배당금에도 세금이 부과됩니다.

### (1) 배당소득 세율 15%

배당금은 배당소득으로 분류되어 일정 세율로 세금을 내야 하는데 미국 기업으로부터 받는 배당금엔 15%의 배당소득 세율이 적용됩니다. 우리나라 기업이 주는 원화 배당금엔 주민세를 포함하여 15.4%의 배당소득 세율이 적용되는 것과 비교하면 미국 기업으로부터 달러로 받는 배당금의 세율이 약간 낮습니다.

### (2) 배당소득세는 원천징수

증권사에서 배당금을 지급할 때 배당소득세를 차감한 뒤 입금합니다. 쉽게 말해, A 기업이 주당 $100의 배당금을 주주들에게 분배했다면 증권사는 여기서 15%에 해당하는 $15를 제외한 $85를 투자자의 계좌에 입금해주는 것인데요. 이런 방식을 원천징수 방식이라고 하며 배당 지급 전 차감한 금액은 증권사가 투자자 대신 세무서에 배당소득세로 납부하게 됩니다.

### (3) 국내 금융소득과 합산하여 2,000만 원 초과 시 금융소득 종합과세 대상 여부 결정

해외 기업으로부터 외화로 받은 배당이라고 하더라도 매년 금융소득으로 합쳐서 계산됩니다. 따라서 미국 기업들로부터 받은 달러 배당의 원화 환산 금액과 국내에서 발생한 이자 및 배당소득 금액을 합쳐 연간 2,000만 원(세전)을 초과할 경우 금융소득 종합과세 대상이 됩니다.

위 내용 외에 배당과 관련하여 알아둬야 할 '소득월액 보험료 납부 대상 여부'와 '건강보험 피부양자 자격 여부' 등 세금에 대한 보다 자세한 내용은 제8장에서 자세히 다뤘으니 참고하시기 바랍니다.

# 수미숨이 자랑하고 싶은
# 특별한 경험

저에겐 남들에게 자랑하고픈 특별했던 경험이 하나 있는데요. 바로 제가 제일 신뢰하고 애정하는 기업이자 현재 단일 종목 중 포트폴리오 내에서 가장 큰 비중으로 보유하고 있는 '버크셔 해서웨이'의 주주총회에 다녀왔던 경험입니다.

'버크셔 해서웨이'는 워런 버핏과 찰리 멍거라는 살아있는 전설과도 같은 투자자들이 이끄는 미국의 다국적 지주회사입니다. 이 회사는 매년 5월 첫 번째 주 토요일 미국의 중부 네브래스카주의 인구 40만 명의 소도시인 오마하라는 곳에서 2박 3일 동안 주주총회를 개최하는데요. 매년 주주총회가 열릴 때마다 워런 버핏과 찰리 멍거를 만나기 위해 전 세계에서 수만 명의 주주가 오마하를 찾는다고 합니다. 아무래도 80대 후반인 워런 버핏과 90대 초반의 찰리 멍거의 나이를 생각하면 그들의 살아있는 모습을 직접 보기까진 그리 많은 시간이 남지 않았다고 생각했던 저는 2019년, 무작정 오마하로 떠나는 항공권부터 끊었습니다. 1년 치 휴가를 모두 오마하를 다녀오는 데 투자했고 조금이라도 한정된 시간을 알차게 활용하기 위해 오마하에서 있을 주주총회 일정 앞뒤로 미국 서부의 샌프란시스코와 동부의 뉴욕을 방문하는 일정까지 추가했습니다.

드디어 기다리던 D-Day가 되었고 미국으로 향하는 비행기에 몸을 실은 수미숨. 샌프란시스코에서부터 시작되는 일정은 렌터카로 테슬라를 빌려 페이스북과 애플, 구글 등이 있는 실리콘밸리를 방문하는 것으로 시작되었습니다. 샌프란시스코에서 계획했던 일정들을 마친 후 버크셔 해서웨이 주주총회가 열리는 오마하로 향했습니다. 주주총회 일정보다 조금 일찍 도착한 오마하에서 버크셔 해서웨이의 본사와 워런 버핏 할아버지가 살고 계신 집 앞에도 가보고, 매일 출근길에 버핏이 들리는 맥도날드에서 빅맥 세트도 먹었죠. 대망의 버크셔 해서웨이 주주총회 당일. 버크셔 해서웨이의 주주총회는 회사에 관한 이야기를 나누는 단순한 총회가 아닌 일종의 축제와도 같았습니다. 버크셔 해서웨이 지주회사가 지배하고 있는 수많은 기업의 제품과 서비스를 구매할 수 있는 쇼핑데이, 워런 버핏과 찰리 멍거 그리고 전 세계에서 찾아온 주주들과의 소통 시간, 주주들과 버크셔 해서웨이 관계자들이 오마하의 도심부에서 5km 코스를 뛰고 참가비를 기부하는 마라톤, 이렇게 세 가지 주요 행사로 2박 3일이라는 주주총회 일정이 꽉 차 있었는데요. 3일이라는 시간은 어떻게 지나갔는지 모를 정도로 쏜살같이 지나갔습니다. 오마하에서의 일정을 모두 소화한 후엔 뉴욕으로 장소를 옮겨 금융의 중심지인 월스트리스트부터 24시간 불이 꺼지지 않는 화려함이 가득한 타임스퀘어까지 발 도장을 찍은 후 돌아오는 비행기에 몸을 실었습니다.

2주라는 기간 동안 내가 투자하고 있는 기업들이 태어나고 성장한 미국이라는 나라의 아주 일부를 보고 왔을 뿐인데도 그 여운은 쉽게 가시지 않았습니다. 미국이라는 지구 반대편의 그 먼 곳까지 가서 특별히 어떤 사람을 만나거나 누군가로부터 직접적인 가르침을 받고 온 건 아니지만 최대한 많은 것들을 보고 배우며 느끼고자 노력했습니다. 미국을 다녀오는 일정 내내

**[그림 4-22]** 2019년 5월, 필자가 찍은 버크셔 해서웨이 주주총회의 추억들

저는 투자에 관해서만 집중할 수 있었고, 앞으로의 투자 방향성과 목표, 철학에 대해서도 깊이 있는 생각을 할 수 있었습니다. 1년이 훨씬 지난 지금까지도 말로 표현할 수 없는 묘한 감정과 신기함 그리고 긍정의 기운들이 마음속에 남아있는데요. 짧게 다녀온 미국 여행이었지만 이런 경험을 바탕으로 오랫동안 미국주식 투자를 즐겁고 재미있게 그리고 수익도 내며 오래오래 해나갈 수 있을 거라는 자신감이 한껏 생겼습니다. 스스로 한층 성장했다는 걸 느낀 것이죠.

그뿐만 아니라 소중한 인연도 얻었습니다. 혼자 떠나기엔 두려움과 걱정이 많았던 일정이었지만 우연한 계기로 버크셔 해서웨이 주주총회를 함께 다녀올 분들을 알게 되었고, 처음 만나는 사이였지만 투자라는 공통된 관심

사는 어색함을 느낄 새가 없이 서로를 이어주는 매개체로 작용하기에 손색이 없었습니다. 실리콘 밸리에서도, 버크셔 해서웨이 주주총회에서도 그리고 뉴욕에서도 각자가 느끼는 경험과 생각들을 공유했고, 투자와 인생에 관해 이야기를 나누다 보니 지금까지도 좋은 사이로 관계를 이어나가고 있는데요. 아마도 평생의 투자 동반자로 서로에게 도움을 주며 의지할 수 있는 친구가 되지 않을까 싶습니다.

이렇게 저는 미국주식 투자를 시작하며 버크셔 해서웨이라는 미국의 한 회사의 주주총회를 다녀왔고, 샌프란시스코와 뉴욕도 함께 다녀오며 자본주의가 제대로 자리 잡은 미국이라는 나라를 짧게나마 느껴보고 왔습니다. 만약 제가 미국주식 투자를 하지 않았다면 이런 값진 경험도 못해봤을 것이고 평생 함께할 수 있는 소중한 인연도 없었을 것입니다. 이런 걸 보면 미국주식 투자에는 단순히 기업을 공부하고 투자 성과를 분석하는 것 외에 우리가 아직 모르는 다양한 매력이 숨어있지 않나 생각됩니다. 여러분들도 저의 특별한 경험처럼 미국주식 투자의 숨겨져 있는 매력들을 발견하는 재미를 느껴보시길 바랍니다!

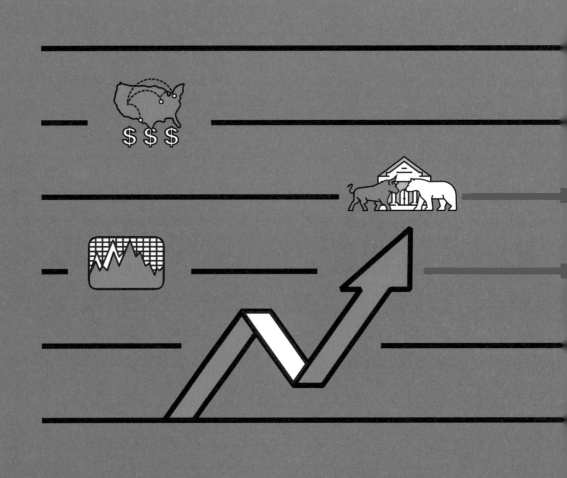

# Chapter 5

# 개별 기업

# 공부하기

# 개별 기업!
# 공부하고 투자하자

앞서 섹터와 업종별 대표 기업들, ETF, 배당주에 대한 공부를 마치니 얼른 한 기업의 주식이라도 사고 싶은 심정일 것입니다. 벌써 포트폴리오를 만드셨을지도 모르겠네요. 급한 마음을 추스르고 잠깐 생각해 봅시다. 지금 사려는 기업을 사기만 하면 끝일까요? 사고 나서 오르면 다행이지만 바로 하락한다면요? 2020년 3월과 같이 아무도 예측하지 못한 폭락장이 갑자기 찾아온다면요? 가격 하락을 생각하니 매수 버튼을 누르려는 손이 주춤하죠? 매수하고자 하는 기업에 대한 이해와 공부가 아직 부족하기 때문입니다. 기업에 확신이 없으므로 가격이 하락하면 '손실'이 큰 공포로 다가올 겁니다. 이때마다 '역시 내가 사면 고점이야, 투자는 나랑 맞지 않아'라며 좋은 기업을 섣불리 팔아버리는 실수를 저지를지도 모릅니다. 이런 상황을 피하기 위해선 여러분이 투자하고 있는 기업에 대한 공부 및 이해가 필수이고, 이를 바탕으로 기업에 대한 확신을 높여야만 제대로 된 의사결정을 내릴 수 있다는 것은 몇 번을 강조해도 지나치지 않습니다.

그러나 공부가 어디 쉽나요? 누군가는 적어도 1~2년은 집중적으로 공부해야 한다고 하고, 혹자는 평생 해도 부족하다고도 말하죠. 기준은 모두 다르겠지만 절대적인 시간과 노력을 투입해야 하는 건 확실합니다. 벌써 겁이 나신다고요? 직장인 투자자인 만큼 많은 시간을 따로 내는 것이 어려우시다고요? 그런 분들을 위해서 같은 직장인 투자자로서 기업 공부를 처음 했을 때 효과를 본 저만의 공부 노하우를 공유하고자 합니다. 좋은 기업을 선정하기 위해 최소한으로 체크해야 하는 사항들과 내가 분석한 기업을 객관적으로 평가할 수 있는 사이트들을 소개하겠습니다.

## ① 기업에 대한 기본 이해력 높이기

주변에는 어떤 기업이 무엇으로 돈을 벌고 어떤 장단점이 있는지를 공부하지 않고 매수부터 하려는 분이 종종 있습니다. 글로벌 시장에서 훌륭하고 큰 기업이라는 이유만으로 투자부터 하고 공부는 뒷전으로 한 채 수익만 나길 바라는 경우인데요. 바람대로 수익이 날 순 있으나 오랜 기간 그 기업의 성장을 지켜보고 그에 상응하는 엄청난 주가 상승도 가져가기 위해선 반드시 기업에 대한 기본적인 공부가 필요합니다. 그렇다면 기업의 무엇을 어떻게 공부해야 할까요?

가장 먼저 기업의 사업구조와 각 사업이 매출에서 차지하는 비중을 확인하면 좋습니다. 큰 그림을 그려보는 것인데요. 이를 통해 기업은 어디서 어떻게 돈을 벌고 있는지, 주요 판매 상품·서비스가 무엇인지, 주요 시장과 고객은 누구인지에 대해서 이해할 수 있습니다. 이런 정보는 해당 기업의 공식 홈페이지에서 가장 빠르게 확인할 수 있습니다. 기업의 공식 홈페이지에서 IR 게시판을 보면 해당 기업의 비즈니스 모델과 주요 제품·서비스, 그들의 주요 고객 및 추구하는 가치에 대해 쉽게 찾아볼 수 있습니다. 영어로 된 글을 읽는 것이 부담된다면 한국 증권사의 리포트를 활용하는 것도 좋습니다. 요즘은 국내의 많은 증권사에서 수준 높은 해외 기업 분석 자료를 무료로 발간하고 있는데요. 해외 기업이나 산업에 대한 한글 리포트는 주요 증권사 홈페이지의 리서치센터에서 다운 받을 수 있습니다. 해외 리포트를 확인할 수 있는 사이트는 아래와 같습니다.

**[표 5-1] 국내 증권사 사이트에서 해외 리포트 보는 방법**(2023년 9월 기준)

| 증권사 | 로그인 필요 유무 | 리포트 보는 방법 |
|---|---|---|
| 하나금융투자 | 로그인 필요 없음 | 하나금융투자 홈페이지 〉 리서치센터 〉 Global Research |
| 키움증권 | | 키움증권 홈페이지 〉 투자정보 〉 리서치 〉 해외증시 |
| 한화투자증권 | | 한화투자증권 홈페이지 〉 투자정보 〉 기업·산업 분석 〉 해외주식분석 |
| 대신증권 | | 대신증권 홈페이지 〉 해외주식 〉 해외시장 투자정보 |
| 삼성증권 | 로그인 필요 | 삼성증권 POP 투자정보 홈페이지 〉 해외주식 |
| 신한금융투자 | | 신한금융투자 홈페이지 〉 투자정보 〉 글로벌 투자 전략 〉 해외 산업 및 기업 분석 |
| KB증권 | | KB증권 리서치 센터 홈페이지 〉 해외투자 |
| 미래에셋대우 | | 미래에셋대우 홈페이지 〉 투자정보 〉 리서치 리포트 〉 기업분석(해외) |
| NH투자증권 | | NH투자증권 홈페이지 〉 투자정보 〉 리서치 리포트 〉 해외주식 |
| 메리츠증권 | | 메리츠증권 홈페이지 〉 리서치 |

국내 투자자들이 심도 있게 기업을 공부하고자 할 때 전자공시 시스템인 DART*를 이용하는 것처럼 미국 기업 또한 IRInvestor Relations 자료를 통해 깊이 있는 공부를 할 수 있습니다.** IR 자료 중에는 프레젠테이션 형태로 가독성 있게 설명한 곳들도 있지만 일반적으로는 '10-K'라는 연간보고서에서 해당 기업의 사업구조 및 조직도, 자회사, 고객 등 기업에 대한 매우 상세한 내용을 확인할 수 있습니다. 10-K 중에서도 특히 Part I의 'Business' 부분에서 대부분의 정보를 확인할 수 있습니다. 아래는 구글Google의 모회사인 알파벳Alphabet Inc.의 10-K*** 예시입니다.

[그림 5-1] 알파벳의 10-K 예시

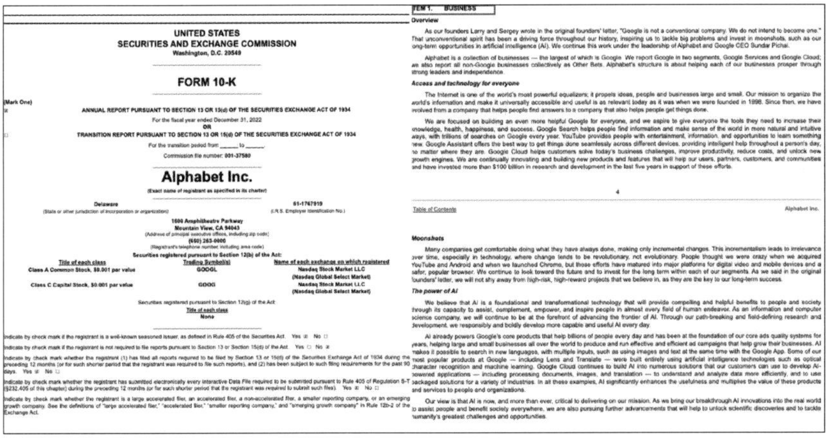

UNITED STATES
SECURITIES AND EXCHANGE COMMISSION
Washington, D.C. 20549

FORM 10-K

(Mark One)
☒ ANNUAL REPORT PURSUANT TO SECTION 13 OR 15(d) OF THE SECURITIES EXCHANGE ACT OF 1934
For the fiscal year ended December 31, 2022
OR
☐ TRANSITION REPORT PURSUANT TO SECTION 13 OR 15(d) OF THE SECURITIES EXCHANGE ACT OF 1934
For the transition period from ______ to ______.
Commission file number: 001-37580

Alphabet Inc.
(Exact name of registrant as specified in its charter)

Delaware (State or other jurisdiction of incorporation or organization) — 61-1767919 (I.R.S. Employer Identification No.)

1600 Amphitheatre Parkway
Mountain View, CA 94043
(Address of principal executive offices, including zip code)
(650) 253-0000
(Registrant's telephone number, including area code)

Securities registered pursuant to Section 12(b) of the Act:

| Title of each class | Trading Symbol(s) | Name of each exchange on which registered |
|---|---|---|
| Class A Common Stock, $0.001 par value | GOOGL | Nasdaq Stock Market LLC (Nasdaq Global Select Market) |
| Class C Capital Stock, $0.001 par value | GOOG | Nasdaq Stock Market LLC (Nasdaq Global Select Market) |

Securities registered pursuant to Section 12(g) of the Act:
Title of each class
None

Indicate by check mark if the registrant is a well-known seasoned issuer, as defined in Rule 405 of the Securities Act. Yes ☒ No ☐

Indicate by check mark if the registrant is not required to file reports pursuant to Section 13 or Section 15(d) of the Act. Yes ☐ No ☒

Indicate by check mark whether the registrant (1) has filed all reports required to be filed by Section 13 or 15(d) of the Securities Exchange Act of 1934 during the preceding 12 months (or for such shorter period that the registrant was required to file such reports), and (2) has been subject to such filing requirements for the past 90 days. Yes ☒ No ☐

Indicate by check mark whether the registrant has submitted electronically every Interactive Data File required to be submitted pursuant to Rule 405 of Regulation S-T (§232.405 of this chapter) during the preceding 12 months (or for such shorter period that the registrant was required to submit such files). Yes ☒ No ☐

Indicate by check mark whether the registrant is a large accelerated filer, an accelerated filer, a non-accelerated filer, a smaller reporting company, or an emerging growth company. See the definitions of "large accelerated filer," "accelerated filer," "smaller reporting company," and "emerging growth company" in Rule 12b-2 of the Exchange Act.

ITEM 1. BUSINESS

Overview

As our founders Larry and Sergey wrote in the original founders' letter, "Google is not a conventional company. We do not intend to become one." That unconventional spirit has been a driving force throughout our history, inspiring us to tackle big problems and invest in moonshots, such as our long-term opportunities in artificial intelligence (AI). We continue this work under the leadership of Alphabet and Google CEO Sundar Pichai.

Alphabet is a collection of businesses — the largest of which is Google. We report Google in two segments, Google Services and Google Cloud; we also report all non-Google businesses collectively as Other Bets. Alphabet's structure is about helping each of our businesses prosper through strong leaders and independence.

*Access and technology for everyone*

The Internet is one of the world's most powerful equalizers; it propels ideas, people and businesses large and small. Our mission to organize the world's information and make it universally accessible and useful is as relevant today as it was when we were founded in 1998. Since then, we have evolved from a company that helps people find answers to a company that also helps people get things done.

We are focused on building an even more helpful Google for everyone, and we aspire to give everyone the tools they need to increase their knowledge, health, happiness, and success. Google Search helps people find information and make sense of the world in more natural and intuitive ways, with trillions of searches on Google every year. YouTube provides people with entertainment, information, and opportunities to learn something new. Google Assistant offers the best way to get things done seamlessly across different devices, providing intelligent help throughout a person's day, no matter where they are. Google Cloud helps customers solve today's business challenges, improve productivity, reduce costs, and unlock new growth engines. We are continually innovating and building new products and features that will help our users, partners, customers, and communities and have invested more than $100 billion in research and development in the last five years in support of these efforts.

4

Table of Contents — Alphabet Inc.

*Moonshots*

Many companies get comfortable doing what they have always done, making only incremental changes. This incrementalism leads to irrelevance over time, especially in technology, where change tends to be revolutionary, not evolutionary. People thought we were crazy when we acquired YouTube and Android and when we launched Chrome, but those efforts have matured into major platforms for digital video and mobile devices and a safer, popular browser. We continue to look toward the future and to invest for the long term within each of our segments. As we said in the original founders' letter, we will not shy away from high-risk, high-reward projects that we believe in, as they are the key to our long-term success.

*The power of AI*

We believe that AI is a foundational and transformational technology that will provide compelling and helpful benefits to people and society through its capacity to assist, complement, empower, and inspire people in almost every field of human endeavor. As an information and computer science company, we will continue to be at the forefront of advancing the frontier of AI. Through our path-breaking and field-defining research and development, we responsibly and boldly develop more capable and useful AI every day.

AI already powers Google's core products that help billions of people every day and has been at the foundation of our core ads quality systems for years, helping large and small businesses all over the world to produce and run effective and efficient ad campaigns that help grow their businesses. AI makes it possible to search in new languages, with multiple inputs, such as using images and text at the same time with the Google App. Some of our most popular products at Google — including Lens and Translate — were built entirely using artificial intelligence technologies such as optical character recognition and machine learning. Google Cloud continues to build AI into numerous solutions that our customers can use to develop AI-powered applications — including processing documents, images, and translation — to understand and analyze data more efficiently, and to use packaged solutions for a variety of industries. In all these examples, AI significantly enhances the usefulness and multiplies the value of these products and services to people and organizations.

Our view is that AI is now, and more than ever, critical to delivering on our mission. As we bring our breakthrough AI innovations into the real world to assist people and benefit society everywhere, we are also pursuing further advancements that will help to unlock scientific discoveries and to tackle humanity's greatest challenges and opportunities.

출처: 알파벳Alphabet Inc. 2022년 10-K

* DART: Data Analysis, Retrieval and Transfer System
** 주로 기업 홈페이지에 'Investor' 섹션에서 확인할 수 있습니다.
*** https://www.sec.gov/Archives/edgar/data/1652044/000165204423000016/goog-20221231.htm

# ② 기업이 돈을 잘 벌고 있는지 확인하기

## ⑴ 매출 및 영업이익 그리고 순이익 파악하기

기업에 대해 전반적으로 이해하고 사업 구조를 파악했다면 다음으로 '그 사업으로 돈을 잘 벌고 있는지'를 확인해봐야겠지요. 기업의 근본적인 목적은 이익을 창출하는 데 있고, 더 높은 이익을 창출하는 기업이 더 높은 가치를 지닌 것이니까요. 그런데 기업이 돈을 잘 벌고 있다는 것은 무엇으로 확인할 수 있을까요? 기본적으로 매출과 영업이익, 순이익이라는 기업의 실적을 통해 해당 내용을 파악할 수 있습니다. 해당 지표들은 기업의 손익계산서 Income Statement에서 확인해볼 수 있는데요. 기업을 분석할 때 가장 중요하면서도 기본적인 사항이라 야후파이낸스Yahoo Fiance, 구글파이낸스Google Fiance 등의 사이트에서도 해당 내용을 어렵지 않게 확인할 수 있습니다.

이때 단순하게 매출이나 순이익이 높은지 낮은지에만 주목하기보단 지표들의 최근 추이와 방향성을 확인해야 합니다. 적어도 최근 3년간 데이터를 보며 기업의 매출과 영업이익, 순이익이 꾸준하게 성장하고 있는지를 확인해야 합니다. 왜냐하면 오랫동안 꾸준히 성장해온 기업들은 앞으로도 성장을 이어갈 확률이 높고 시장에서 좋은 평가를 받기 때문입니다. 특히 섹터별 1, 2등 기업들은 대부분 이 세 가지 지표가 꾸준히 상승해왔고, 준수한 영업이익률을 유지해오고 있음을 확인할 수 있습니다.

**손익계산서 Income Statement**

기업의 경영 성과를 밝히기 위해 일정 기간 발생한 수익과 비용을 항목별로 나타내고 순이익과 손실을 계산하는 보고서. 대차대조표와 함께 재무제표에서 가장 중요한 부분을 차지한다.

## ⑵ 현금 흐름 파악하기

다음으로 기업의 '현금 흐름'이 안정적인지 파악해야 하는데요. 재무적으로 기업의 영업, 투자, 재무활동을 통해 나타나는 현금의 유입과 유출을 통틀어 현금 흐름Cash flow이라고 합니다. 이 지표는 회사의 통장에 돈이 들어오고 나가는 것에 집중해서 본다면 이해가 쉬워지는데요. 현금 흐름이 플러스(+)라면 돈이 들어와 회사가 사용할 수 있는 현금이 증가했음을 의미합니다. 기업은 이를 통해 부채를 정산하고 비용을 지불하며 미래에 있을지도 모르는 재정적인 문제에 대비합니다. 달리 말하자면 기업이 가지고 있는 자산 중 부채가 차지하는 비중을 나타내는 '부채 비율'이 높다거나, 매출 및 영업이익이 급격하게 성장하더라도 현금 흐름이 마이너스(-)인 상태가 장기화된다면 해당 기업은 현금 부족으로 얼마 못 가 파산할 가능성이 크기에 투자 대상에서 제외하는 것이 좋습니다.

한편 기업은 우량한 현금 흐름을 통해 사업에 재투자하기도 하고 주주들에게 분배해 주기도 합니다. 앞서 '배당주'에 대해 설명한 제4장에서 언급한 것처럼 현금 흐름이 좋은 상태로 유지되어야 기업은 지속적으로 배당을 지급할 수 있으므로 배당주를 투자하고자 한다면 이 부분을 더욱 유의해서 확인해야 합니다.

한걸음더
레벨UP

# 매출액, 영업이익, 당기순이익 등의 용어 개념

**[그림 5-2] 손익계산서로 회계용어 이해하기**

| 매출액 | |
|---|---|
| (−) 매출원가 | |
| 매출총이익 | |
| (−) 판매비 및 일반관리비 | 급여, 감가상각비, 복리후생비 등 |
| 영업이익 | |
| (+) 영업외수익 | 임대료 등 |
| (−) 영업외비용 | 이자 비용, 수수료 비용 등 |
| 법인세차감전순이익 | |
| (−) 법인세 | |
| 당기순이익 | |

기업 정보를 확인하려면 '영업이익'과 '당기순이익'이 어떤 차이가 있는지 아셔야 합니다. 회계 용어에 익숙하지 않은 분들을 위해서 용어들의 개념을 짚고 넘어가려 하는데요. 먼저 [매출액]이란, 용어 그대로 기업이 상품, 서비스를 제공하며 버는 돈을 말합니다. [영업이익]은 '매출액'에서 원재료 등을 포함하는 매출 원가를 뺀 '매출 총이익'에서 급여나 감가상각비 등 영업활동에 있어 필요한 '판매비 및 일반 관리비(일명 판관비)'를 뺀 비용을 의미합니다. 기업의 본업이 잘 되는지 확인할 수 있는 지표로 투자자가 반드시 확인해야 하는 중요한 지표입니다.

다음으로 [당기순이익]은 '영업이익'에서 영업 외 활동에서 발생하는 수익이나 비용을 가감한 뒤 산출되는 값입니다. 매출액부터 당기순이익까지의 순서를 기억해 두시면 재무정보를 이해하는 데 큰 도움이 될 것입니다.

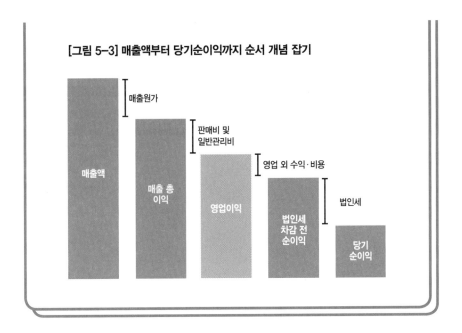

[그림 5-3] 매출액부터 당기순이익까지 순서 개념 잡기

### Stock row로 지표 확인해보기

기업의 최근 9년간 매출, 재무 상태, 성장, 현금흐름 등 주요 지표들을 그래프를 통해 직관적으로 확인할 수 있는 Stockrow*라는 사이트를 소개합니다. 최근 10년간의 주요 재무지표도 보기 쉽게 정리되어 있어 기업의 숫자를 이해하는 데 많은 도움이 됩니다. 무엇보다 대부분의 기업 자료나 분석 데이터들이 유료인 미국주식시장에서 이런 재무지표들을 무료로 사용할 수 있다는 점은 개인투자자에게 무척이나 큰 매력입니다.

---

*　http://Stockrow.com

[그림 5-4] Step #01: Stockrow 접속하기

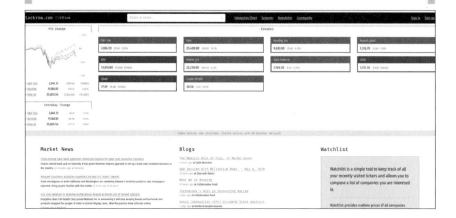

Step #01: Stockrow에 접속한 후 검색 창에 확인하고 싶은 기업의 이름을 검색하면 해당 기업에 대한 기본 정보와 재무제표를 확인할 수 있습니다.

[그림 5-5] Step #01: Stockrow의 검색 창에 찾고 싶은 기업 검색하기

[그림 5-6] Step #02: Snapshot 탭을 클릭하여 각종 재무지표 확인하기

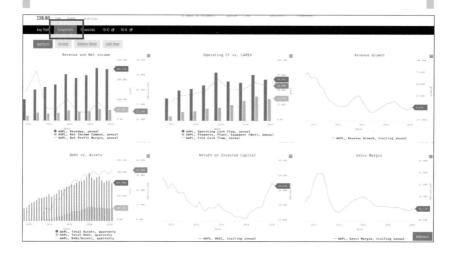

**Step #02:** 'Snapshot' 탭을 클릭하면 기업의 재무지표들을 그래프로 확인할 수 있습니다.

[그림 5-7] Step #03: 원하는 그래프나 차트 내려받기

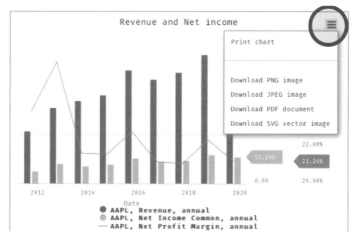

출처: Stockrow.com

**Step #03:** 각 그래프 우측 상단에 있는 햄버거 버튼(≡)을 클릭하면 이미지를 내려받을 수 있습니다.

## ③ 충분한 경쟁력을 갖췄는지 확인하기

투자하려는 기업이 충분한 경쟁력, 즉 경제적 해자Economic Moat를 가졌는지에 대한 여부도 중요합니다. 경제적인 해자는 경쟁사로부터 기업을 보호해 주는 높은 진입장벽과 확고한 구조적 경쟁 우위를 말하는데요, 무형자산, 네트워크 효과, 전환 비용, 비용 절감의 우위, 규모의 경제를 예로 들 수 있습니다.

◎ **무형자산:** 브랜드, 판매망, 특허, 라이선스 등이 있습니다. 소비자가 '남성 면도기' 하면 '질레트Gillette'를 떠올리는 것이 바로 프록터앤드갬블의 브랜드 파워입니다.

◎ **네트워크 효과:** 특정 재화와 서비스에 대한 수요가 이미 형성된 사용자 집단의 네트워크에 의해 영향을 받는 현상으로 많은 사람이 사용할수록 더 많은 사람을 끌어들이는 효과를 말합니다. 유튜브에 양질의 동영상 콘텐츠가 많이 쌓일수록 많은 사람이 이를 시청하게 되고, 시청자가 많기 때문에 더 많은 콘텐츠가 생산되며 점점 더 많은 시청자를 끌어들이게 되는 현상을 예로 들 수 있습니다.

◎ **전환 비용:** 고객이 다른 회사의 재화나 서비스를 구입하는 데 드는 비

용을 말합니다. 전환 비용이 높다면 소비자는 한번 구입한 브랜드를 잘 바꾸려고 하지 않는데요. 애플의 스마트폰 운영체제인 iOS 생태계에 익숙해진 사용자가 안드로이드에서만 다운로드가 가능한 애플리케이션을 사용하기 위해 굳이 안드로이드 기기로 변경하지 않는 것을 예로 들 수 있습니다.

◎ **비용 절감의 우위:** 기업이 경쟁사에 비해 낮은 원가로 동일한 품질의 제품을 생산해 내는 것을 말합니다. 월마트가 철저한 비용 통제 및 효율적인 물류 시스템을 구축해 비용 우위를 확보하고, '매일 최저가Everyday Low Price' 전략을 내세우며 낮은 가격으로 많은 소비자를 끌어들이는 것을 예로 들 수 있습니다.

◎ **규모의 경제:** 생산 규모가 커짐에 따라 대량생산이 가능해 단위 생산비가 감소하거나 투자비용이 절감되는 것을 말합니다. 전력회사의 경우 발전소를 짓고 전력 공급망을 설치하는 데는 큰 비용이 들지만, 설치 후에는 사용자가 늘어날수록 평균 생산비가 급감합니다. 한마디로 소비자에게 경쟁사보다 더 낮은 비용으로 전력을 공급할 수 있는 것인데요. 넥스트 에라 에너지가 플로리다 지역에서 독과점 형태로 약 500만 명의 고객에게 더욱 경제적으로 전력을 공급하는 것을 예로 들 수 있습니다.

섹터별 1, 2등 기업들을 살펴보면 대부분 이와 같은 경제적 해자를 가지고 있는 걸 확인할 수 있습니다. 이런 기업들은 엄청난 경쟁 속에서 끊임없는 노력으로 경쟁자들을 제치고 1, 2등 자리에 올라섰으며, 시간이 갈수록 기업들이 가진 경제적 해자는 점점 더 강력해지는 경향이 있습니다.

이렇게 기업에 대한 기본 정보를 파악하고 돈을 잘 벌고 있는지를 확인하고 충분한 경쟁력을 갖추었는지까지 체크했다면 기업에 대한 기본적인 이해는 마쳤다고 보면 됩니다. 다음 페이지의 애플 종목 자료는 실제로 필자가 IT 섹터의 대장주인 애플을 공부할 때 정리한 자료입니다. 여러분이 개별 종목을 공부하실 때 어떤 부분을 어떻게 정리하면 좋을지에 대한 예시로 참고하시면 좋을 것 같습니다.

# 해자란 무엇일까요?

**[그림 5-8] 실제 해자의 모습**

출처: Unsplash.com

해자垓子, Moat는 적의 침입을 막기 위해 성곽을 따라 파놓은 못을 말합니다. 경제 용어로 사용될 때는 경쟁사가 쉽게 넘볼 수 없는 진입장벽을 의미하죠. 워런 버핏이 1980년대 발표한 버크셔 해서웨이Birkshire Hathaway 연례보고서에서 최초로 언급한 용어로 '경제적 해자'는 기업의 장기적 성장가치의 척도가 됩니다.

기업
공부
노트

**Apple Inc.** AAPL

**[그림 5-9] 애플의 5년간 주가 추이**

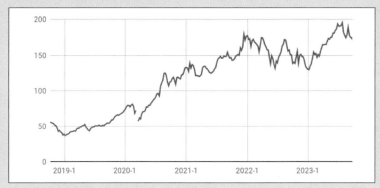

※애플은 2020년 8월 말, 4대 1의 비율로 주식분할을 했음.                출처: Google Finance

## (1) 기업 개요*

애플은 1997년 설립되었으며 스마트폰, 개인용 컴퓨터, 태블릿, 웨어러블 및 액세서리를 설계, 제조 및 판매하는 회사입니다. 2009년까지만 해도 PC 제조사에 불과했으나 당해 6월 19일 아이폰 3GS를 발매하며 스마트폰 시장을 선점했고 2011년 전 세계 시가총액 1위 기업이 되었습니다. 스마트폰 사업이 구조적으로 성숙기에 접어들며 2015년도를 정점으로 애플의 아이폰 판매량은 지속적으로 감소하고 있지만, 서비스 부문과 아이폰 외 기타 하드웨어 부문이 높은 성장세를 보이며 멀티플랫폼 기업으로 성장하고 있습니다. 애플은 2020년 4월, 4년 만에 중저가형 모델인 아이폰 SE 2세대를 출시했습니다(미국 내 가격 399달러, 현재 애플 판매 모델 중 최저가**). 하드웨어 가격을 낮추는 대신 최대한 많은 기

---

*   출처: Apple 2022 10-K
**  출처: 애플 공식 홈페이지, 2020월 9월 기준
    https://www.apple.com/iphone/

기를 보급하여 애플 제품에서만 사용 가능한 서비스들에 사용자들이 익숙해지게끔 하는 전략을 펼치고 있습니다. 애플 하드웨어 제품들 간의 높은 호환성을 바탕으로 사용자들에게 애플만의 구독형 서비스를 결제하게끔 유도하는 전략을 통해 기존의 '하드웨어 기업'에서 '소프트웨어 기업이자 서비스 기업'으로의 도약이 기대됩니다. 사업은 크게 5개 부문으로 나눠집니다.

1) 아이폰iPhone : 아이폰은 애플의 iOS 운영체제 기반의 스마트폰 라인입니다.

2) 맥 컴퓨터Mac : 맥은 애플의 MacOS 운영체제 기반의 개인용 컴퓨터 라인입니다.

3) 아이패드iPad : 아이패드는 애플의 iPadOS 운영체제 기반의 다목적 태블릿 라인입니다.

4) 웨어러블, 홈 및 액세서리류Wearables, Home and Accessories : 웨어러블, 홈 및 액세서리류는 AirPods, AppleTV, Apple Watch, Beats 제품, HomePod, iPod touch 및 3자 회사와 협력한 애플 제품들을 포함합니다.

5) 서비스Services : 서비스는 App Store 및 Apple Music, Apple TV+를 포함한 '디지털 콘텐츠 스토어와 스트리밍 서비스Digital Content Store and Streaming Service', 애플 하드웨어에 대한 보험 서비스인 '애플케어AppleCare', 저장 공간별 월별 구독료를 과금하는 '아이클라우드iCloud', 애플 사파리 검색 엔진에 구글을 메인으로 선탑재하는 것에 대한 TACTraffic Acquisition Cost 및 라이선스 로열티 수수료를 포함하는 '라이센싱Licensing'과 Apple Arcade, Apple Card, Apple News+, Apple Pay 등을 포함하는 '기타Other Services' 부문으로 분류됩니다.

애플은 의료 데이터를 아이폰으로 통합하고 활용성 있는 앱을 iOS에 출시하며 헬스케어 부문에서도 생태계를 확장하고 있습니다. 이뿐만 아니라 '프로젝트 타이탄'이라는 이름 아래 자율 주행 산업에 대해 투자도 하고 있습니다.

## (2) 매출 구성

2022년도 기준 애플은 394,328백만 달러 매출을 기록했습니다. 매출액 비중에서 아이폰이 가장 큰 비중인 52.1%를 차지하며 서비스는 19.8%, 맥은 10.2%, 웨어러블 홈 및 액세서리류는 10.5%, 아이패드는 7.4%를 차지합니다. 여기서 주목할 점은 아이폰 점유율이 높은 선진국에선 스마트폰 보급률이 80%를 넘어감에 따라 매출에서 아이폰 사업이 차지하는 비중이 줄어드는 반면 서비스의 비중은 늘어나고 있다는 점입니다. 참고로 아이폰 판매가 정점에 달했던 2015년 기준 애플의 전체 매출에서 아이폰이 차지하는 비중은 66%였고 서비스 부문의 매출은 9%에 불과했습니다. 반면 2022년 기준 아이폰의 매출은 52%의 비중으로 4년 전 대비 14%p 감소했고, 서비스 부문의 매출은 전체 매출에서 19.8%나 차지하며 큰 폭으로 성장했습니다.

**[그림 5-10] 애플의 매출 구성**

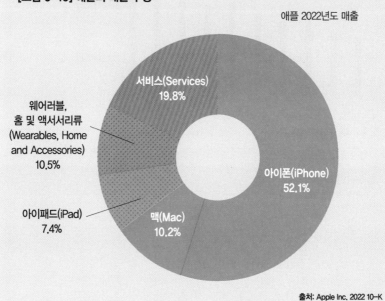

애플 2022년도 매출

서비스(Services)
19.8%

웨어러블,
홈 및 액서서리류
(Wearables, Home
and Accessories)
10.5%

아이패드(iPad)
7.4%

맥(Mac)
10.2%

아이폰(iPhone)
52.1%

출처: Apple Inc. 2022 10-K

## 3) 기본 지표

### [그림 5-11] 애플 매출 및 이익

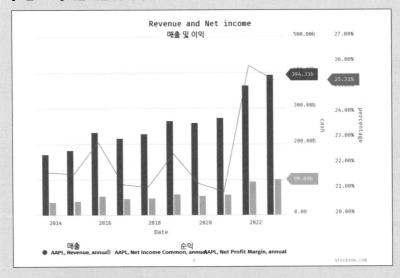

### [그림 5-12] 애플의 성장 추이

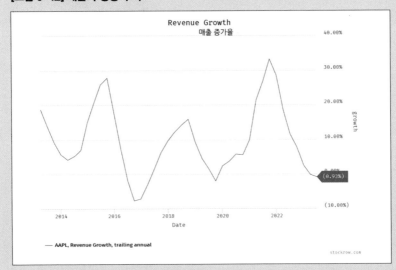

**[그림 5-13] 애플의 현금흐름**

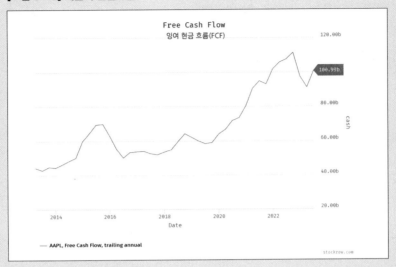

**[그림 5-14] 애플의 배당 추이**

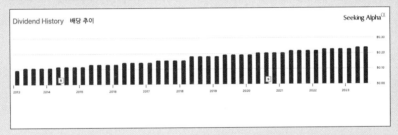

자료: 애플 IR, stockrow.com, seeking alpha

# 사이트를 활용하여
# 투자 성공 확률 높이기

## 02

US STOCKS CLASS

투자 기업을 공부할 때 최소한으로 살펴봐야 할 사항들을 확인하셨다면 '이 사항들에 맞는 기업만 모아서 보고 싶다!'라는 생각을 할 수도 있습니다. 내가 원하는 기준에 해당하는 기업들만 선별해서 좀 더 깊이 공부할 수 있다면 훌륭한 기업들을 찾아 오랜 기간 투자하는 게 훨씬 더 쉽고 재미있지 않을까요? 지금부터 소개할 'Finviz'사이트의 Screener 기능은 이런 여러분의 니즈를 충족시키기에 최적화되어 있습니다.

### ① Finviz.com에서 원하는 조건에 부합하는 기업을 골라보자

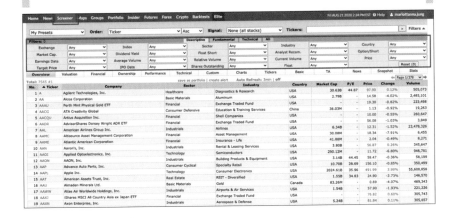

Step #01: Finviz 홈페이지 상단 탭에서 'Screener' 버튼을 클릭합니다. '필터'를 보면 기업들을 여러 조건에 따라 필터링할 수 있는 것을 확인할 수 있는데요. 조건 값들의 위쪽에 있는 버튼 중 가장 우측에 있는 'All' 탭을 클릭하면 필터링할 수 있는 모든 변수를 한눈에 볼 수 있습니다.

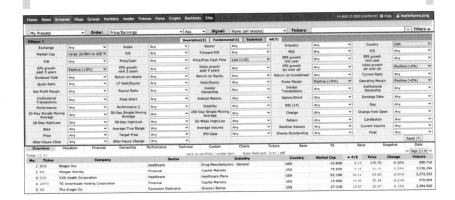

**Step #02:** 우리는 미국주식에 주로 투자하니 국가는 미국을 선택합니다. 여러 조건을 선택할 수 있지만 되도록 Filter의 'Market Cap'에선 Mega 혹은 Large를 선택합시다. Market Cap은 시가총액을 의미하고 Mega/Large는 시가총액의 크기를 의미하는데요. 주식 투자를 시작한 지 얼마 되지 않았다면 기업의 규모가 큰 대형주들부터 살펴보는 것이 안전하겠죠? 또한 앞서 다루었던 '매출과 영업이익, 순이익'은 상승하고 있는 기업을, '현금흐름'이 좋은 기업들을 확인해보는 것에서부터 기업 발굴을 시작할 수도 있겠습니다.

[그림 5-17] Step #03: 결과 상세히 보기

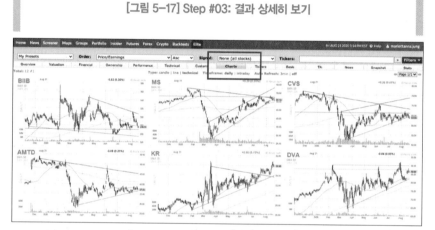

출처: Finviz.com

**Step #03:** 조건 값을 설정을 마쳤다면 이에 들어맞는 기업 리스트를 확인할 수 있습니다. 이 스크리닝 결과는 단순하게 기업 이름만 나열하는 것이 아니라 Valuation, Performance, Technical 등 각각의 항목별로 나뉜 다양한 정보들을 함께 확인할 수 있는데요. 특히 'Charts' 탭에서 확인할 수 있는 기업들의 최근 주가 흐름은 한눈에 여러 기업을 동시에 파악할 수 있어 유용합니다.

## ② TipRanks를 활용하여 객관적이고 종합적으로 생각해 보기

　인지 심리학에는 '확증편향'이라는 개념이 있는데, 원래 가지고 있는 생각이나 신념을 확인하려는 경향성을 의미합니다. 투자에서는 투자자가 관심 있는 기업 혹은 매수한 기업에 관해서 긍정적인 뉴스와 정보만 보려고 하는 것을 '확증편향'이라 할 수 있습니다. 여기에 더해 자기의 판단이나 지식 등에 대해 실제보다 과장되게 평가하는 '과잉확신'에 빠지면 '내가 선택한 투자 결정은 틀릴 수가 없어!', '내가 사면 올라야 해!' 등의 태도를 보이기도 합니다.

　성공적인 투자를 위해 위와 같은 편향적인 태도는 멀리할수록 좋은데요. 이런 편향에서 벗어나기 위해 어떻게 해야 할까요? 다양한 방법이 있겠지만 다른 사람들의 생각, 특히 전문가들의 다양한 투자 판단과 근거를 확인하는 것이 편향에서 벗어나는 데 도움이 될 것입니다. 이럴 때 참고하면 좋은 사이트가 하나 있는데 바로 'TipRanks'*라는 사이트입니다. TipRanks는 투자은행 애널리스트, 헤지펀드, 기업 내부자들, 유명 투자 블로거들과 같은 전문 투자자들의 의견과 투자 심리, 매매 동향 등을 종합적으로 보여주는 사이트입니다. 유료 사이트라서 사용에 제한적인 기능들도 있지만 여러 전문가의 의견을 확인하는 정도는 무료로 충분히 활용할 수 있습니다. 다양한 의견을 확인하면 나의 투자 아이디어나 기업을 바라보는 시각을 보다 객관적으로 만들어 나갈 수 있을 것입니다.

---

\*　https://www.tipranks.com/

## 'TipRanks'는 이렇게 활용하세요!

[그림 5-18] TipRanks 메인 화면

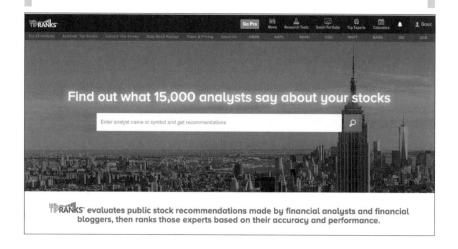

가장 먼저 TipRanks 메인 페이지 검색 창에서 확인하고 싶은 기업을 검색합니다.

[그림 5-19] 여러 가지 평가 지표와 10단계의 투자 등급을 확인할 수 있는
'Stock Analysis' 화면

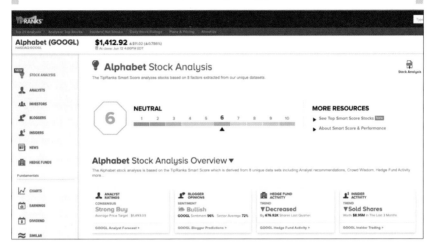

검색 후 가장 처음 등장하는 화면의 'Stock Analysis' 메뉴에서 여러 투자자가 해당 기업에 대해 어떤 평가를 했는지 확인할 수 있습니다. 여덟 가지 평가 지표를 바탕으로 10단계의 투자 등급 중 현재 해당 기업이 어디에 위치하는지를 나타내는데 아래 사진을 보면 구글의 모회사인 알파벳의 경우 6등급으로 '중립'에 해당하는 걸 확인할 수 있습니다.

[그림 5-20] 애널리스트들의 투자 의견과 목표 주가를 확인할 수 있는 'Analysts' 화면

왼쪽 사이드바 메뉴 상단에는 'Analysts'부터 'Hedge Funds'까지 전문 투자자들별로 해당 기업에 대한 의견을 확인할 수 있습니다. 'Analysts'를 클릭할 경우 해당 종목에 대한 애널리스트들의 투자 의견과 목표 주가를 확인할 수 있습니다.

[그림 5-21] 개인투자자들의 보유 비중과 투자 심리를 확인할 수 있는 'Investors' 화면

'Investors'를 클릭하면 개인투자자들이 해당 종목을 얼마나 보유하고 있는지와 그들의 투자 심리를 알 수 있습니다.

[그림 5-22] 기업에 대한 상반된 의견을 비교하기 좋은 'Bloggers' 화면

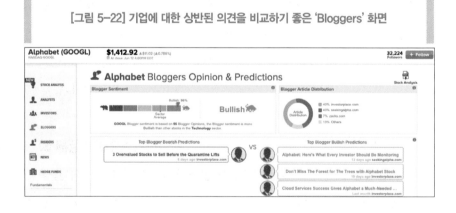

'Bloggers'를 클릭하면 해당 종목에 대한 투자 블로거들의 다양한 의견을 확인할 수 있습니다. 하락할 가능성이 높다고Bearish 생각하는 블로거와 상승할 가능성이 크다고 생각하는Bullish 블로거들의 의견을 비교할 수 있습니다.

[그림 5-23] 기업 내부자들의 주식 변동 내역을 확인할 수 있는 'Insiders' 화면

'Insiders'를 클릭하면 기업의 내부자들이 해당 종목을 언제 매도·매수했는지 확인할 수 있습니다. 회사 내부자들은 회사의 상황에 대해 가장 잘 알고 있으므로 보통 '매도'는 부정적인 시그널을 주고, '매수'는 긍정적인 시그널을 준다고 볼 수 있습니다.

[그림 5-24] 기업에 관한 다양한 뉴스를 확인할 수 있는 'News' 화면

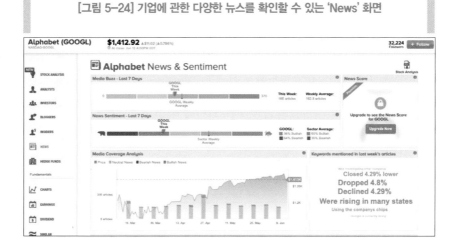

'News'를 클릭하면 이번 최근 일주일 동안 해당 종목에 대한 긍정적·부정적인 뉴스가 얼마나 발행되었는지를 확인할 수 있습니다.

[그림 5-25] 헤지 펀드들의 매매 동향을 확인할 수 있는 'Hedge Funds' 화면

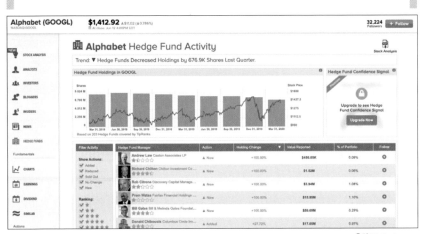

출처: TipRanks.com

마지막으로 'Hedge Funds'를 클릭하면 해당 종목을 보유하고 있는 헤지 펀드들의 매매 동향을 파악할 수 있습니다.

이렇게 TipRanks를 통해서 다양한 투자 의견을 살펴보면 기업을 다각도에서 바라볼 수 있는 넓은 시야가 생길 것입니다. 자기 생각에만 갇혀 사고하는 것에서 벗어나 다양한 의견을 통해 객관적이고 종합적으로 사고할 수 있는 능력을 키운다면 성공적인 투자로 이어질 수 있을 것입니다.

# ③ Portfolio Visualizer를 활용하여
## 나의 투자 포트폴리오 점검하기

개별 기업들을 하나둘씩 매수하다 보면 어느새 나만의 포트폴리오가 만들어집니다. 자연스럽게 보유하고 있는 기업들의 묶음인 포트폴리오에 대한 평가를 해보고 싶을 텐데요. 특히 투자를 시작한 지 얼마 되지 않은 사람일수록 보유 종목들의 전체적인 구성과 비중 등에 대해 의문과 걱정이 많을 겁니다. 돌이켜보면 필자도 투자 초기 여러 종목을 매수하며 포트폴리오라는 걸 만들어갈 때 생각이 참 많았습니다. '이런 비중으로 투자하는 게 맞는 걸까?', '갑자기 2008년과 같은 위기가 오면 어쩌지? 위기에 강한 종목이 내 포트폴리오에 적절하게 포함되어 있나?' 등등 투자를 하는 내내 걱정하느라 많은 시간을 소모했었는데요. 그럴 때 제게 큰 도움이 되었던 것은 '백 테스트 backtest'였습니다.

백 테스트는 내가 구성한 포트폴리오와 투자 전략이 과거에 얼마나 좋은 성과를 냈는지 확인하는 것을 말합니다. 과거 데이터를 바탕으로 현재 나의 포트폴리오와 투자 전략이 특정 기간 어떤 성과와 변동성을 보이는지 등을 확인하면서 포트폴리오의 안정성이나 성공 가능성을 평가하는 것이죠. 물론 과거 성과가 미래에도 이어진다는 보장은 없지만 내 포트폴리오의 향후 흐름을 어느 정도 가늠해 볼 수 있다는 장점이 있습니다. 특히 2000년 초반 IT 버블 위기나 2008년 글로벌 금융위기 등 과거 시장이 큰 폭의 하락을 겪었던 시기에 현재 내가 추구하려는 포트폴리오와 투자 전략이 어떤 성과를 보였는지를 확인하는 것이 중요합니다. 내 포트폴리오가 앞으로 언젠간 마주하게 될 커다란 위기에서 어떤 결과를 보일지를 미리 확인할 수 있기 때문입니다. 단순히 머릿속으로 예상하는 것보다는 과거 데이터에 입각한 백 테스트 결과를 확인한다면 훨씬 더 현실적으로 포트폴리오를 견고하게 구성할 수 있을 것입니다.

## 'Portfolio Visualizer'는 이렇게 활용하세요

Portfolio Visualizer*는 투자자들이 백 테스트를 할 때 가장 많이 활용하는 사이트 중 하나입니다. 무료로 활용할 수 있고 최대 3개의 포트폴리오를 동시에 비교할 수 있습니다. 처음 포트폴리오를 구성할 때 여러 종목을 다 담고 싶고, 같은 종목이더라도 비중 조정을 어떻게 할지 고민이 많으실 텐데요. Portfolio Visualizer는 그런 고민을 해결해줄 수 있는 아주 유용한 도구입니다. 또한 SPY**와 같은 벤치마크와도 비교할 수 있어 내 포트폴리오가 벤치마크 대비 어떤 성과를 냈는지, 변동성은 얼마나 심했는지 등을 비교할 수 있습니다. 더불어 분석한 내용은 PDF나 엑셀 파일로 저장할 수 있으니 이를 다른 데이터와 결합하거나 가공하는 등의 추가적인 활용도 가능합니다.

---

\* https://www.portfoliovisualizer.com/
\*\* SPDR S&P500 Trust ETF의 티커로 S&P500 지수를 추종하는 대표 ETF

[그림 5-26] Step #01: Portfolio Visualizer 메인 화면 – 'Backtest Portfolio' 클릭

**Step #01:** Portfolio Visualizer 홈페이지를 접속하면 보이는 메인 화면입니다. 상단 좌측 'Backtest Portfolio'에서 'Backtest Portfolio'를 클릭합니다.

[그림 5-27] Step #02: Backtest 화면 – 초기 시점과 벤치마크 설정하기

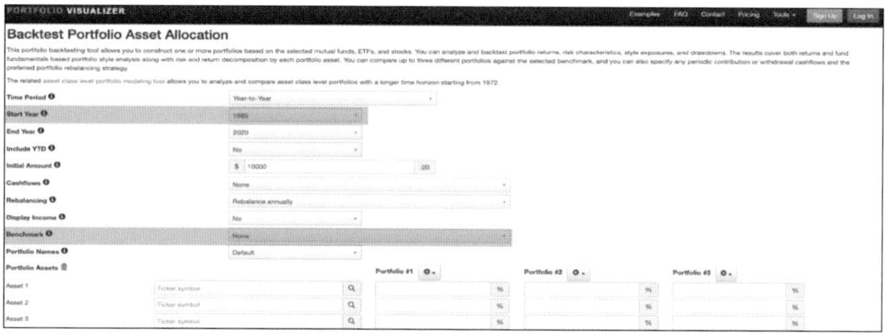

**Step #02:** 백 테스트 시 테스트 기간, 초기 투자 금액, 현금흐름 등 여러 가지 조건을 설정할 수 있는데 백 테스트 기능에 익숙해지기 전까진 두가지 변수만 직접 조절하시길 권장합니다.

## 첫 번째 조절 값: 백 테스트 시작 시점

백 테스트의 시작 시점 Start Year 은 적어도 2008년 이전으로 설정하세요. 왜냐하면 경제 사이클에 따라 경기는 좋아질 수도 나빠질 수도 있는데 내 포트폴리오가 경기 침체 상황 혹은 경기가 나빠지는 시기에 어느 정도 타격을 받는지 확인해볼 필요가 있기 때문인데요. 그런 의미에서 백 테스트 기간을 설정할 때 될 수 있으면 가장 근래의 경기 침체기였던 2008년 글로벌 금융위기 기간을 포함해 내 포트폴리오가 큰 위기가 닥쳤을 때 얼마나 견고한지 확인해보시길 추천합니다.

## 두 번째 조절 값: 벤치마크 기능

백 테스트를 통해 연평균 수익률이 몇 퍼센트라고 나와도 비교 대상이 없다면 이 숫자만으론 어떤 의미를 주는 것인지, 정말 괜찮은 포트폴리오인지에 대한 평가를 하기가 어렵습니다. 이러한 문제를 해결하기 위한 가장 간단하고 쉬운 방법은 백 테스트를 위한 조절값 중 벤치마크에 시장 지수를 추종하는 대표 ETF를 설정해 주는 것인데요. 미국의 3대 대표 지수 중 S&P500을 추종하는 SPY나 나스닥100을 추종하는 QQQ를 벤치마크 Benchmark 로 설정해 나의 포트폴리오 성과와 비교하는 것이 일반적입니다. 벤치마크 지수보다 나의 포트폴리오 성과가 좋으면 현재 포트폴리오의 구성이 괜찮다고 볼 수 있고, 반대의 경우엔 수정과 보완이 필요한 것이죠.

## [그림 5-28] Step #03: 종목들을 검색하여 백 테스트를 해볼 포트폴리오 만들기

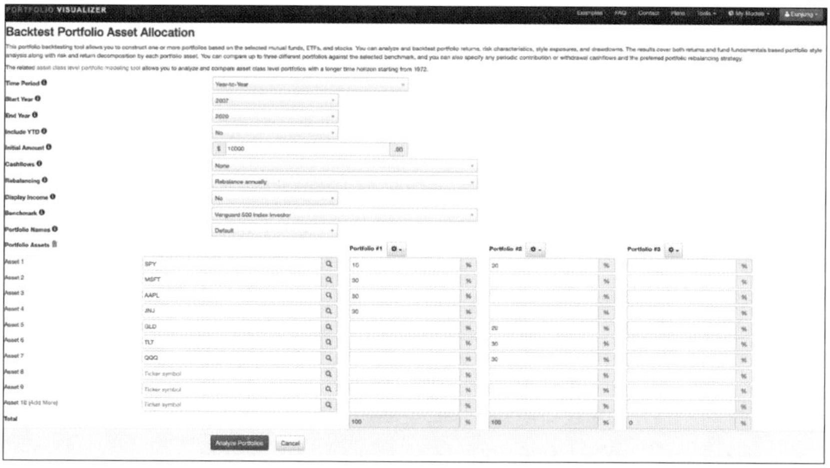

**Step #03:** 포트폴리오 종목과 각각의 비중을 입력하고 난 후 'Analyze Portfolios' 버튼을 클릭하면 결과를 확인할 수 있습니다.

## [그림 5-29] Step #04: 백 테스트 결과 확인하기

**Step #04:** 각 포트폴리오가 과거 데이터를 바탕으로 어떤 성과를 냈는지 확인해봅니다. 'Summary'는 내 포트폴리오의 상황을 요약해서 보여줍니다.

산출된 결과에선 'CAGR*'를 통해 연평균 수익이 어느 정도였는지 확인할 수 있습니다. 'Stdev'는 표준편차를 의미하는데요, 이 값은 포트폴리오의 변동성 혹은 위험을 나타냅니다. 예시에서 Portfolio 1은 시장보다 더 큰 변동성을, Portfolio 2는 작은 변동성을 보인다고 볼 수 있습니다.

다음으로 'Max Draw Down'을 볼 텐데요. 이 지표는 가장 큰 손실이 났을 때의 하락 폭을 보여주는 지표입니다. Portfolio 1은 -42.78%를 기록한 반면 Portfolio 2는 -19.73%를 기록했네요. Max Draw Down을 확인하며 내가 과연 커다란 위기에 봉착했을 때 이 정도의 하락을 견뎌낼 수 있겠느냐는 질문을 자신에게 해보는 과정이 필요합니다. 아무리 포트폴리오의 수익률이 높다 할지라도 그것은 엄청난 하락에도 공포에 질려 주식을 팔며 도망가지 않고 견뎌냈다는 전제하에 만들어진 과실이기 때문입니다.

이렇게 Portfolio Visualizer를 통해 직접 여러 가지 변수들을 조합해보며 시뮬레이션하면 여러분이 원하는 최적의 포트폴리오를 만들어 나갈 수 있을 것입니다. 또한 포트폴리오에 대한 자신감이 생기는 것은 물론 성공 확률이 높고 정교한 자신만의 투자 전략과 스타일을 갖게 될 것입니다. 아직 본인의 투자 스타일이나 전략이 확실하게 자리 잡지 못한 투자자일수록 여러 변수를 자유롭게 바꿔보며 과거 데이터를 바탕으로 평가해 볼 수 있는 백 테스트를 많이 해 보시라 권하고 싶습니다.**

---

\*    Compound Annual Growth Rate의 약자로 연평균 성장률 혹은 수익률을 나타냅니다.

\*\*   Portfolio Visualizer 사용법을 아주 자세하고 친절하게 설명하는 영상을 추천합니다. 이미 투자계에서는 유명한 강환국 님의 유튜브 채널 '할 수 있다! 알고 투자'의 47번 영상 '[초보] 백 테스트 매뉴얼 (1) - 자산배분'입니다. 필자 또한 이 영상을 통해 백테스트를 보다 정교하게 하는 법을 알게 되었고 투자에 적용할 수 있었습니다. 강환국님께 큰 감사의 말씀을 드립니다. https://youtu.be/JPsUmR_gbDc

# 코로나 팬데믹이 불러온
# 역대급 변동성, 그 속에서 얻은 교훈

2020년, 전 세계를 공포에 떨게 만든 코로나19 바이러스는 세계 경제에 큰 악영향을 미치며 주식시장에도 직격탄을 날렸습니다. 3,386.15포인트까지 올랐던 S&P500지수는 2,237.4포인트까지 떨어지며 한 달 조금 넘는 기간 동안 약 34%나 하락했고, 나스닥100지수도 전고점인 9,817.18포인트에서 6,860.67포인트까지 같은 기간 동안 약 30%나 하락했는데요. 짧은 기간 동안 한없이 떨어지던 글로벌 주식시장은 미국을 위시한 선진국들의 엄청난 유동성 공급과 재정 정책을 통한 발 빠른 대응으로 3월 말부터 회복하는 모습을 보이기 시작하여 나스닥100지수는 6월 초, S&P500지수는 8월 중순에 전고점을 돌파하는 모습을 보여주었습니다.

글로벌 금융위기를 겪었던 2008년 이후 코로나 팬데믹 이전까지, 미국주식시장은 최장기간 상승 랠리를 이어오고 있었습니다. 2016년 하반기부터 투자를 시작했던 제 포트폴리오의 보유 종목들은 적립식으로 투자를 했음에도 불구하고 대부분이 수익을 기록하고 있었습니다. 저는 상승과 하락을 반복하는 주식시장의 특성상 언젠간 한번 시장이 주저앉으리라 판단했고, 그때를 대비하고자 전체 계좌의 변동성을 낮춰주는 역할을 하는 장기 채권 ETF인 TLT와 금 ETF인 GLD를 조금씩 모아나가기 시작했습니다. 높이 올라간 만큼 떨어졌을 때의 충격을 생각하여 쿠션을 쌓아두겠다는 생각이었지요.

이렇게 폭락에 대비해 나름의 준비를 했다고 생각했지만 막상 갑작스레 베어마켓과 마주했을 때 무척 당황했습니다. 시장이 꺾였을 때 심리적 안정 감을 줄 수 있는 포지션만 조금 확보했을 뿐이지 저에겐 하락장이 현실로 닥쳤을 때 어떻게 해야 할지에 대한 구체적인 '실행 계획'이 없었던 것이죠. 하지만 이내 정신을 차리고 어떻게 대응해야 할지에 대한 고민을 시작했습니다. 제일 먼저 보유하고 있는 포트폴리오에서 어떤 우선순위로 보유 종목들을 팔고 무엇을 살지에 대해서 고민했고, 고점 대비 어느 정도 떨어졌을 때 몇 퍼센트의 가용 자금을 사용할 것인지를 정리했습니다. 그리고 매일 주식 시장의 급작스러운 변화들을 기록했고 저의 감정과 심리 상태 또한 일기처럼 기록해나갔죠. 매일 급락하는 시장을 보며 불안한 심리가 커지는 듯하다가도 시장의 변화에 맞춰 어떻게 반응하고 대응해야 할지에 대한 구체적인 실행 계획들이 하나씩 구체화될 때마다 불안한 마음은 점차 잦아들었습니다. 고민한 끝에 완성한 실행 계획에 맞춰 하락기에 상대적으로 덜 떨어진 종목들을 매도하였고, 많이 하락했으나 회복 구간에 진입했을 때 가장 빠른 속도로 튀어 오를 수 있는 성장에 중점을 둔 종목들을 매수하며 포트폴리오의 리밸런싱을 단행했습니다. 그 결과, 시장 지수보다 조금 이른 시기에 저의 포트폴리오가 플러스로 전환했는데요. 계좌의 회복이 빨랐다는 점도 좋았지만, 이번 경험을 통해 나중에 또 위기와 마주하더라도 현명하게 대처할 수 있는 저만의 투자 원칙이 생겼다는 점이 이번 경험을 통해 얻은 가장 큰 수확이었습니다. 그뿐만 아니라 앞으로 어떤 큰 변동성이 닥치더라도 이번 하락장에서 기록해놨던 내용을 다시 꺼내보며 이겨낼 수 있을 거라는 자신감도 생겼습니다. 2020년 상반기의 코로나 팬데믹은 저에게 무엇과도 바꿀 수 없는 커다란 무형의 자산을 얻을 수 있었던 기회이자 앞으로의 투자 여정이 더욱 기대되게 만드는 값진 경험이었습니다.

**코로나 팬데믹이 불러온 하락장세를 경험하고 '수미숨'이 정리한 실행 계획**

① **실행 계획 진행 조건:** 시장 지수가 10% 이상 떨어졌을 시 진행

② **실행 계획의 내용:** 보유 현금 및 배당주나 리츠주와 같은 방어주, 포트 내 비중이 낮은 성장주를 매도한 예수금으로 보유 종목 중 스스로 생각하는 확실한 성장주를 추가 매수

③ **실행 계획의 근거:** 큰 폭의 조정 이후엔 상승이라는 사이클이 반복되고 장기 우상향하는 미국주식 시장의 역사를 근거로, 오를 때 가장 많이 오를 수 있는 종목들에 비중을 실어 수익 극대화

④ **실행 계획의 구체적 전략 및 내용:**

  (1) 평소 성장주와 배당 방어주 및 현금의 비중은 70:30으로 함(성장주 70%, 방어주 및 현금 30%)

  (2) 적립식 투자금은 보유 종목들이 평균 매입 단가 이상의 주가를 기록할 때 추가 매수를 금지하고, 배당 킹이나 배당 귀족과 같은 안정적인 배당주나 고정배당 지급식 우선주, 달러 예수금의 비중 확대

  (3) 시장 지수가 10% 이상 하락 시 전체 방어주와 현금의 비중 중 일부를 포트폴리오 내 보유 성장주를 추가 매수하는 데 집행

  (4) 구체적으로 전고점 대비 −10%, −20%, −30%에 도달하는 시기에 맞춰 분할 매수, 방어주 및 현금성 자산의 20%, 30%, 50% 비중을 순차적으로 추가 매수하는 데 사용

  (5) 추가 매수 자금의 집행 순서는 〈① 보유 현금을 통한 매수, ② 상대적 변동성이 낮은 배당주 및 비중 낮은 성장주 매도 자금, ③ TLT, GLD 등의 음의 상관관계인 자산 매도 자금〉의 순서로 집행

  (6) 전고점 대비 시장이 −30% 이상 하락하여 전체 해외 포트폴리오에서 30%의 비중을 차지했던 '방어주 및 현금'을 모두 소진하고 성장주가 100%가 되면 적당한 레버리지를 활용하여 추가 매수 후 반등을 기다림

⑤ **실행 계획의 기대 효과:** 하락장에서 구간을 나눠 꾸준히 추가매수하는 종목은 회복 구간에서 높은 변동성을 바탕으로 빠르게 상승할 수 있는 성장성이 높은 종목이어야 함. 여기에 하락장에 가장 덜 떨어진 종목들을 팔아 더 많이 떨어진 종목들을 낮은 가격에 많이 매수할 수 있으므로 완전한 회복 구간에 진입했을 때 투자 성과가 극대화될 수 있을 것으로 기대함

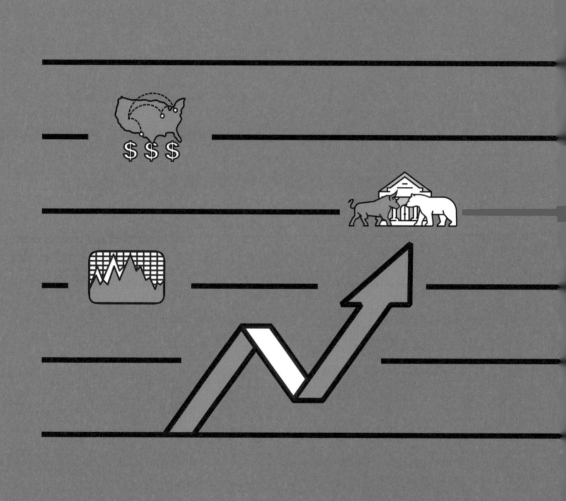

# Chapter 6

# 타이밍

# 언제 살까?

　대부분의 초보 투자자가 하는 실수 중 하나는 '마켓 타이밍'을 의식해 바닥을 찾으려고 한다는 것입니다. 최저점에 매수했다가 최고점에 팔아 최대의 시세차익을 꿈꾸지요. 그래서 초보자가 가장 많이 하는 질문이 '지금 이 주식 사도 되나요?', '이 주식, 싼 거 맞나요?' 등 타이밍에 관련된 것인데요. 그런데 우리가 마켓 타이밍을 알 수 있을까요? 지금이 시장 최저점이라고 생각해서 투자금을 모두 투입했는데 주가가 더 떨어질 수 있고, 저점에서 반등하는 것 같아 급히 큰 비중의 투자금을 넣었는데 이전보다 더 크게 하락하는 경우도 있습니다. 혹시나 운이 좋아 몇 번 저점 매수에 성공했더라도 항상 저점을 맞추기는 어렵습니다. 아무리 투자를 오래 한 고수라도 말이지요.

　투자 종목을 선택할 때 업종 대장주인가?, 배당을 10년 이상 꾸준히 올린 배당 성장주인가? 등 자신만의 여러 원칙을 정하는 것처럼 매수 시점에도 원칙이 필요합니다. 대표적인 매수 원칙으론 크게 두 가지로 ①가격과 상관없이 기계적으로 매수하는 방법과 ②'싸다'고 생각하는 시점에 매수하는 방법이 있습니다. 여기서 매수 빈도와 주가의 적정성에 대해서는 절대적인 기준은 없습니다. '투자 수익률에 도움이 되는 매수 빈도'와 '매수했을 시 마음이 편안한 가격'은 수많은 경험을 통해 스스로 찾아야 합니다. 스스로 찾아야 하는 건 알겠는데 어디서부터 시작해야 할지 모르겠다고요? 마음 편안한 가격은 각자 다르겠지만 그래도 조금이라도 더 싸게 살 방법은 없냐고요? 이번 장에서는 이런 물음을 던지는 독자들을 위해 처음 투자를 시작할 때 원칙을 세우기 위해 참고할 방법들과 조금이라도 싸게 살 확률을 높일 수 있는 팁들을 정리했습니다.

## ① 원칙 세우기

### (1) 기계처럼 일정하게 매수하는 'DCA 방식'으로 매수 원칙 세우기

투자를 시작한 지 얼마 되지 않은 분들에게 추천하는 방법 중 하나가 바로 '적립식으로 나눠서 매수하는 것'입니다. 적립식 분할매수법의 가장 대표적인 방법의 하나가 바로 달러 코스트 에버리징Dollar Cost Averaging, DCA 방식입니다. DCA 방식은 쉽게 말해 '정해진 금액'으로 특정 종목을 '가격과 상관없이' 정기적으로 매수하는 방식입니다. 예를 들어, S&P500 지수를 추종하는 대표적인 ETF 중 하나인 SPY를 매달 첫째 주에 1,000달러씩 기계적으로 매수하는 식이죠. DCA 방식의 이점은 크게 네 가지를 꼽아볼 수 있습니다.

**DCA 매수 방식의 이점**

1 | 효과적인 예산 수립 가능
2 | 단기적인 시장 상황에 흔들리지 않는 투자 계획
3 | 최적 매수 시점을 잡기 위한 시간과 노력의 절약
4 | 가격이 낮으면 주식을 더 많이 살 수 있다는 심리적 안정감

첫 번째 이점은 효과적으로 예산을 수립할 수 있다는 것입니다. 투자할 수 있는 기간과 금액을 정하면 연간 필요 투자금을 쉽게 계산할 수 있습니다. 예를 들어, 매월 500달러씩 투자하고자 한다면 연간 6,000달러가 예산으로 필요하게 되는 것이죠.

두 번째, 투자 금액과 기간을 설정했기 때문에 단기적인 시장 상황에 크게 영향을 받지 않는 이점이 있습니다. 매달 일정한 금액으로 투자자가 선정한 종목들을 매수하는 방식이므로 그 시점에 특정 종목을 더 싸게 사기 위해 고민하지 않게 됩니다. 즉, 매수하는 시점에 시장이 평소보다 더 하락하거나 더 상승하더라도 그냥 정해진 금액으로 매수 가능한 만큼을 사는 것이죠.

세 번째 이점은 최적의 매수 시점(흔히 말하는 '바닥')을 잡기 위해 들이는 시간과 노력을 상당 부분 줄여준다는 것입니다. 기계적으로 매수하므로 심리적으로 동요하거나 이 방식의 원칙을 잊지 않는 이상 고민하는 데 쏟는 시간과 노력은 거의 없다고 볼 수 있습니다.

마지막으로, 이 방식을 통해 투자자는 주가의 방향에 상관없이 자신에게 유리하게 생각하며 심리적 안정감을 유지할 수 있습니다. 본인이 처음 매수했던 주가에 비해 다음 달 매수 시점에 주가가 올랐다면 한 달 만에 주가가 올랐으니 그 자체로 좋은 것이고, 반대로 주가가 떨어졌다면 처음 샀던 주가

보다 싼 가격에 더 많은 주식을 살 수 있고 평균 매입 단가가 낮아집니다. 이렇게 주가가 오르든 내리든 투자자는 안정적인 심리적 상태를 유지하고 긍정적으로 생각할 수 있게 됩니다.

DCA 방식은 과학적으로 정교하게 만들어진 논리는 아니지만, 자신만의 투자 철학이 자리 잡지 못한 초보 투자자가 쉽게 이해하고 따라 할 수 있다는 장점이 있습니다. 또한, 주가 변동에도 심리적인 안정감을 유지할 수 있다는 이점으로 인해 많은 이들이 투자 초기에 활용하는 좋은 매수 방법입니다.

### (2) 특정 지표로 매수 가격 범위 정하기

가격과 관계없이 기계적으로 매수하는 것이 조금 불편하다고 생각하는 분도 분명히 계실 겁니다. '아니, 어떻게 가격을 안 보고 살 수 있지?'라는 생각이 들었다면 안심하세요. '나만의 매수 가능한 가격 범위'를 정할 때 참고할 수 있는 기준을 알려드리겠습니다. '52주 주가 범위 대비 현재 주가', 'PER 밴드', '시가 배당률', 이 세가지를 기준으로 매수 원칙을 세울 수 있는데요. 하나씩 알아봅시다.

### 1) '52주 주가 범위와 현재 주가를 비교'하여 매수 원칙을 세운다

첫 번째로 매수 기준을 잡을 때 유용하게 활용할 수 있는 방법은 52주(1년) 최고 가격, 최저 가격과 현재 가격을 비교하는 것입니다. 그런 뒤 '52주 최고점 대비 -20% 이상 하락 시 그 이하부터 매수 가능', '52주 최저점 대비 +20% 이상 상승 시 고평가 구간이니 매수 후 보류' 등 본인만의 매수 가능 구간과 조건을 미리 정해 놓는 것입니다. 보통 기업들은 1년 내내 상승만 하거나 하락만 하는 경우는 거의 없으므로 1년 기준으로 지나치게 많이 오른 상태면 조금 조정을 받을 것이 예상되고, 과도하게 하락한 경우에는 반등할 것을 기대하는 심리에서 이 같은 방식이 사용됩니다. 그러나 알아둬야 할 점은 본인만의 범위는 한 번에 정해지는 것이 아니라는 사실입니다. 고점·저점 대비 10%, 15% 등 다양한 구간에서 크지 않은 금액으로 여러 번 주식을 매수해 보며 나만의 매수 가능 시점을 정해야 합니다. 52주 가격 범위는 증권사나 다양한 사이트에서 제공하는 스크리너(필터링 도구)를 통해 어렵지 않게 확인할 수 있습니다. 아래 그림 CNBC.com 사이트를 통해 볼 수 있는 52주 신고가·최저가 대비 현재 가격의 화면에서처럼 말이죠.

[그림 6-1] 52주 가격 대비 현재 가격 비교

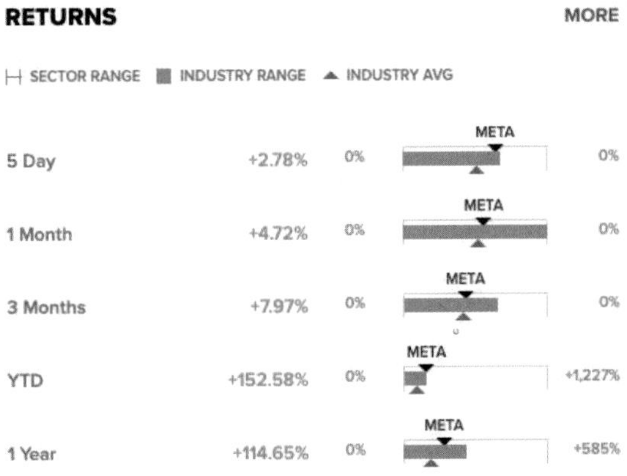

| RETURNS | | | | MORE |
|---|---|---|---|---|
| ⊢ SECTOR RANGE ▪ INDUSTRY RANGE ▲ INDUSTRY AVG | | | | |
| 5 Day | +2.78% | 0% | META | 0% |
| 1 Month | +4.72% | 0% | META | 0% |
| 3 Months | +7.97% | 0% | META | 0% |
| YTD | +152.58% | 0% | META | +1,227% |
| 1 Year | +114.65% | 0% | META | +585% |

출처: CNBC 사이트

## 2) 'PER 범위'를 활용하여 매수 원칙을 세운다

또 다른 기준으로는 기업의 주가수익비율Price Earnings Ratio,즉 PER이라는 지표를 확인하는 방법이 있습니다. PER은 주가Price를 주당 순이익Earnings Per Share으로 나눈 값을 말합니다. 어떤 기업의 1주당 가격이 $100인데 이 기업이 연간 1주당 $10의 순이익을 낸다면 이 기업의 PER은 10이 됩니다. PER을 확인할 때는 단순하게 개별 기업의 PER만 보는 것이 아니라 그 기업이 속해 있는 산업의 평균 PER과 경쟁 기업들의 PER을 함께 봐야 합니다. 업종과 기업의 성숙도 같은 요소에 따라 PER은 그 패턴과 수치가 다 다르게 나타나기 때문입니다. 따라서 산업의 평균 PER이나 경쟁 기업들의 평균 PER보다 해당 기업의 PER이 높다면 주당 이익 대비 주가가 높다는 뜻이기에 현재는 다소 고평가되었다고 볼 수 있습니다.

한편 PER을 확인할 때 12개월 선행 PERForward PER도 함께 확인해야 합니다. 보통 PER을 구할 때 '회사의 현재 주가/회사의 직전 연도 순이익'을 공식으로 쓰기 때문입니다. 즉, 과거 실적 추세가 미래에도 이어진다는 가정하에 구해진 수치이므로 앞으로 실적 추세가 달라진다면 해당 수치는 다소 부정확해질 수 있기 때문입니다. 그래서 통상적으론 애널리스트들이 추정한 향후 12개월간의 순이익으로 계산한 선행 PER 값과 현재 PER을 비교하여 앞으로 이 회사 실적이 좋아질지 나빠질지를 어느 정도 예상할 수 있습니다. 만약 현재 PER보다 선행 PER이 크다면 실적이 더 나빠질 가능성이 크다는 것을 의미한다고 볼 수 있죠. 이런 경우에는 현재 주가 자체가 낮아 보이더라도 미래엔 실적이 악화되어 주가가 더 낮아질 수도 있음을 생각하며 지금 주가가 정말 '저렴한 가격'인지에 대해 다시 한번 생각해 봐야 합니다. 물론 선행 PER은 어디까지나 예측치이기에 100% 신뢰할 수는 없지만, 대략적인 주가 수준의 감을 잡을 때 참고하면 유용한 지표가 될 수 있습니다.

PER은 기본적인 기업 지표 중 하나기 때문에 HTS, MTS 뿐만 아니라 야후 파이낸스, 구글 파이낸스 등 증권 정보 제공 사이트에서 종목 검색만 하면 바로 확인할 수 있습니다. 필자의 경우 12개월 선행 PER과 함께 확인하고 싶을 때 Finviz*를 가장 많이 이용합니다. Finviz 홈페이지에서 확인하고 싶은 기업을 검색하면 바로 아래처럼 P/E나 Forward P/E 같은 기업 정보를 한눈에 볼 수 있습니다.

[그림 6-2] Finviz에서 PER, Forward PER 확인하기

출처: Finviz.com

---

\*     https://finviz.com/

업종 PER의 경우 여러 사이트에서 확인할 수 있지만, 필자의 경우 Fidelity.com에서 제공하는 정보를 주로 참고합니다. Fidelity.com* 사이트에서 PER을 보는 방법은 다음과 같습니다.

- **Fidelity에서 업종 P/E 확인하기**

[그림 6-3] Step #01: Fidelity 메인 화면

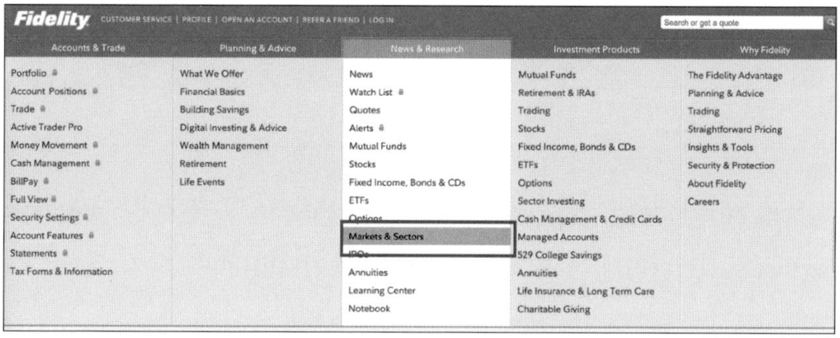

---

\*     https://www.fidelity.com/

## [그림 6-4] Step #01: Fidelity Markets & Sectors 화면

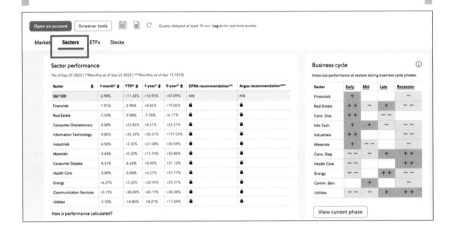

**Step #01:** Fidelity 메인 페이지 'News & Research' 탭에서 'Markets & Sectors'를 선택합니다. 이후 화면의 'Sectors'를 선택합니다.

## [그림 6-5] Step #02: 'Sectors' 화면

### Sector performance

*As of Sep-27-2023 | **Monthly as of Sep-22-2023 | ***Monthly as of Apr-13-1810|

| Sector ⬍ | 1-month* ⬍ | YTD* ⬍ | 1-year* ⬍ | 5-year* ⬍ | CFRA recommendation** | Argus recommendation*** |
|---|---|---|---|---|---|---|
| S&P 500 | -2.98% | +11.33% | +16.95% | +47.09% | n/a | n/a |
| Financials | -1.91% | -2.90% | +8.86% | +19.06% | 🔒 | 🔒 |
| Real Estate | -7.54% | -9.08% | -7.76% | +6.17% | 🔒 | 🔒 |
| Consumer Discretionary | -4.08% | +23.85% | +8.51% | +33.27% | 🔒 | 🔒 |
| Information Technology | -4.05% | +32.33% | +33.31% | +119.53% | 🔒 | 🔒 |
| Industrials | -4.50% | +3.32% | +21.08% | +30.44% | 🔒 | 🔒 |
| Materials | -3.44% | +0.20% | +15.74% | +32.86% | 🔒 | 🔒 |
| Consumer Staples | -4.31% | -6.64% | +0.40% | +31.12% | 🔒 | 🔒 |
| Health Care | -3.00% | -5.04% | +6.27% | +37.77% | 🔒 | 🔒 |
| Energy | +6.29% | +5.32% | +33.94% | +25.97% | 🔒 | 🔒 |
| Communication Services | +0.19% | +38.84% | +34.19% | +38.38% | 🔒 | 🔒 |
| Utilities | -5.10% | -14.85% | -14.21% | +17.04% | 🔒 | 🔒 |

**Step #02:** 'Sectors' 화면에서 검토하고 싶은 섹터를 선택합니다.

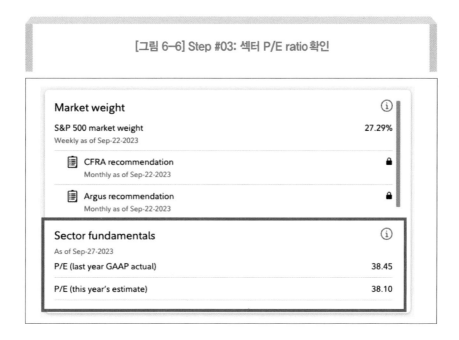

[그림 6-6] Step #03: 섹터 P/E ratio 확인

| Market weight | ⓘ |
|---|---|
| **S&P 500 market weight**<br>Weekly as of Sep-22-2023 | **27.29%** |
| 📋 CFRA recommendation<br>Monthly as of Sep-22-2023 | 🔒 |
| 📋 Argus recommendation<br>Monthly as of Sep-22-2023 | 🔒 |

| Sector fundamentals | ⓘ |
|---|---|
| As of Sep-27-2023 | |
| P/E (last year GAAP actual) | 38.45 |
| P/E (this year's estimate) | 38.10 |

**Step #03:** 섹터 화면 하단에서 섹터 P/E ratio를 확인합니다.

### 3) 배당주라면 '배당률 범위'를 기준으로 매수 원칙을 세우기

배당을 꾸준히 지급하는 기업이라면 오랜 기간 배당금을 지급해온 이력을 바탕으로 형성된 고유한 배당률* 범위(밴드)를 통해 고평가 및 저평가 여부를 판단할 수 있습니다. 배당금에 큰 변화가 없음에도 불구하고 현재의 배당률이 수년간 유지해온 평균 배당률 범위를 넘어선다면 해당 기업의 주가가 현재 저평가 혹은 고평가 영역에 진입했는지를 살펴봐야 합니다. 평균 배당률 범위보다 현재 배당률이 낮다면 지금껏 지급해오던 배당금에 비해 주가가 많이 올랐음을 나타내는 것으로 주가가 고평가 영역에 진입했다고 유추할 수 있습니다.

이해를 돕기 위해 실제 기업의 배당률 범위 사례를 함께 보실까요? 배당왕Dividend King의 대표 기업인 3M, 존슨앤드존슨, P&G의 최근 5년간** 배당률을 확인해봅시다.

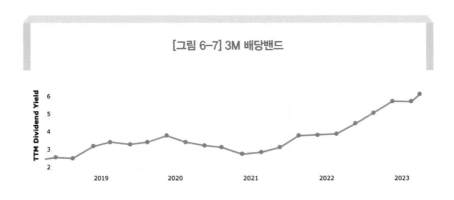

[그림 6-7] 3M 배당밴드

---

\*     배당률 = 연간 지급 배당금/주가
\*\*    개인의 성향에 따라 평균 배당률을 확인하기 위한 기간은 5년이 아니라 더 길게, 혹은 짧게 조정할 수 있습니다.

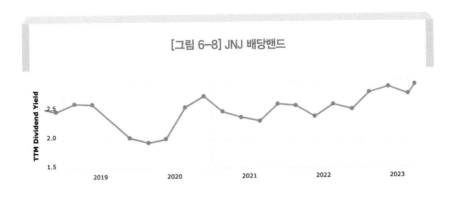

[그림 6-8] JNJ 배당밴드

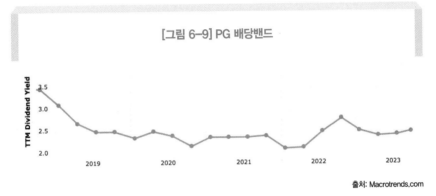

[그림 6-9] PG 배당밴드

출처: Macrotrends.com

3M의 경우 2~6%대, 존슨앤드존슨의 경우 2~3%대, P&G의 경우 2~3.5%
대의 배당률 범위를 보여주고 있습니다. 3M은 현재 6% 배당률로 배당 범위
상단에 있어 저평가되었다고 볼 수 있습니다. 즉, 3M의 경우 평소보다 주가
가 낮다고 볼 수 있습니다. 존슨앤드존슨도 역시 현재 배당률 3%대 근접으로
저평가라고 볼 수 있겠습니다. 반면 P&G는 2.5%로 그동안 보여왔던 평균적
인 배당률 범위에 머무르고 있으므로 현재 적정한 주가 수준에 있다고 볼 수
있습니다. 물론 이는 배당이라는 하나의 지표로만 주가를 판단하는 것이지
만 앞서 설명한 52주 주가 범위와 PER 범위라는 방법과 함께 활용한다면 배

당주를 매수할 때 보다 적절한 매수 타이밍을 파악할 수 있을 것입니다.

## ② 시장 변동성 활용하기

앞서 소개한 내용을 보고 '복잡하게 고민하고 생각하는 게 싫으니까 그냥 DCA 방식으로 기계적으로 사겠어!' 혹은 '특정 지표를 참고하여 매수 가격 범위를 정하고 그 범위를 벗어나는 종목들을 사겠어!'와 같은 매수 원칙을 정한 분들이 계실 겁니다. 이렇게 원칙을 정했다 하더라도 막상 사려고 하면 1달러 혹은 50센트라도 더 싸게 사고 싶은 게 사람의 마음입니다.

완벽하게 매매 타이밍을 맞추는 건 어렵지만 가격 변동성이 커지는 시점을 미리 파악해두고 잘 활용하면 조금이라도 더 좋은 가격에 살 수 있습니다. '한 달에 한 번 매수' 혹은 '최고점 대비 -20% 하락 시 매수' 등의 원칙을 정하고 지키되 '매수 일자'는 변동성이 클 시점 부근으로 잡는 것이죠. 변동성이 커지는 시점 직전에 투자금의 반을 사용하고, 시점 직후 가격이 변동된 뒤 나머지 투자금의 반을 마저 사용하는 방식을 예로 들 수 있는데요. 만약 예상했던 변동성이 반영된 이후 주가가 전보다 더 오른다면 이전에 미리 싼 가격으로 사 두었던 매수 물량이 평균 매입 단가를 낮추는 요소로 작용할 것입니다. 반대로 변동성 반영 이후 주가가 내린다면 남겨두었던 나머지 투자금으로 낮아진 가격으로 주식을 살 수 있기에 주가 변화에 심리적인 타격을 덜 입고, '조금이라도 더 좋은 가격에 사고 싶다!'라는 욕구를 조금이라도 해소할 수 있을 것입니다.

[그림 6-10] 변동성이 높아지는 시점 부근을 매수 타이밍으로 잡기

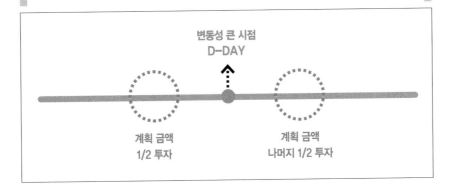

그렇다면 변동성이 높아지는 시점은 언제일까요? 하나는 '실적 발표 시즌'이고 다른 하나는 '기준 금리가 변할 때'입니다.[*]

### (1) 실적 발표 시즌

실적 발표 시즌은 상장 기업들이 분기별 실적 보고서를 발표하고 향후 실적에 대한 가이던스(예상치)를 제시하는 기간입니다. 일반적으로 각 분기의 마지막 달인 12월, 3월, 6월, 9월이 끝나고 1~2주가 지난 뒤 실적 발표 시즌이 시작됩니다. 즉 1월, 4월, 7월, 10월에 대부분의 상장 기업들이 분기 실적을 발표한다고 보면 됩니다.[**] 실적 발표 시즌의 공식적인 마감 기간은 없지만, 일반적으로 실적 발표 시즌이 시작되면 6주 이내에 대부분의 기업이 실

---

[*]   물론 이외에도 '주요 경제지표 발표일'이나 '경제 이벤트' 등 시장 변동성에 영향을 미치는 시점이 많습니다. 이 책 부록에는 주요 경제지표 발표일에 대한 최소한의 사항을 정리해 두었습니다. 초보자로서 어려울 수도 있는 내용이지만 알아두면 도움이 될 것입니다.

[**]  물론 회사마다 분기가 끝나는 시점이 다르기 때문에 해당 달 사이에도 여러 기업의 실적 발표가 있을 수 있습니다.

적 발표를 완료합니다. 실적 발표 시즌에는 기업들 뿐만 아니라 CNBC와 월 스트리트 저널과 같은 금융 미디어들도 각 기업의 실적과 시장 예상치를 비교하며 활발한 보도를 냅니다.

### 1) 시장의 기대에 부합하는지, 기업 가이던스가 어떤지 중요!

이 시기 투자자들은 개별 기업들의 실적과 가이던스를 통해 기업이 제대로 매출과 수익을 내고 있는지, 향후 성장할 수 있는지 등을 파악하며 투자 결정을 내립니다. 따라서 시장의 거래량이 많아지며 주가의 변동성이 높아지는 경향성이 있습니다. 예상치를 능가하는 실적과 긍정적인 전망으로 매수세가 강해져 가격이 오르거나, 실망스러운 실적에 매도 물량이 많이 나와 가격이 하락할 수 있지요. 특히 기업의 실적이 지난 분기 대비 잘 나왔는지 보다 시장의 예상치인 가이던스보다 잘 나왔는지가 주가에 더 많은 영향을 미치는데요. 그 이유는 현재의 주가가 시장의 예측치를 반영한 가격이기 때문입니다. 시장조사기관 FactSet에 따르면 최근 5년 동안 예상치보다 실적이 더 잘 나왔을 때 주가는 평균적으로 +0.9%가 상승했으나 예상치보다 실적이 못 나왔을 땐 평균적으로 -2.8%가 하락했다고 합니다.

비슷한 이유로 향후 기업의 실적 예측치인 가이던스 또한 중요합니다. 주식은 기본적으로 미래에 대한 기대를 반영하기 때문에 어떻게 보면 이미 과거 지표가 되어버린 지난 분기 실적 발표보단 기업의 미래를 나타내는 전망이 더 중요하기 때문입니다. 2020년 2분기 실적 발표 당시를 예로 들어보겠습니다. 아마존의 경우 전년 동기 대비 매출이 +26% 성장했고 시장 예

**가이던스**

기업의 매출액, 영업이익, 당기순이익 등 실적에 대한 예상 전망치. 보통 연간 또는 분기별로 나오며 연초에 연간 예상 실적을 제시하는 회사들이 많다.

상치를 상회*한 매출이 나왔음에도 불구하고 2분기 이익을 모두 기업의 성장이 아닌 코로나19 대응에 사용한다고 발표하자 주가가 무려 -7.6% 이상 하락했습니다. 적어도 3분기 실적은 좋지 않을 것이라는 시장의 실망감이 반영되었다고 할 수 있습니다.

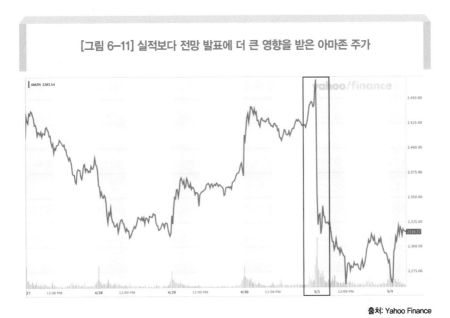

[그림 6-11] 실적보다 전망 발표에 더 큰 영향을 받은 아마존 주가

출처: Yahoo Finance

## 2) 실적 일정 확인하기

기업 실적 시즌에 왜 변동성이 커지는지에 대해 이해하셨다면 이제 기업별로 언제 실적을 발표하는지, 실적 내용은 어디에서 볼 수 있을지 알아보겠습니다. 기업들의 실적 발표 일정을 날짜별로 확인할 수 있는 사이트로는

---

\*    전망: $73.74B < 실제: $74.45B

'Earnings Whispers'*가 있습니다. 홈페이지에 들어가 보면 날짜별로 기업들의 실적 예상치, 실제 실적(EPS, 매출), 작년 동기 대비 성장률, 예상치 대비 실적 비교 등을 알 수 있습니다. 다만 23년부터 대부분의 기능이 유료 전환되었습니다.

■ **Earnings Whispers 이용하기**

[그림 6-12] Earnings Whispers 홈페이지 화면

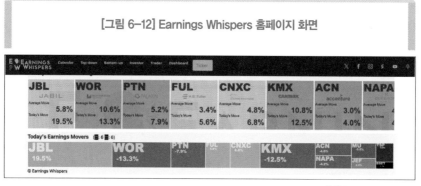

출처: EarningsWhispers.com

Earnings Whispers 홈페이지에서 기업들의 실적 관련 정보들을 다양하게 얻을 수 있으나 필자가 이용해보니 Earnings Whispers 트위터 계정을 통해서 캘린더를 다운로드하는 것이 가장 유용했습니다.** 해당 트위터 계정의 타임라인에서 실적 발표 시즌에 맞춰 주·일별로 실적 발표가 예정된 주요 기업들의 정보를 담은 캘린더를 무료로 볼 수 있습니다. 필자의 경우 실

---

\*    https://www.earningswhispers.com/calendar
\*\*   https://twitter.com/eWhispers

## [그림 6-13] Earnings Whispers 트위터

## [그림 6-14] Earnings Whispers에서 제공하는 주간 기업별 주요 실적 발표 일정

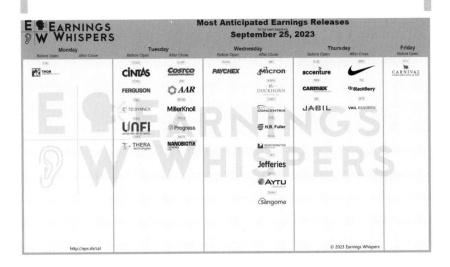

적 발표 시즌이 시작되기 전 주간 캘린더를 통해서 눈여겨볼 기업들을 확인하고 매수·매도 계획을 세우는 편입니다.

참고로 Earnings Whispers는 이메일로도 실적 발표 일정을 받아볼 수 있습니다. 사이트에서 이메일 주소를 등록하기만 하면 됩니다. 한국 시각으로 매주 토요일 밤에 다음 주 실적 발표를 앞둔 기업들의 목록과 각 기업의 실적 예상치를 확인할 수 있는 내용이 담긴 메일을 받을 수 있습니다.

[그림 6-15] Earnings Whispers에서 이메일 주소 등록하기

출처: EarningsWhispers.com

### 3) 실적 내용 확인하기

실적 발표 날짜를 알았으면 당일 실적을 확인하는 일이 남았습니다. 어떻게 기업들의 실적을 확인할 수 있을까요? 가장 정확한 방법은 기업 홈페이지에서 실적 발표 자료와 컨퍼런스 콜* 자료를 확인하는 것입니다. 홈페이지의 'Investors'**카테고리에서 자료를 확인하거나 구글에서 '기업명＋Investor

---

\* 상장사가 기관투자자와 증권사 애널리스트 등을 대상으로 자사 실적과 전망을 설명하기 위해 여는 회의
\*\* 상단 카테고리 혹은 홈페이지 하단에 위치합니다.

Relations'라고 검색하면 바로 관련 페이지로 접속할 수 있습니다. 아래는 애플의 홈페이지에서 기업 자료를 확인하는 방법의 예시입니다.

**[그림 6-16] 기업 홈페이지에서 실적 자료 확인하기**

출처: 애플 공식 홈페이지

그러나 실적 발표 자료는 숫자나 내용이 너무 많아서 보는 법에 익숙하지 않은 초보 투자자에겐 어려울 수 있습니다. 또한 실적의 세부 내용보단 단순하게 기업의 실적이 잘 나왔는지 여부만 확인하고 싶거나 항목별 주요 내용만 쏙쏙 뽑아 보고 싶을 수도 있는데요. 이럴 때 유용한 사이트가 바로 'AlphaStreet'*라는 사이트입니다.

### ■ AlphaStreet로 한눈에 실적 파악하기

해당 사이트에서는 기업들의 실적을 한 장의 인포그래픽**으로 볼 수 있기에 필자가 애용하는 사이트 중 하나입니다. 알파스트리트 뉴스에 접속하고 (https://news.alphastreet.com/) 실적이 궁금한 기업의 티커를 검색하면 손쉽게 기업의 실적을 시각적으로 확인할 수 있습니다.

---

\*    https://news.alphastreet.com/
\*\*   infographics, 정보, 데이터, 지식을 시각적으로 표현한 것을 의미합니다.

## [그림 6-17] AlphaStreet 홈페이지에서 티커를 통해 기업 실적 검색하기

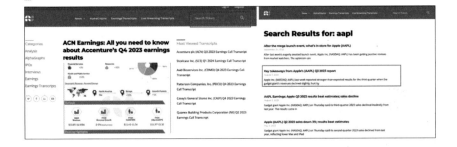

## [그림 6-18] AlphaStreet가 제공하는 기업 실적 관련 원 페이지 인포그래픽

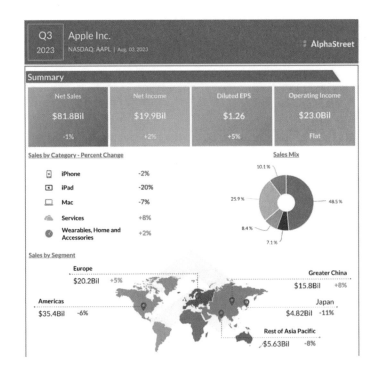

출처: news.alphastreet.com

## (2) 기준 금리 변동

실적 발표 시즌에 이어 변동성이 커지는 또 다른 이벤트는 '기준 금리 변동'입니다. 여기서 기초적인 내용이지만 금리에 대해서 짚고 넘어가야 할 것 같은데요. 금리는 돈을 빌려준 대가로 받는 이자 혹은 원금에 대한 이자의 비율입니다. 돈이라는 것도 하나의 투자 상품이라고 생각한다면 금리는 '돈의 가치, 돈의 수익률'이라고 생각하면 됩니다.

금리의 종류는 다양한데요. 그중에서도 '기준 금리'는 수많은 금리 중 중앙은행이 정책적으로 관리하는 금리를 의미합니다. 우리나라의 중앙은행 역할을 하는 미국 연방 준비제도(이하 '미 연준'으로 표기)에서 결정하는 '연방기금 금리'가 바로 기준 금리입니다. 기준 금리가 중요한 이유는 경제 주체들이 대출 시 적용받는 시중 금리가 기준 금리에 가산 금리 및 기타 조건이 더해지며 결정되기 때문입니다.

**시중 금리 = 기준 금리(연방기금 금리) + 가산금리\* + 기타 조건**

금리라는 것은 은행 등에서 흔하게 접하는 개념이지만 대체 경제와 시장에 어떤 영향을 주는 걸까요? 금리가 주가와 어떤 관계가 있는지, 시장 변동성에 어떤 영향을 미치는지 차근차근 알아봅시다.

---

\* 가산금리: 신용도 등 조건에 따라 덧붙이는 금리입니다. 신용도가 높아 위험이 적으면 가산금리가 낮아지고 신용도가 낮아 위험이 크면 가산금리는 높아집니다.

## 1) 기준 금리 변화와 주가

### 기준 금리를 올린다면?

만일 미 연준이 기준 금리를 올릴 경우 시중 금리도 높아져 개인과 기업은 돈을 빌릴 때 더 높은 금리를 적용받게 됩니다. 이렇게 올라간 금리는 대출이 있거나 향후 대출을 받아야 할 사람들이 지불해야 할 이자의 부담을 높여 가처분소득*을 줄어들게 만듭니다. 가처분소득이 줄어들면 자연스럽게 사람들은 꼭 필요한 물건만 사려는 경향이 강해지므로 전반적인 소비는 이전보다 줄어들고, 이는 소비 대상인 제품과 서비스를 생산하는 기업의 매출 하락으로도 이어질 수 있습니다. 그뿐만 아니라 기업들이 받은 대출 역시 금리가 올라가기 때문에 비용이 커져서 순이익에 영향을 받게 됩니다. 극단적인 경우 기업 운영 시 필요한 자금 조달에 어려움을 겪을 수도 있습니다. 새로운 사업을 시작하거나 확장하기 어려워질 수 있고 심지어는 구조조정을 단행할 수도 있습니다. 이는 기업에 결코 긍정적인 소식은 아니겠지요.

### 기준 금리를 내린다면?

반면 미 연준이 연방기금 금리를 내린다면 반대의 결과를 예상할 수 있습니다. 가처분소득이 늘어나면 필수품은 물론이고 사치품 소비도 늘어날 것이고, 낮은 모기지 금리로 주택 구매가 늘어날 수 있습니다. 전반적인 소비가 진척되는 것이지요. 기업들의 생산이 늘어나고, 낮은 금리로 빌린 돈은 더 많은 곳에 투자를 진행할 수 있습니다. 기업의 실적이 좋아질 것으로 예상되는 소식입니다.**

---

\* 　개인 소득 중 소비·저축을 자유롭게 할 수 있는 소득을 말합니다.
\*\* 　예외적으로 금융 섹터의 경우 금리가 변동할 때 다른 섹터와 반대로 움직이는 경향이 있습니다. 금융 섹터를

위와 같이 금리 변화가 경제 전반에 영향을 미치는 데는 적어도 12개월은 걸립니다. 하지만 주식시장은 미래에 대한 기대를 반영하기 때문에 금리 변화에 즉각적으로 반응을 보이는 경향이 있습니다. 금리가 상승하면 위 과정을 통해 향후 기업 매출과 이익에 부정적인 영향을 줄 것을 예상해서 주가가 하락하는 경향이 있고, 반대로 금리가 하락하면 기업 매출과 이익에 긍정적인 영향을 줄 것을 예상해서 주가가 상승하는 경향이 있습니다. 또한 금리는 한번 방향성이 정해지면 그 방향을 일관성 있게 유지하는 경향이 있기에 시장이 느끼는 환희와 공포는 더 크다고 볼 수 있습니다. 아래는 1990년부터 2020년까지 연방기금 금리의 추이를 나타낸 그림입니다. 금리를 인상하기 시작하면 무섭게 인상하고, 인하하기 시작하면 급격하게 내리는 것을 확인할 수 있습니다.

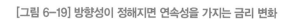

[그림 6-19] 방향성이 정해지면 연속성을 가지는 금리 변화

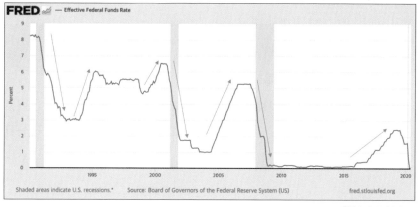

출처: fred.stlouisfed.org

---

구성하는 은행, 중개업, 모기지 회사는 금융소비자들에게 돈을 빌려주는 역할을 하는데, 금리가 낮아지면 대출 이자와 예금 이자의 차이인 예대마진이 줄어들어 이익이 줄어듭니다. 하지만 일정 시간이 지나면 금융기관은 줄어든 대출 이자만큼 예금 이자를 내려 예대마진을 금리 인하 전과 비슷한 수준으로 맞춥니다.

**시장의 경제 전망도 동시에 확인하자**

주식시장은 '금리 하락 시 주식시장은 상승, 금리 상승 시 주식시장은 하락'이라는 공식처럼 일차원적으로 움직이는 영역이 아닙니다. 왜냐하면 금리와 투자 및 소비는 서로 복잡하게 상호작용하고 경제 상황에 따라 변수들이 다르게 작용하며 이전과 다른 결과를 보여줄 수 있기 때문입니다. 금리가 낮아져 대출 이자가 줄어들었지만 향후 경제 전망이 부정적이라면 가계는 소비를, 기업은 투자를 늘리지 않으므로 주가도 상승하기 힘들 것입니다. 반대로 금리가 올라 대출 이자가 늘어났음에도 시장 참여자들이 향후 경제가 호황일 것으로 기대한다면 고금리에도 불구하고 대출을 통해 사업을 확장하고 더 많은 고용을 창출해 가계 소비도 늘어날 수 있습니다. 따라서 금리 변동과 함께 경제 상황에 대한 시장의 심리도 함께 확인해야 합니다. 실제로 2001년 미국에서는 IT 버블이 꺼지면서 경기가 나빠지자 기준 금리를 11차례나 인하했음에도 불구하고 주식시장은 계속 하락했습니다. 경제 상황이 워낙 좋지 않았기 때문에 시장은 경제에 대해 지속적으로 부정적인 전망을 했고 금리 인하가 큰 효과를 내지 못한 것이죠.

### 2) 기준 금리는 언제 정해질까?

위에서 금리와 주식시장의 관계에 관해 확인했다면 이제는 실제로 기준 금리가 언제 정해지는지에 대한 내용을 알아보겠습니다. 이 시기를 알아야 시장 변동성에 대해 미리 대비하고 변화할지도 모르는 방향성을 파악할 수 있는데요. 기준 금리는 연방공개시장 조작 위원회Federal Open Market Committee, FOMC로 표기에서 결정됩니다. FOMC는 미 연준의 최고 의사 결정 기구로 미 연

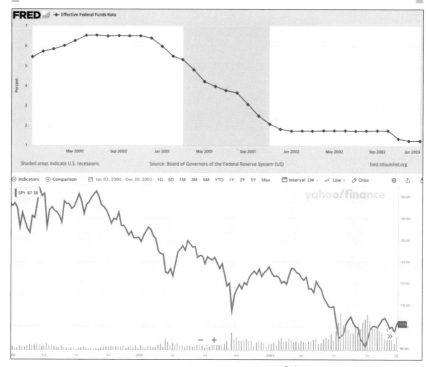

[그림 6-20] 11차례 금리 인하에도 불구, 하락하는 주식시장(2001년)

출처: fred.stlouisfed.org, Yahoo Finance.com

준은 법적 의무에 따라 1년에 8번 FOMC를 개최해야 합니다.* FOMC 회의에서 미국 정책금리 및 통화 정책 방향이 결정되는데요. FOMC 개최일과 회의록 등의 자료는 미 연준 홈페이지**에서 확인할 수 있습니다. 참고로 2023년의 개최일은 [표 6-1]과 같습니다.

---

\* 　사정에 따라 정기회의 외 수시로 열릴 수 있습니다. 회의는 비공개로 진행되며 회의 3주 후 회의록을 대중에게 공개하는 것이 원칙입니다. FOMC는 이틀간 진행되며 마지막 날 연준 의장의 발언으로 마무리됩니다.

\*\* 　https://www.federalreserve.gov/monetarypolicy/fomccalendars.htm

[표 6-1] 2023년 FOMC 일정

| 2023년 FOMC 일정 | |
|---|---|
| 1월 | 28~29일 |
| 3월 | 17~18일 |
| 4월 | 28~29일 |
| 6월 | 9-10일 |
| 7월 | 28~29일 |
| 9월 | 15~16일 |
| 11월 | 4~5일 |
| 12월 | 15~16일 |

### 3) FOMC에서 무엇을 확인할까?

그럼 회의 결과를 보고 무엇을 확인해야 할까요? 첫째, FOMC 개최 직후 금리 변화가 있었는지 확인해야 합니다. 둘째, 연준 의장의 발언을 통해 현재 연준이 바라보는 경제의 모습과 앞으로의 계획을 주시해야 합니다. 금리를 내리면 앞서 설명한 것과 같이 주가가 올라갈 확률이 높으나 만일 미 연준이 향후 경제 상황이 매우 악화될 것이라는 뉘앙스의 전망을 했다면 성장률 둔화를 우려하여 금리 변동 여부와 관계없이 시장은 하락할 확률도 있습니다. 단순 금리의 변화만 확인하는 것이 아니라 연준 의장의 발언 내용과 뉘앙스, 한 달 후 연준 홈페이지에서 공식적으로 발표되는* 연준 회의록에 기록된 금리 변화와 연준 정책의 배경과 맥락을 확인해야 하는 이유입니다.

---

\*    https://www.federalreserve.gov/monetarypolicy/fomc_historical.htm

미 연준 홈페이지에서 가장 정확한 자료를 확인할 수 있지만, FOMC는 워낙 중요하기 때문에 우리나라에서도 국내 언론사들이 즉각적으로 해당 내용을 다루고 해설하는 기사를 내므로 영어에 대한 부담을 덜어도 됩니다.

## FOMC는 어떻게 구성될까요?

FOMC는 7명의 연준 이사와 5명의 연방준비은행(이하 연준은행) 총재로 구성됩니다. 연준 이사는 대통령이 상원 승인을 거쳐 임명하며 임기는 14년이고 2년에 1명씩 교체됩니다. 연준은행 총재 중 뉴욕은행 총재는 당연직이며 4명의 연준 총재는 순번제입니다. 즉, 뉴욕 연준은행 총재는 매년 금리 결정 여부에 투표권을 행사하나 여타 지역 연준 총재는 돌아가면서 투표권을 행사하는 형태입니다. 순번제는 아래 4개 그룹당 1명씩 선출합니다.

A. 보스톤, 필라델피아, 리치몬드　　B. 클리브랜드, 시카고

C. 세인트루이스, 댈러스, 애틀랜타　　D. 캔자스 시티, 미니애폴리스, 샌프란시스코

### [그림 6-21] FOMC 구성

DC: 워싱턴 D.C
NY: 뉴욕
CLE: 클리브랜드
CHI: 시카고
PHI:필라델피아
RCH:리치몬드
BOS:보스톤
MIN:미니에폴리스
SF:샌프란시스코
KC:캔자스시티
DAL:댈러스
ATL:애틀랜타
STL: 세인트루이스

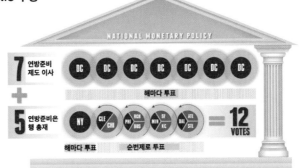

출처: Federalreserve.gov

2023년 기준, FOMC 구성원은 다음과 같습니다.

- Jerome H. Powell: 연방준비제도 이사, 의장
- John C. Williams: 뉴욕 연방준비은행 총재, 부의장
- Michael S. Barr: 연방준비제도 이사
- Michelle W. Bowman: 연방준비제도 이사
- Philip N. Jefferson: 연방준비제도 이사
- Lisa D. Cook: 연방준비제도 이사
- Christopher J. Waller: 연방준비제도 이사
- Adriana D. Kugler: 연방준비제도 이사
- Austan D. Goolsbee: 시카고 연방준비은행 총재
- Patrick Harker: 필라델피아 연방준비은행 총재
- Neel Kashkari: 미니애폴리스 연방준비은행 총재
- Lorie K. Logan: 델러스 연방준비은행 총재

# 언제 팔까?

## ① 섣불리 매도하면 안 되는 이유

### (1) 긴 상승장과 짧은 하락장

언제 살지에 대해 알아보았으니 이제 '언제 팔지'에 대해 알아봐야겠죠. 초보 투자자는 많이 오르면 '이제는 팔아서 이익을 실현해야 하나?', 혹은 '너무 많이 떨어졌는데, 지금이라도 팔아야 하나?' 등의 고민을 합니다. 어느 정도 수익이 났을 때 실현하고자 하는 마음이 드는 것은 당연하지만 단순히 가격이 오르고 내렸다는 이유로 기업의 상황을 검토하지 않은 채 매도한다면 얼마 지나지 않아 후회할 가능성이 큽니다. 역사적으로 보면 미국주식시장은 하락장보다 상승장이 더 길었고 상승폭 또한 더 컸기 때문입니다. 다음의 그림은 1929년부터 2020년 6월 30일까지 일별 미국 시장의 성과를 보여주는 것입니다. 불 마켓Bull Market 기간은 평균 2.7년이었고 해당 기간 평균 +111.7%의 상승을 보여준 반면 베어 마켓Bear Market 기간은 평균 9.5개월이었고 평균 -35.5%의 하락을 기록했습니다. 물론 모든 기업이 오래 보유한다고 해서 좋은 결과를 가져다주는 것은 아닙니다. 그러나 훌륭하고 위대한 기업의 지분을 확보했다면 단기적인 변동성에 휘둘리기보단 그 기업의 장기 성장성과 안정성을 믿고 오랜 기간 보유할 때 더 나은 성과를 기대할 수 있을 것입니다.*

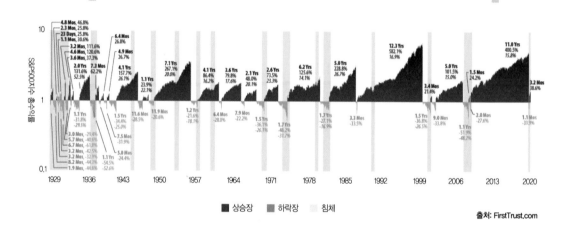

[그림 6-22] 긴 상승장, 짧은 하락장 (1929년~2020년 상반기)

■ 상승장   ■ 하락장   침체

출처: FirstTrust.com

---

* 장기 성장성을 가져가기 위해서 처음부터 좋은 기업을 잘 선정하는 것이 중요합니다. 앞서 제5장에서 소개한 개별주식 선정법을 잘 활용해서 장기보유 가능한 기업들을 선별하는 것이 중요하다는 것을 다시 강조합니다.

## 불 마켓과 베어 마켓이란?

**불 마켓** Bull Market

시장 지수가 전저점 대비 +20% 이상 상승하여 상당 기간 지속되는 시장으로 직전에 기록했던 고점을 계속 경신하며 상승하는 시장을 의미합니다. 주가가 오르는 형상이 황소 Bull 의 위로 솟은 뿔과 같다 하여 불 마켓이라는 이름이 생겨났다고도 합니다.

**베어 마켓** Bear Market

시장 지수가 최고점 수준에서 −20% 이상 하락하여 상당 기간 지속되는 시장을 의미합니다. 주가가 내리는 형상이 곰 Bear 의 내리찍는 손바닥 모양과 같다 하여 베어 마켓이라는 이름이 붙여졌다고도 합니다.

## (2) 주식분할과 배당의 힘

우량한 기업의 주식을 장기간 보유할 경우 '주식분할'과 '배당'이라는 이벤트로 기대 이상의 수익을 얻게 되기도 합니다. 예를 들어 스타벅스 SBUX 는 1993년부터 2015년까지 6차례에 걸쳐 2대 1 비율로 주식을 분할했습니다. 주식을 분할하면 주당 가격이 낮아져서 거래량이 활발해지는 경향이 있어 주가가 상승할 확률이 높은데요. 만일 1992년 스타벅스 상장 시 주당 $17로 100주를 투자했다면 추가 매수를 한 번도 하지 않았더라도 계좌에는 6,400주가 있을 것입니다. $1,700의 투자금은 $582,912*으로 약 34,289% 상승하

---

\*    2023년 9월 28일 종가 $91.08 적용

게 됩니다. 장기간 꾸준한 주가 상승과 6번의 주식분할이 만들어 낸 훌륭한 수익률이지요.

[그림 6-23] 스타벅스의 주식분할과 주가 상승이 불러온 훌륭한 수익률

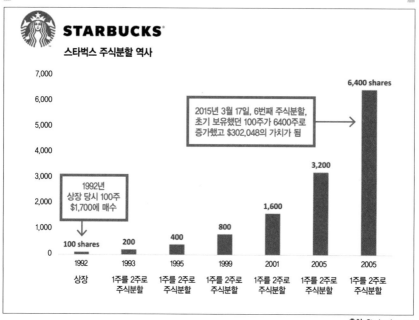

출처: Starbucks.com

더욱 놀라운 사실은 이것은 배당금을 제외한 수익률이라는 것입니다. 초기 성장주였던 스타벅스는 어느새 안정적인 현금흐름을 확보하며 2010년부터 배당을 주기 시작했고, 꾸준한 성장성을 바탕으로 배당금을 지속적으로 늘려주며 5년 동안의 연평균 배당 성장률이 무려 10.35%*나 될 정도인데요.

---

\* 　출처: Dividend.com, 2023년 기준

만약 2013년 10월 1일부터 2023년 9월 28일까지 10년 동안 스타벅스가 지급했던 배당금까지 포함하여 계산한다면 어느 정도의 성과가 나왔을까요? 배당 재투자 없이 초기 투자금 $10,000로 계산해보면 총 수익률 170.24%, 연평균 수익률 10.46%를 거둘 수 있습니다. 수령한 배당금을 스타벅스 주식을 사는 데 재투자했다면 어땠을까요? 10년 동안 배당을 받을 때마다 스타벅스를 추가 매수하는데 사용했을 경우 183.02%의 총 수익률과 연평균 수익률 10.97%를 거두게 됩니다. 이와 같은 스타벅스 사례는 우량주를 오랫동안 보유할 때 누릴 수 있는 주식분할, 배당, 배당 재투자의 위력을 보여주는 대표적인 사례라고 할 수 있습니다.

**[그림 6-24] 10년간 스타벅스 투자 시 수익률** (2013년 10월~2023년 9월)

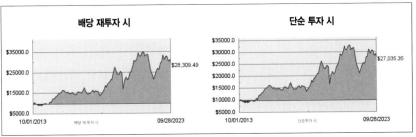

출처: Stocksplithistory.com

[표 6-2] 10년간 스타벅스 투자 시 배당 재투자 여부에 따른 수익률 비교*

| Category | 배당 재투자 시 | 배당 재투자 없이 |
|---|---|---|
| 시작 시점 | 2012년 3월 20일 | |
| 완료 시점 | 2022년 3월 17일 | |
| 투자 기간 | 10년 | |
| 초기 투자금 | $10,000 | |
| 시작 시점 시 1주당 주가 | $26.87 | |
| 완료 시점 시 1주당 주가 | $87.66 | |
| 시작 시점 매수 주식 수 | 372.16 | |
| 완료 시점 매수 주식 수 | 440.64 | |
| 한 주당 재투자된 배당금 | $10.67 | – |
| 총 수익률 | 286.27% | 265.95% |
| 연평균 수익률 | 14.47% | 13.86% |
| 완료시점 금액 | $38,615.00 | $36,606.43 |

정리하자면, 기본적으로 우량주는 장기적으로 우상향할 확률이 높습니다. 그리고 주가가 올라가는 과정에서 보다 활발한 거래를 위해 '주식분할'이라는 이벤트가 등장할 수도 있습니다. 성장하는 과정에서 안정적인 현금흐름을 확보하게 되면 주주에게 배당을 지급하게 되는데 기업이 계속 성장한다면 1주당 지급하게 되는 배당금 또한 점점 증가하게 됩니다. 이렇게 '주식분할', '배당 지급', '배당 성장'이라는 요소가 합쳐지면 상상 이상의 엄청난 수익을 거둘 수 있는 것이죠. 따라서 우량주일수록 오래 가져가는 것이 유리할

---

* Stocksplithistory.com에서 확인 가능합니다.

확률이 높기 때문에 주식을 매도하고자 할 때 이 주식을 지금 팔아야 하는 이유가 있는지 다시 한번 확인해야 합니다. 매수할 때와 마찬가지로 매도에도 나만의 원칙이 있어야 한다는 의미입니다.

## 주식분할이란?

주식분할stock sptit이란 기업이 전체 시가총액에는 영향을 주지 않으면서 주식 수를 늘리는 것입니다. 2대 1 주식분할을 단행하면 한 주당 주가는 1/2로 낮아지고, 유통 주식 수는 2배로 늘어납니다. 기업이 주식분할을 통해 가장 확실하게 기대할 수 있는 효과는 주당 가격을 낮춰 투자자가 전보다 더 낮은 가격에 주식을 살 수 있도록 한다는 부분입니다. 따라서 주식분할 자체가 이론적으로는 시가총액에 영향을 미치지 않으나, 투자자의 접근성을 높이고 거래량을 늘려 주가 상승에 긍정적으로 작용할 수 있다고 볼 수 있습니다. 구글의 모회사 알파벳이 1/20, 아마존이 1/20로 각각 2022년 7월, 6월에 주식분할을 진행한다는 발표 이후 해당 주가가 상승했던 것이 대표 사례입니다.

## ② 잠깐! 매도 전에 확인합시다

우리는 어떤 상황에서 보유 주식의 매도를 생각할까요? 매수했던 기업의 주가가 생각 이상으로 올라서 차익 실현을 고민하는 상황도 있겠지만 대부분의 초보 투자자들은 주가가 많이 하락했을 때 매도하고자 하는 욕구가 높아집니다. 더 떨어지면 어쩌나 하는 공포가 가득한 시점이라 이성적인 사고보다는 감정에 휩쓸려 매도 버튼을 누르는 경우가 종종 생기죠. 그러나 사전에 '매도 전 체크리스트'를 만들어두고 이를 활용한다면 객관적이고 이성적인 판단을 통해 실수를 줄일 수 있을 것입니다.

## 체크리스트 #01: 매수한 기업들의 '매도 기준과 원칙'을 정했나요?

우리는 보통 주식을 매수하는 것에만 집중하고 매수한 기업을 매도할 때는 소홀한 경향이 있습니다. 그러다 보니 주가의 변동성이 심해졌을 때 '음, 지금 고점이 아닐까?', '너무 떨어졌네, 지금이라도 팔아야 하나?' 등의 일시적인 감정이나 기분에 따라 매도해버리는 실수를 저지르는데요. 이 같은 실수를 방지하기 위해선 사전에 명확한 나만의 매도 기준을 정해둬야 합니다. '기간 대비 목표 수익률을 초과 달성했을 때는 매도'라든가 '매수 시점 대비 -20% 이상 하락할 경우 손절'과 같이 미리 매도 기준을 정해두는 것입니다. 여기에는 정해진 방식이나 공식이 있는 게 아니기에 스스로 투자를 해나가며 정교하게 만들어 나가야 합니다. 본인이 정한 매도 원칙은 자주 볼 수 있는 스마트폰 메모장이나 SNS 등에 기록으로 남긴 후 수시로 확인하며 원칙을 지켜나갑시다.

## 체크리스트 #02: 매도해야 할 때를 대비해 '우선순위'를 정해두셨나요?

결혼이나 주택 구입, 이사 등의 이유로 당장 자금이 필요한 상황이라면 당연히 주식을 매도해야 할 것입니다. 그러나 이런 경우에도 모조리 다 매도하는 것이 아니라 '우선순위'를 정하여 가장 가치가 낮다고 여겨지는 기업부터 매도해야 합니다. 앞서 말했던 것처럼 장기적으로 우상향할 것으로 예상되는 우량주는 가장 나중에 매도하는 것이 좋겠지요. 필자의 경우엔 이런 상황에서 성장성이 상대적으로 약한 기업의 주식, 확신이 크지 못한 주식부터 매도합니다. 이렇게 매도할 때에도 미리 순서를 정해두면 자금이 필요해 매도해야 하는 상황에서 좀 더 현명한 선택을 할 수 있습니다.

### 체크리스트 #03: '매수 아이디어'가 여전히 유효한가요?

보유 종목들을 매도해야 할 시점에는 매도 자체에만 집중한 나머지 그 종목을 왜 사기로 결정했는지를 까맣게 잊곤 합니다. 이런 상황일수록 왜 매도해야 하는지 이유를 확인하는 것과 동시에 왜 매수했는지를 재점검하는 과정도 필요한데요. 처음 매수할 때 고려했던 아이디어들이 사라졌거나 훼손됐다면 더이상 해당 주식을 보유할 이유가 없겠지요. 꾸준히 배당을 받기 위해 매수했는데 회사 상황이 어려워지며 배당금을 삭감하거나 배당을 중단했을 때가 매수 아이디어가 훼손된 사례로 볼 수 있습니다. 성장주의 경우 높은 성장률을 기대하며 매수했으나 경쟁사에 시장 점유율을 자꾸 빼앗기며 도태된다면 더 이상 해당 기업을 보유할 이유가 없겠죠. 그러나 이처럼 보유 기업들의 매수 아이디어가 사라지거나 훼손된 것이 아니라면 매도하기 전 한 번 더 질문해 봅시다. '지금 꼭 매도해야 하는 기업일까?'라고요.

## ③ 매도 시 유용한 팁 2가지

매도 전 체크해야 할 사항들까지 모두 확인했다면 마음 편하게 매도하는 일만 남았겠지요. 마지막으로 매도할 때 참고하면 좋을 두 가지 팁을 공유하겠습니다.

### Tip 1: 분할 매도, 변동성 이용하기

매수와 마찬가지로 매도할 때도 분할하여 매도하는 것을 잊지 마세요. 앞서 설명했던 시장의 변동성이 커지는 시점인 '실적 발표 시즌'과 '기준 금리 관련된 이벤트' 시점을 이용해서 시점을 나눠 매도한다면 한 시점에 모든 주식을 파는 것보다 조금 더 나은 성과를 기대할 수 있습니다. 또한 한 번에 전부 팔아버리고 나서 얼마 지나지 않아 주가가 오르면 투자자는 후회를 하게 됩니다. 그런데 분할하여 매도할 경우 오른 주식 가격으로 나머지를 팔면 되기에 투자자는 심리적인 안정감을 유지할 수 있습니다.

### Tip 2: 계좌 분할도 방법이다

좋은 기업을 선별하여 매수한 뒤 오랫동안 보유하라는 교과서적인 말은 누구나 다 이해하고 공감합니다. 하지만 이것을 잘 알고 있더라도 중간중간 끊임없이 느껴지는 지루함은 투자의 엄청난 장애 요소이자 극복 대상입니다. 우량한 기업을 보유하면 주가가 올랐을 때 매도하여 수익을 실현하고 싶은 욕구가 끊임없이 생기고, 주식을 사고파는 행위 그 자체가 주는 재미를 느끼고 싶어 무의미한 매매를 하게 만드는 유혹이 계속 찾아옵니다.

이처럼 매수 후 보유하는 동안 찾아오는 지루함과 유혹을 이겨내기 위한 하나의 대안으로 여러 개의 계좌를 만들어 운영하는 방법이 있습니다. '매수 후 보유용', '단기간 사고팔기용', '은퇴용 계좌' 등 목적에 따라 여러 계좌를 개설하는 것입니다. 이렇게 할 경우 수익 실현 욕구나 매매의 재미를 느끼고 싶은 유혹은 전체 투자금 중 일부로만 운용하는 서브 계좌에서 해소함으로써 많은 투자금이 들어있는 메인 계좌에서 불필요한 매매를 방지하는 효과가 있습니다.

**독자들과 나누고픈 소중한경험**

# 애나정 씨! 미국주식투자를 시작하고 어떤 점이 변했어요?

많은 분들이 20대 중반부터 투자를 시작한 저에게 일찍 투자를 시작한 만큼 복리효과를 제대로 누리 겠다며 부럽다고들 하십니다. 저 역시 복리효과의 중요성을 알기에 남보다 일찍 투자를 시작했다는 것에 대해서 만족스럽지만 사실 제가 투자를 통해 얻은 최고의 성과는 '삶을 대하는 태도가 변한 것' 이 아닐까 싶습니다.

**절약하고 가치를 비교하는 습관이 생겼습니다.**

무슨 일이 있어도 매달 스스로 정한 금액은 투자하기로 한 저와의 약속을 지키기 위해 절약하는 습 관이 생겼습니다. 투자를 시작하고부터는 어떤 물품이나 서비스를 소비하려 하다가도 그것의 가치를 자연스럽게 주식과 비교하게 되었습니다. '스타벅스 커피 마실 돈으로 스타벅스 주식을 사자', '내가 사고 싶은 이 가방, 한두 번 들면 바로 질리겠지만 이 돈으로 애플 주식을 사면 배당금도 받을 수 있 다'라는 식으로 말이지요. 시간이 지날수록 가치가 하락하는 소비재에 돈을 '소비'하는 것보다 시간이 지날수록 가치가 높아지는 좋은 주식에 '투자'하는 것에 더 큰 기쁨을 느끼는 사람으로 변해가고 있 습니다. 자연스럽게 절약하는 습관을 넘어 현명한 소비 기준이 생기게 된 것입니다.

**평소보다 더 부지런해졌습니다.**

투자를 시작하면 공부할 것이 참 많습니다. 책도 읽고 강의도 들어야 하지만 무엇보다 그 정보를 스 스로 소화하는 과정이 필요했지요. 직장인 투자자라서 하루에 쓸 수 있는 시간은 한정적이었습니다. 야근, 회식까지 있는 날이면 공부할 시간도 없고 지치고 피곤했죠. 그렇지만 '하루에 2시간은 공부하 자!', '적어도 하루에 보고서 1개는 읽자!' 등 저만의 목표를 세우고 매일 달성하려고 노력했습니다. 업 종 및 기업 공부부터 투자 과정 기록, 생각 정리까지 공부하고 정리해야 할 내용이 많았기 때문에 시간을 세세하게 쪼개서 집중해야 했는데요. 이런 과정을 통해 시간을 좀 더 잘 관리하며 효율적으로 사용할 수 있게 되었습니다.

## 세상에 대한 관심과 호기심이 많아졌습니다.

개인적으로 스스로 가장 많이 변했다고 느끼는 부분입니다. 저는 원래 좋아하는 분야 외에는 굳이 관심을 가지지도, 알려고도 하지 않았습니다. 그러나 미국주식 투자를 시작하면서 저절로 세계 경제와 미국 역사를 공부하게 되었습니다. '왜 반독점법이 이슈가 될까?', '기축통화로서 달러는 어떤 역할을 하는가?', '왜 연방준비위원회가 중요한가?', '유대인이 미국 사회에서 차지하는 역할은?' 등 단순히 기업 공부를 넘어서 역사와 사회, 문화 같이 다방면으로 공부를 하게 되었습니다. 또한 생활의 모든 부분을 투자와 연결 지으려는 습관이 생겼습니다. 주말에 놀러 나가더라도 내가 투자하고 있는 애플 스토어에 사람들이 얼마나 몰리는지 살펴보게 되고, 마트를 가더라도 상품의 제조업체를 확인하며 내가 투자한 회사의 제품인지 확인하게 되었습니다. 이런 관심과 호기심이 많아지며 투자 이전에 종종 찾아왔던 무기력함이나 지루한 감정을 많이 극복하게 되었습니다.

단순히 돈을 벌고 싶어 시작했지만 투자를 통해 저는 성격도, 삶에 대한 태도도 달라지며 많은 기회를 얻게 되었습니다. 회사 생활만 했더라면 절대 뵙지 못했을 분들과 해외주식 투자로 인연을 맺으며 투자와 삶에 대한 많은 인사이트를 얻었습니다. 또 300명이 넘는 청중 앞에서 강연할 기회도 얻었으며 이렇게 책도 쓰게 되었네요.

저는 항상 운이 좋았다고 생각합니다. 그러나 '운'이라는 것도 일단 뭐라도 시작해야 오는 것입니다. 아직까지도 '미국주식은 너무 어렵다.' 혹은 '새벽까지 시장을 지켜봐야 하는 것 아니야?'라며 미국주식투자를 시작하길 망설이고 있다면 투자를 시작한 뒤 삶에 대한 태도가 바뀐 제 이야기를 떠올리며 한번 도전해 보시는 건 어떨까요?

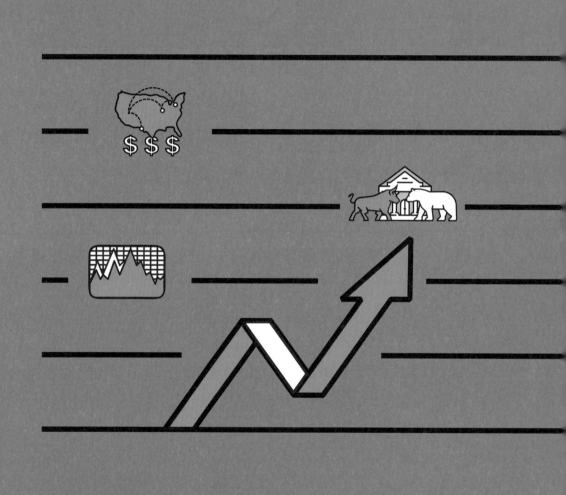

# Chapter 7

# 꼭 새겨야 할
# 투자 마인드

# 1주씩
# 일단 사보자!

주식 투자가 처음인 사람들이 오랫동안 투자 세계에 머무르며 좋은 성과를 거두기 위해 가장 필요한 것은 뭘까요? 세계 경제의 흐름, 산업과 기업에 대한 분석 능력, 기업을 바라보는 날카로운 시선, 다가올 세상에 대한 상상력과 반짝이는 인사이트 등 여러 요소들이 필요하겠지만 제일 중요한 건 투자자 자신이 어떤 성향을 갖고 있으며 어느 정도의 기간 동안 어떤 목적을 갖고 투자를 하는지와 같은 '자신만의 투자 철학과 원칙'입니다.

투자의 세계엔 헤아릴 수 없이 많은 변수가 복합적으로 작용하고 있으며 이는 시장에 변동성이라는 결과로 나타납니다. 변동성에 대해 자신만의 철학과 원칙을 갖고 대응하는 투자자는 어떤 상황에서도 본인이 정한 방식대로 투자를 이어나갈 수 있지만 그렇지 못한 투자자는 시장의 분위기와 소음에 휘둘려 큰 손실을 보거나 시장에서 물러나게 됩니다. 그래서 이번 장에선 투자하는 데 꼭 필요한 자신만의 투자 원칙과 철학을 정립하고 극심한 변동성에서도 흔들리지 않고 평정심을 유지하는 데 도움이 될 수 있는 '투자를 시작하기 전 가지면 좋을 마음가짐'에 대한 내용을 소개하겠습니다.

대부분의 투자자는 어떤 이유로든 특정 기업에 매료되어 해당 기업에 관해 다양한 정보를 찾아본 후 그 기업 주식을 사야겠다는 마음을 먹게 됩니다. 하지만 당장이라도 매수 버튼을 누를 것 같았던 마음은 최근의 주가 흐름을 보곤 조금 기다렸다가 지금보다 더 주가가 내려가면 사야겠다는 마음으로 바뀌게 되는데요.

## 마켓 타이밍에 대한 효용성

이전 장에서 마켓 타이밍을 재는 것보다 자신에게 맞는 매매 원칙을 세우는 게 중요하다는 것을 설명했습니다. 그러나 마켓 타이밍에 대한 의심이 조금이라도 남아있는 독자를 위해 한 번 더 강조합니다. 저점을 잡기 위해 마켓 타이밍을 노리는 것은 시간 낭비입니다.

주식 시장의 해묵은 논쟁거리 중 하나가 바로 '마켓 타이밍'에 관한 내용입니다. 오랜 기간 쌓여온 데이터와 고도화된 기술을 활용하여 최적의 타이밍을 잡는다면 높은 수익률을 얻을 수 있다는 진영과 마켓 타이밍을 잡는 것은 신의 영역이므로 그것을 위한 노력과 시간을 다른 부분에 쏟아야 한다는 진영은 각자의 논리를 바탕으로 마켓 타이밍에 관한 주장을 펼칩니다. 어느 진영의 논리가 더 설득력이 있는지에 대한 판단은 어디까지나 투자자의 몫이지만 다음에 소개하는 사례를 읽는다면 대부분 비슷한 판단을 할 것입니다.

## 극단적인 두 사례 비교를 통한 마켓 타이밍의 효용성

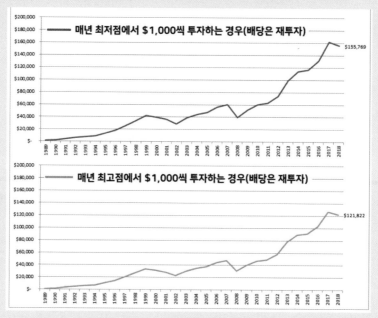

[그림 7-1] 매년 $1,000씩 30년 동안 S&P500 지수에 투자하는 두 가지 경우

출처 : Albert Bridge Capital, "THE FUTILITY OF MARKET TIMING"

1989년 기준으로 25살인 메리와 찰스는 30년 동안 매년 1,000달러를 S&P500에 투자하기로 한다. 메리는 30년 동안 매년 그해의 가장 주가가 낮았던 날만을 골라 1,000달러를 투자했고, 찰스는 매년 그해의 가장 주가가 높았던 날만 골라서 투자를 했다. 참고로 30년 연속으로 가장 좋은 날(혹은 가장 나쁜 날)을 고를 확률은 (1/253)^30, 즉, 1,240 다음에 0이 69개나 붙은 숫자 분의 1이다. 한 마디로, 마켓 타이밍에 대한 효용성을 검증하기 위해 실제로 일어나기 힘든 가장 극단적인 두 가지 케이스를 비교한 사례라고 할 수 있다.

총 투자 기간 30년, 투자 원금 3만 달러를 두 가지 케이스로 나눠 실제 과거 데이터를 바탕으로 계산해보면 매년 가장 저점에서 샀던 메리의 계좌엔 155,769달러가, 매년 가장 고점에서 샀던 찰스의 계좌엔 121,822달러가 남아있게 된다. 너무나도 완벽한 선택을 매년 해왔던 메리와 같은 기간 완벽하게 잘못된 선택을 해왔던 찰스의 성과는 약 22%밖에 차이가 나지 않음을 알 수 있다. 30년이란 기간을 10년으로 수정하더라도 두 사례의 결과는 약 20% 내외의 수준에서 크게 벗어나지 않는다.

'약 20% 내외'라는 투자 성과 차이는 크다면 크고 작다면 작을 수 있지만 30년이라는 긴 기간 동안 실제로 일어나기에 불가능에 가까운 극단적인 사례라는 점을 감안한다면 마켓 타이밍이 투자 성과에 큰 효용이 있다고 주장하기엔 다소 무리가 있다고 볼 수 있다.

투자에서 마켓 타이밍이 중요하지 않다거나 무시해도 된다는 의미로 오해해선 안 됩니다. 다만 마켓 타이밍을 잡기 위해 투입하는 노력과 시간 대비 얻는 보상의 크기를 생각한다면 투자 성과에 더 많은 영향을 줄 수 있는 다른 부분에 에너지를 투입하는 것이 낫다는 게 마켓 타이밍에 관한 토론과 연구의 결론이자 중론입니다.

## 싼지 비싼지는 점을 하나라도 찍어야 알 수 있다

환율이든 주가든 분석을 통해 정확한 가치를 산출해 낼 수 있다면 가치 대비 현재 가격의 수준을 판단할 수 있지만 이제 막 투자를 시작하는 투자자 입장에서 너무나도 먼 미래의 이야기입니다. 투자자의 행동에 따른 결과는 시간이 흐르면 자연스럽게 나타나게 됩니다. 내가 매수한 가격을 기준으로 향후의 주가를 봐야만 싸게 샀는지 아니면 비싸게 샀는지를 알 수 있죠. 따라서 막연하게 지금보다 조금이라도 더 싸게 사려고 기다리거나 그동안 주가가 많이 올랐으니 곧 떨어질 거라는 단순한 생각으로 매수를 주저하기보단 일단 소액으로 여러 기업의 주식을 1주씩이라도 매수하여 '기준점'을 잡아야 합니다. 총투자금 대비 아주 적은 금액만큼을 더 싸게 사기 위해 마켓 타이밍을 재기보다는 당장 체결 가능한 가격으로 매수한 후 다음 단계를 준비하는 것이 전체 투자 성과에 훨씬 도움이 될 것입니다. 어차피 사는 시점에서는 가격에 대한 정확한 평가가 불가능합니다. 내가 산 가격보다 더 오르면 싸게 잘 산 것이고, 그보다 더 떨어진다면 비싸게 산 것이기에 낮아진 가격으로 더 사면 됩니다. 그러니 마켓 타이밍에 대한 고민보단 주식이든 환전이든 작은 점부터 하나라도 찍어봅시다!

# 꾸준히 적립식으로
# 투자하자!

## 02

투자금을 투입하는 방식은 크게 ①목돈을 한번에 투입하는 거치식 형태와 ②일정 기간마다 꾸준히 투자금을 넣는 적립식 형태가 있습니다. '두 방식 중 어떤 방식이 더 좋냐?'라는 질문에는 '누가 투자하냐에 따라 다르다'라고 답할 수 있습니다. 뛰어난 분석력을 바탕으로 시장에서 저평가된 주식을 선별할 안목과 실력이 있는 투자자는 가장 저평가된 기업에 거치식 형태로 투자하여 수익을 극대화할 수 있습니다. 하지만 아직 실력이 없는 입문 단계의 투자자라면 수익을 극대화하는 데 초점을 맞추기보단 투자금을 잃지 않는 것에 집중해야 합니다. 이럴 때 가장 적합한 방법이 바로 '적립식 투자'입니다.

# 투자에 실패하는 이유 3가지

처음 투자를 시작하거나 투자 경험이 짧은 투자자들에게선 ①기업에 대한 제대로 된 이해가 부족하고 ②매수한 기업에 대한 본인만의 명확한 투자 아이디어가 없으며 ③자신만의 투자 원칙과 철학이 정립되지 않았다는 공통점을 발견할 수 있습니다.

이런 세 가지 부족함이 지속될 경우 결국 변동성을 이기지 못하고 이리저리 휘둘리다 실패로 귀결될 확률이 높습니다. 그렇다고 이런 부족한 부분을 채워 넣을 때까지 투자를 마냥 미룰 수도 없는 노릇입니다.

## 같은 공부, 다른 결과

부족함을 채우기 위해선 결국 시장에서 부딪히며 배울 수밖에 없습니다. 실전 투자에서 다양한 경험을 하고 거기서 얻는 교훈을 자기 것으로 만들어야 하지요. 그런데 투자는 충분히 준비된 후에 하겠다며 모의 투자부터 하겠다는 분들이 계십니다. 이런 분들은 소액이라도 실전 투자를 하는 사람과 비교했을 때 같은 공부를 하더라도 학습 효과는 판이하게 다릅니다. 자신이 힘들게 벌고 어렵게 모은 소중한 투자금이 들어간 사람은 그 돈을 잃지 않으며 수익을 내야 한다는 목적의식이 뚜렷하기 때문에 투자 공부를 할 때의 마음가짐이나 시장이 주는 경험을 받아들이는 태도부터가 다르기 때문입니다.

## 적은 금액부터 적립식으로 꾸준히!

적당한 초기 투자금의 범위는 사람마다 다릅니다. 의욕이 넘쳐 너무 큰 금액으로 시작할 경우 그 자금을 혼자 운용하기 부담스러울 것이고, 반대로 너무 적은 금액이라면 투자에 관심을 두기가 힘들기 때문에 전체 자산 규모를 감안하여 적당한 수준을 스스로 정해야 합니다. 이렇게 초기 투자 금액을 정했다면 다음은 매달 적립식으로 투자할 금액을 정해야 합니다. 적립식 투자는 매달 일정한 금액으로 해도 되고, 상황에 맞춰 금액을 자유롭게 해도 됩니다. 중요한 것은 매달 적립식으로 투자하는 것을 습관화하여 꾸준히 지켜나가는 것입니다.

초기 투자금과 매달 적립식 투자금을 정했다면 이제 투자할 종목들을 골라야 합니다. 처음 투자를 시작하면 사고 싶은 종목들이 눈에 참 많이 들어옵니다. 이것도 좋아보이고 저것도 좋아보이죠. 초기 투자금은 제한되어 있으므로 그중 가장 매력적인 기업들을 선별한 뒤 해당 기업들의 주식을 비슷한 금액으로 나눠 매수하는 게 가장 일반적입니다. 이렇게 최초 매수를 마친 후 시간이 흐르면 자연스럽게 보유 종목들의 주가엔 변동이 나타나게 됩니다. 이때 하락폭이 큰 종목이 있다면 매달 적립식 투자금 중 일부를 활용해 추가 매수하여 평균 매입 단가를 낮춰줍니다. 만약 보유 종목 대부분이 수익을 내고 있거나 매수가격과 큰 차이가 없다면 적립식 투자금으로 새로운 종목을 편입하거나 현금 비중을 확보하는 것도 좋은 방법입니다.

## 부족함을 채워나갈수록 높아지는 성공 확률

돈을 넣어두고 방치하며 수익이 나길 기도하는 것은 투자라고 할 수 없습니다. 내가 투자한 기업들이 어떤 구조로 돈을 벌고 어떠한 경쟁력이 있으며 미래에도 살아남을 수 있을지에 대한 깊이 있는 공부를 해야 합니다. 또한, 최초의 투자 아이디어가 여전히 유효한지 아니면 새로운 투자 아이디어가 생겨나고 기존 투자 아이디어는 사장되었는지 등을 끊임없이 점검해야 합니다.

이런 과정이 반복되는 동안 투자자는 자연스럽게 시장의 변동성과 마주하게 됩니다. 예상치 못한 개별 기업의 위험부터 시장 전체가 주저앉는 큰 폭의 하락까지, 수없이 많은 크고 작은 이슈에 직면하며 다양한 경험을 하게 됩니다. 투자자는 그러한 경험에서 여러 교훈을 얻고, 그렇게 축적된 교훈들은 자신만의 투자 원칙과 철학으로 자리 잡게 됩니다. 결국 실패한 투자자들에게서 공통적으로 발견된 부족한 점들을 하나씩 채우고 보완한다면 투자의 성공 확률은 점점 더 높아질 것입니다.

## 손익 비대칭의 해결책, 적립식 투자

주당 100,000원에 산 주식이 반 토막이 나면 -50%의 수익률을 기록하며 50,000원의 평가 손실을 보게 됩니다. 그런데 이 주식이 다시 원금으로 회복되기 위해선 다시 얼마의 수익률을 기록해야 할까요? +100%라고 생각하는 분도 있고, -50%가 떨어졌으니 +50%가 되면 다시 원금에 도달할 것으로 생각하는 분도 있을 겁니다. 이 개념이 바로 우리가 투자할 때 꼭 알아야 하는 '손익 비대칭'이라는 개념인데요. 손실과 이익은 비대칭이기에 손실의 규모가 커지면 커질수록 손실을 복구하기 위해 훨씬 더 큰 수익률을 올려야 한다는 의미를 지니고 있습니다.

## [표 7-1] 손익의 비대칭성

| 손실률 | 원금 복구에 필요한 수익률 |
|---|---|
| −1% | 1% |
| −10% | 11.11% |
| −25% | 33.33% |
| −50% | 100% |
| −75% | 300% |
| −90% | 900% |
| −95% | 1900% |

　　손익 비대칭은 단순한 수학적 원리지만 손실률에 따라 원금 복구에 필요한 수익률을 계산해보면 왜 수익보단 손실에 집중하며 잃지 않는 투자를 지향해야 하는지를 금방 이해할 수 있습니다. 하지만 이러한 내용을 알고 있더라도 손실을 피할 수 없는 게 투자의 세계이고, 최대한 신중하게 매수한 종목이라도 예상 밖의 큰 손실을 볼 수 있는 것이 주식 투자입니다. 생각보다 큰 손실을 마주한 투자자가 할 수 있는 행동은 크게 ①손실을 확정 지으며 손절하거나 ②원금이 회복될 때까지 기다리는 두 가지로 나눠볼 수 있습니다.

　　어떤 종목에서 어떠한 사유로 커다란 손실이 일어났는지에 따라 다르겠지만 여전히 해당 기업에 대한 투자 아이디어나 경제적 해자 등이 유효하다면 투자자는 계속 해당 종목을 보유해야 합니다. 그런데 계속 보유해야 한다고 판단한 우량한 기업일지라도 큰 손실을 본 상태에서 마냥 기다리기엔 회복하는 데 시간이 오래 걸립니다. 하지만 '적립식 투자'는 이런 상황에서 원금까지 회복하는데 걸리는 시간을 단축시켜 주는 하나의 해결책으로 작용합니다. 손실 중인 종목을 자신만의 원칙에 따라 적립식 투자 형태로 추가 매수해준다면 해당 종목의 평균 매입 단가는 자연스럽게 낮아져 다시 원금까지 도달하는 기준점을 낮춰주는 효과가 있기 때문입니다.

물론 투자 아이디어가 훼손되었거나 기업 자체에 문제가 있음에도 불구하고 무리하게 추가 매수를 할 경우 손실을 극대화할 수 있다는 점, 손실 폭이 크지 않을 때 추가 매수를 하면 효과가 미비하다는 점, 종목당 투자 규모가 크면 클수록 평균 매입 단가를 낮추기 위해 커다란 추가 투자금이 필요하다는 점 또한 적립식 투자 방식에서 알아둬야 하는 부분입니다. 하지만 투자를 시작한 지 얼마 안 된 투자자 기준에선 적립식 투자 방식이 투자 손실과 변동성에 대한 내성을 기르고, 다양한 경험을 통해 자신만의 원칙을 정립해나가는 데 효과적인 방법의 하나일 것입니다.

# 조금씩 여러 곳에 분산하여 투자하자!

## 03

US STOCKS CLASS

"1,000만 원으로 투자를 시작하려는 예비 투자자입니다. 500만 원씩 2개 종목에 투자하는 집중투자와 50만 원씩 20개 종목에 투자하는 분산투자 중 어떤 방법이 더 효율적일까요?"

주변을 보면 이와 같은 궁금증을 갖고 계신 분들이 많습니다. 집중투자와 분산투자의 특징을 살펴보면 각각의 장단점이 명확합니다. 통상적으로 상승 국면에선 집중투자가 더 낫고 하락 국면에선 분산투자가 낫다고들 합니다. 그러나 위와 같은 궁금증에 대한 답은 시장의 방향성이 아닌 내가 어느 정도 위치에 있는 투자자이고 어떤 목적을 갖고 투자하느냐의 관점에서 찾아야 합니다.

집중투자를 통해 커다란 수익을 추구하기 위해선 그에 상응하는 손실도 감내해야 합니다. 또한 집중투자할 소수의 확실한 종목을 선별할 수 있는 능력도 갖춰야 합니다. 하지만 이런 높은 변동성에 대한 감내 능력과 종목 선별 능력은 단기간에 형성될 수 없습니다. 따라서 이제 막 투자를 시작하는 투자자라면 오히려 수익보단 손실과 변동성을 줄이는 데 집중해야 합니다. '분산투자'는 이런 손실과 변동성을 줄여주는 단순하고 명확한 방법이며 분산투자가 가져다주는 상대적 안정성과 생존력을 바탕으로 우리는 투자의 세계에서 다양한 경험을 쌓고 투자 능력치를 끌어올려야 합니다.

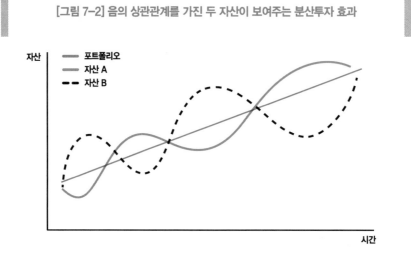

[그림 7-2] 음의 상관관계를 가진 두 자산이 보여주는 분산투자 효과

출처 : 로저 C. 깁슨, 《재무상담사를 위한 자산배분 전략》

## 분산투자의 핵심, 상관관계

IT 회사에 재직 중인 직장인 A씨는 "달걀을 한 바구니에 담지 마라"라는 유명한 투자 격언의 의미를 떠올리며 투자금을 마이크로소프트 MSFT 와 구글 GOOGL, 페이스북 FB 등 자신이 잘 아는 IT 분야의 여러 종목에 투자했습니다. 어느 날 시장엔 각종 불확실성이 겹치며 주가가 큰 폭으로 떨어졌고, A씨는 이런 날이 올 줄 알고 분산투자를 했다며 계좌를 열어봅니다. 그런데

웬걸, A씨의 계좌는 시장보다 더 큰 폭으로 하락했습니다. A씨는 망연자실합니다. 달걀을 한 바구니에 담지 말라는 격언을 충실히 지키고자 했던 A씨의 계좌는 왜 분산투자의 장점을 살리지 못하고 오히려 더 크게 하락했을까요? 바로 '자산간 상관관계'를 고려하지 않았기 때문입니다. A씨는 분산투자의 의미를 나눠 담는다는 것으로만 이해했지 나눠 담은 자산들이 비슷한 성질과 방향성을 지녔다는 부분을 간과한 것입니다. 즉, 달걀을 여러 바구니에 나눠 담았지만 그 바구니들은 하나의 수레에 담겨있었던 것이죠.

상관관계는 두 가지 변수들 가운데 한쪽이 변화하면 다른 한쪽도 따라서 변화하는 관계를 말하며 -1과 +1의 범위 내에서 그 정도를 상관계수로 표현합니다. 예를 들어, A와 B가 -1의 상관계수를 갖고 있다면 A와 B는 정확히 반대 방향으로 움직이는 '음의 상관관계'라고 표현하고, 반대로 상관계수가 +1이라면 마치 한 쌍처럼 완전히 똑같은 방향으로 움직이는 '양의 상관관계'라고 이야기합니다. 따라서 변동성과 손실을 최소화하며 수익을 극대화하는 분산투자의 효과를 제대로 보기 위해선 자산 간의 상관관계를 이해하고 계좌에 서로 다른 방향으로 움직이는 자산군을 나눠 담아야 한다는 것을 기억해야 합니다.

## 분산투자의 진정한 이점

수많은 투자 대가들이 공통적으로 하는 말 중에 "투자의 성패는 반 이상이 투자자의 심리와 멘탈에 의해 결정된다."라는 말이 있습니다. 성공적인 투자 성과를 내기 위해선 정보를 분석하는 능력도 중요하지만, 평정심을 유지하며 자신만의 투자 원칙에 따라 이성적이고 합리적인 판단을 할 수 있는 능력이 훨씬 더 중요하다는 의미입니다. 주식 시장의 변동성은 투자자의 심신에 지대한 영향을 미칩니다. 투자자는 보유 종목의 시장 대비 성과에 따라 다양한 감정을 느끼는데요. 상승장에서 시장 평균 상승률을 앞서지 못할 때 투자자는 소외감을 느낍니다. 하락장에서는 보유하고 있는 모든 종목이 손실 중이라면 엄청난 불안감에 안절부절하죠. 이렇게 투자자가 느끼는 부정적인 감정은 투자자의 마음을 조급하게 만들고, 시장에 뒤처지기 싫은 욕심에 비이성적인 판단을 할 확률이 높아집니다.

하지만 여러 종목에 분산하여 투자하면 상승장에서 시장 평균보다 높은 수익률을 내는 종목이나 하락장에서 시장보다 덜 하락하는 종목이 계좌 내에 있을 확률이 높겠죠. 이런 특출난 종목은 투자자에게 안정감을 주는 데 큰 역할을 합니다. 투자자는 보유 종목들의 전체적인 성과보다 시장보다 더 나은 성과를 보여주는 소수의 종목을 보며 안정감과 만족감을 얻을 수 있죠. 시장이 어떻게 움직이든 간에 심신이 요동치지 않고 평정심을 유지할 수 있는 투자자라면 자신이 정한 투자 원칙과 철학을 바탕으로 성공적인 투자의 길로 나아갈 수 있을 것입니다.

# 장기적 관점에서 투자하자!

## 04

US STOCKS CLASS

주식시장은 우리 같은 개인투자자들이 글로벌 투자 은행의 펀드 매니저나 헤지펀드 운용역들과 같은 규칙 아래서 활동하는 공간입니다. 개인은 전문가들에 비해 정보력, 분석력, 판단력 등 여러 부분에서 열위에 있을 수밖에 없지만 단 한 가지 그들보다 유리한 것이 있습니다. 바로 '시간'이라는 강력한 무기를 가지고 있다는 점입니다.

## '시간'을 내 편으로 만들기 위한 전제 조건

투자금을 받아 자금을 운용하는 매니저들은 정해진 기간 안에 시장 평균을 능가하는 성과를 보여야 할 의무가 있습니다. 하지만 투자에 대한 책임과 성과를 스스로가 모두 감내하는 개인투자자들은 시간에 쫓기지 않으므로 오랫동안 투자할 수 있다는 장점이 있습니다. 즉, 시간을 내 편으로 만들 수 있는 선택권을 갖고 투자에 임할 수 있지요. 그런데 개인투자자라 할지라도 어떤 자금으로 투자했느냐에 따라 시간이 단점으로 작용하기도 합니다. 여윳돈이 아닌 어딘가에 써야 할 목적이 있던 자금이거나 기한 및 상환 조건이 정해져 있는 차입금으로 투자했다면 원치 않는 시점에 투자금을 회수해야 할 수도 있습니다. 이런 상황에선 시간의 장점을 활용하기는커녕 시간에 쫓기며 조급한 투자를 할 수밖에 없습니다. 그렇기에 개인이 '시간'을 확실한 무기로 만들기 위해선 투자 기간 중간에 급작스럽게 자금을 회수해야 하는 상황을 피해야 합니다. 그러므로 투자하기 전부터 기간별 투자 계획과 투자금 규모를 계획해서 장기간 투자해도 상관없는 여유 자금으로 투자하고, 긴급하게 자금이 필요할 땐 다른 방법으로 자금을 마련할 수 있도록 해야만, 비로소 시간이 내 편이 되어 투자에 좋은 결과를 가져다줄 것입니다.

## 장기 투자가 부리는 복리의 마법

오랜기간 투자할 때 투자자가 얻을 수 있는 최고의 장점은 '복리 효과의 극대화'입니다. 투자를 통해 얻어지는 매매차익과 배당수익을 인출하지 않고 그대로 재투자할 경우 투자금은 점점 불어나 조금의 상승으로도 큰 수익이 발생하는 복리 효과가 나타납니다. 눈밭 위에서 굴러가는 눈덩이가 크기가 커질수록 한 바퀴만 굴리더라도 엄청난 양의 눈이 달라붙는 것과 같은 이치입니다. 꾸준히 가격이 상승하는 자산들을 보유한다는 전제하에 '수익률'과 '기간'이라는 두 가지 변수에 의해 복리 효과의 정도가 결정됩니다. 즉, 동일한 금액을 투자했을 때 연평균 수익률이 높아질수록, 투자 기간이 길어질수록 복리 효과가 극대화됩니다. 이 두 가지 변수가 함께 작용하면 복리 효과가 기하급수적으로 커지는 걸 느낄 수 있습니다. 그러다 보니 모든 투자자는 복리 효과를 극대화하기 위해 두 가지 변수를 자신에게 유리한 방향으로 설정하길 원할 것입니다. 그런데 기간이라는 변수는 투자자가 장기간 투자를 이어나가겠다는 의지를 갖는다면 충분히 통제할 수 있는 반면, 수익률이라는 변수는 시장의 상황에 따라 결정되는 부분이 크다 보니 투자자 마음대로 되지 않습니다.

따라서 복리 효과를 극대화하기 위해선 시장에서 결정되는 '수익률'보다 통제가 가능한 '기간'이라는 변수에 더 많이 집중해야 합니다. 그렇다고 해서 장기간 투자할 거라는 추상적인 생각이 아니라 10년이면 10년, 스스로 정한 기간 중에 투자금을 회수하지 않고 투자를 이어나가고자 노력해야 합니다. 장기 투자를 위한 환경을 만든 후 혹시 모를 위기에 대비한 여러 안전장치까지 마련한다면 시간이 흐름에 따라 여러분의 투자금이 눈처럼 불어나는 복리의 마법을 직접 경험할 수 있을 겁니다.

## 제대로 된 복리 효과를 누리기 위해선 시장에 계속 머물러 있어야 한다

종종 분산투자로 안정성을 확보하며 장기 투자를 지향하던 투자자들이 시장의 변동성이 가져온 수익률 변화에 민감하게 반응할 때가 있습니다. 전체적으로 계좌는 여전히 안정적으로 순항하고 있음에도 불구하고 보유 종목들을 사고팔며 무리한 리밸런싱을 단행하는 것이죠. 이때 안정적이던 포트폴리오에 균열이 생겨 중심을 잃을 수도 있고, 최악의 경우 그대로 넘어져 다시 일어서지 못하기도 합니다. 수익률에 집착하던 투자자가 조급함을 못 이기고 무리한 리밸런싱을 하다 포트폴리오가 무너져 시장에서 떠나게 되는 대표적인 사례입니다. 투자자가 이런 부정적인 결과를 초래하지 않기 위해선 개별 요소보단 운용 포트폴리오의 자산별 비중이나 전체 규모가 안정적으로 늘어나고 있는지에 집중해야 합니다. 전체적인 숲의 모양과 크기 그리고 넓어지는 면적에 더 신경 써야 하는 것이죠. 우리의 투자는 안정적으로 성장한 포트폴리오가 미래에 복리 효과와 함께 커다란 수익금이 되어 돌아오는 것에 목적이 있음을 기억해야 합니다. 또한 투자자는 여러 유혹과 함정들을 피해 복리 효과를 제대로 누릴 수 있는 미래의 어느 시점까지 반드시 시장에 머물러야 한다는 점도 잊지 말아야 합니다.

## 앞지를 수 없는 '오랜 투자 기간'의 가치와 의미

장기 투자에 기반한 복리 효과는 전체 투자 기간에 걸쳐 고르게 발생하는 게 아니라 후반부에 전체 복리 효과의 대부분이 나타나는 특징이 있습니다. 그러다 보니 복리 효과를 추구하는 장기 투자자는 필연적으로 복리 효과가 본격적으로 나타나기 시작하는 미래의 특정 시점이 될 때까지 복리 효과가 미미한 기간을 감내하고 이겨내야 합니다. 때때로 장기 투자자들은 그 기간 동안 다른 유형의 투자자들로부터 그런 식으로 해서 언제 돈 버냐고, 복리 효과 보려고 장기 투자하다가 그 전에 죽으면 어떡하냐는 식의 비아냥을 들을 수도 있습니다. 하지만 장기 투자자들이 감내하는 인고의 시간은 투자 초기 설정했던 목표를 달성하기 위한 과정 중 하나입니다. 또한 수많은 시간이 누적되어 만들어진 '오랜 투자 기간'이란 요소는 타임머신을 타고 과거로 돌아가지 않는 이상 후발 주자들이 역전할 수 있는 요소가 아닙니다. 이처럼 '장기 투자'라는 것은 단순히 오랜 기간 투자를 하는 것이라는 표면적 의미를 넘어 엄청난 가치를 내포하고 있기에 투자자는 자신의 투자 방식을 믿고 복리 효과의 극대화라는 종국의 목적을 달성할 때까지 묵묵히 나아가야 할 것입니다.

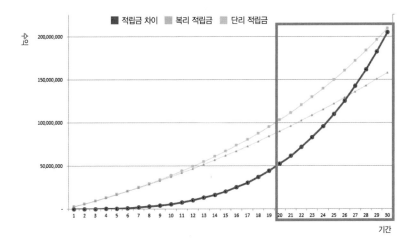

[그림 7-3] 단리와 복리의 누적 수익 차이를 보여주는 예시*

---

\*    30년이라는 전체 기간 중 단리와 복리의 누적 수익 차이가 본격적으로 나타나기 시작하는 시기는 20년 이후 부터인 파란색 네모 박스 영역임을 확인할 수 있습니다. 즉, 장기 투자를 통한 복리 효과를 제대로 보기 위해 선 복리 효과가 미미한 투자 초기부터 20년까지의 인고의 기간을 잘 이겨내야 합니다.

# 투자자 자신을
# 파악하고 이해하는 것이
# 중요하다!

## 05

우리는 수많은 국내외 투자 대가들의 투자 경험과 교훈을 담은 책이나 영상을 쉽게 만날 수 있는 세상에 살고 있습니다. 대다수의 개인투자자는 그런 투자 관련 콘텐츠를 보고 그들의 철학이나 원칙 등을 답습하며 성공적인 투자 성과를 얻기 위해 노력합니다. 그런데 오랜 기간 시장에서 좋은 성과를 낸 투자 대가들의 가르침이라 할지라도 사람들은 같은 상황이나 전략에 대해 다른 의견을 주장하곤 합니다. 누구는 이 방법이 가장 효과적이라고 말하지만 다른 누구는 그렇지 않다고 하는 것들을 보며 투자자들은 혼란에 빠집니다. 그런 분위기에 휩쓸렸다가 오히려 투자 성과가 더 나빠지는 사례도 종종 있습니다.

# 스스로에 대한 이해부터 자신만의 투자 원칙과 철학까지

아무리 좋은 투자 방식이나 전략이 있다고 하더라도 그것을 차용하는 사람이 누구냐에 따라 그 효과는 천차만별입니다. 누구는 자신에게 맞는 투자 관련 콘텐츠만 찾아 필요한 내용만 취하며 투자 실력을 빠르게 향상시키는 반면 다른 누군가는 남들이 추천하는 콘텐츠만 쫓아다니다 실력 향상은커녕 시간만 허비하기도 합니다. 비슷한 시간과 노력을 쏟았음에도 불구하고 결과가 달라지는 이유는 무엇일까요? 그 이유는 바로 '투자자 스스로에 대한 이해'가 부족하기 때문입니다. 나는 어떤 성향이고 어떤 목표를 추구하며 어느 정도의 시계열을 염두에 두고 투자하고 있는지에 대한 고민이 선행되어야 하는데도 대부분의 사람은 더 나은 투자 방법, 더 효과적인 전략을 먼저 찾으려 합니다.

스스로에 대한 이해가 중요한 이유는 그것이 바로 판단과 선택을 하는 기준점이 되기 때문입니다. 배당주와 성장주, 개별 종목과 ETF, 분산투자와 집중투자, 자산별 적정 비중 등 투자를 하며 결정해야 할 요소들은 무수히 많지만 이런 고민에 대한 정답은 오직 스스로에게서 구해야 합니다. 이렇게 누적된 고민을 통해 기준이 정립된 투자자는 자신보다 더 많은 경험과 더 나은 투자 실력을 갖춘 사람들로부터의 배움을 통해 자신만의 투자 원칙과 철학을 형성해 나갈 수 있습니다. 투자자의 고민은 깊고 넓을수록 많은 시간이 필요하겠지만, 시간이 오래 걸린 만큼 정교하고 탄탄하게 자리 잡은 원칙과 철학은 시장에서 오랫동안 살아남을 수 있게 만드는 든든한 버팀목이 될 것입니다.

## 투자자가 가장 경계해야 하는 '비교 심리'

우리는 각자가 다른 질문지를 갖고 있음에도 불구하고 다른 사람의 답안지를 베끼기 바쁩니다. 질문지 속 문항 자체가 다름에도 불구하고 자신을 남들과 비교하곤 합니다. 이런 경향은 투자 세계에서도 나타납니다. 나랑 비슷한 나잇대의 누군가, 혹은 나와 비슷한 회사에 다니고 있는 누군가를 경쟁상대로 정하고 수익률이나 투자 규모, 투자 성과 등을 비교하기 시작합니다. 그들과 내가 비슷한 점이라곤 몇 가지 요소밖에 없는데도 불구하고 그들과의 경쟁에서 이기는 것을 목표로 삼곤 합니다. 하지만 안타깝게도 이런 경쟁 심리, 비교 심리는 조바심이나 성급한 의사결정으로 이어지기 쉽고 부정적인 결과를 초래할 확률이 높습니다. 서로의 성향과 투자 환경, 지향점 자체가 다른 타인과의 경쟁과 비교는 무의미한 경우가 대부분입니다. 왜냐하면 남보다 앞서간다 한들 그것이 영원할 수도 없고, 경쟁에서 이긴다 한들 자신에게 주어지는 보상이 그다지 크지 않을 수도 있기 때문입니다. 오히려 경쟁자보다 더 잘해야 한다는 비교 심리는 투자자를 압박하고, 그런 압박 속에서 자신의 투자 원칙을 어기며 잘못된 판단을 내리기 쉽습니다. 그렇기에 우리는 투자를 할 때 스스로 정한 원칙과 철학을 어떤 상황에서도 굳건하게 지켜나가는 데 집중해야 합니다. 투자의 영역에서 나의 경쟁 상대는 남이 아닌 나 자신임을 잊지 마세요. 누군가를 경쟁에서 이겼을 때의 희열보단 여러 유혹을 이겨내고 스스로 정한 원칙을 지켰을 때의 쾌감과 뿌듯함을 추구해야 합니다.

# 힘겨운 과정과 지루한 시간이 결국 보약이 된다

스스로에 대한 이해를 바탕으로 한 투자 원칙과 철학은 하루아침에 정립되지 않습니다. 기본적으로 투자를 하며 떠올릴 수 있는 생각할 거리에 대해 투자자가 깊은 고민 끝에 납득할 만한 답을 찾았다 하더라도 세상은 끊임없이 변하며 우리에게 계속 새로운 고민거리를 안겨줍니다. 또한, 투자하며 마주하는 상황이 다양하고 변화무쌍할수록 투자자는 점점 더 정교한 원칙과 철학을 갖게 됩니다. 하지만 그런 상황을 만나기까지 어느 정도 인내의 시간이 필요합니다. 이렇게 끊임없이 생기는 고민거리에 대한 답을 찾는 과정과 다양한 경험을 하기 위해 절대적으로 필요한 인내의 시간은 투자자에게 유쾌하게 다가오지 않겠지만 오랜 시간 시장에서 살아남기 위해 꼭 필요한 요소들입니다. '몸에 좋은 약은 쓰다'라는 말처럼 힘겨운 과정과 지루한 시간은 꾸준히 가다듬어야 할 투자 원칙과 철학에 보약과도 같은 역할을 할 것입니다.

# 작은 것 하나까지
# 모든 것을 기록하자!

**06**

인공지능 AI, 자율주행, 빅데이터, 사물 인터넷 등 듣기만 해도 설레는 단어들이 있습니다. 지금까지와는 다른 새로운 시대를 열어갈 최첨단 기술들을 지칭하는 단어들로 모든 국가나 기업들이 향후 다양한 영역에서 경쟁력 확보를 위해 총력을 기울이는 분야이기도 합니다. 이런 최첨단 기술들을 개발하고 발전시키는 데 있어 가장 중요한 것이 바로 '데이터 Data'입니다. 과거 산업의 핏줄이었던 석유의 역할을 앞으로의 시대엔 데이터가 대체할 것이고, 국가나 기업은 이런 데이터들을 얼마나 잘 확보하고 분석하며 활용할 수 있는지에 따라 경쟁력의 정도가 결정될 것입니다.

데이터의 중요성은 국가나 기업에만 국한되는 것이 아니라 개인에게도 굉장히 큽니다. 개인 역시 다양한 영역에서 자신만의 데이터를 쌓아나가고, 해당 데이터를 분석하고 활용하는 데 익숙해지면 해당 영역에서 다른 사람들과 차별화된 엄청난 경쟁력을 얻게 됩니다. 또한 오랜 기간 누적되어 쌓인 데이터들은 자신을 객관적으로 이해하고 분석하여 더 나은 방향으로 개선하는 데 아주 큰 도움이 됩니다.

객관화된 데이터 활용은 개인의 감정과 심리에 큰 영향을 받는 투자 영역에서 특히 빛을 발합니다. 주변을 보면 투자를 하는 개인들이 과거 자신의 기억이나 경험에 의존해 중요한 의사결정을 하는 걸 쉽게 접할 수 있습니다. 그런데 우리가 생각하는 것 이상으로 사람의 기억은 부정확합니다. 누군가가 확실하다고 믿고 있는 기억이 실제론 왜곡되거나 완전히 다른 내용으로 저장되어 있을 수 있고, 부정확한 기억에 의지해 내린 판단은 매우 위험한 상황을 초래할 확률이 높습니다. 하지만 투자를 하며 기록할 수 있는 모든 것을 꾸준히 기록하고, 이렇게 쌓인 데이터를 분석하여 투자에 활용한다면 잘못된 선택이 불러올 위험을 크게 줄이면서 남들과 차별화된 투자 경쟁력을 키울 수 있습니다. 이번 파트에선 어떤 항목들을 왜 기록해야 하며 향후 투자를 하는데 이렇게 기록한 내용을 어떻게 활용하면 좋을지를 소개해 보고자 합니다.

**[그림 7-4] 구글 스프레드시트를 활용하여 관리하는 포트폴리오 투자 예시**

| | | | | | | 배당률 | | | | | | 매수가 | | 현재가 | | | | 받은 배당금 (원화) | | | [illegible] | |
|---|---|---|---|---|---|---|---|---|---|---|---|---|---|---|---|---|---|---|---|---|---|---|
| 종목명 | 배당 주기 | 종목코드 | 업종 | 평가손익 | 전체 비중 | 매수가 | 시가 | 통화 | 매수가 | 현재가 | 주식수 | 원화 | 외화 | 원화 | 외화 | 분기배당금 | 년간배당금 | 2020 | 총합 | 누적수익률 | 최초매수일 | 보유기간 |
| Vanguard S&P 500 ETF | Monthly | VOO | 마켓인덱스 | 10.1% | 5.7% | 1.6% | 1.7% | USD | 274.472 | 302.100 | 8 | 2,624,501 | 2,195.78 | 2,888,680 | 2,416.80 | 1.3 | 5.20 | 22,475 | 22,475 | 10.9% | 2020. 02. 07 | 178일 |
| ProShares UltraPro QQQ | | TQQQ | 마켓인덱스 | 124.4% | 5.0% | 0.0% | 0.0% | USD | 55.100 | 123.670 | 17 | 1,119,591 | 936.70 | 2,512,882 | 2,102.39 | 0 | 0.00 | 0 | 0 | 124.4% | 2020. 02. 27 | 158일 |
| Invesco QQQ Trust | Monthly | QQQ | 마켓인덱스 | 21.4% | 3.8% | 0.7% | 0.5% | USD | 221.563 | 269.060 | 6 | 1,588,939 | 1,329.36 | 1,929,564 | 1,614.36 | 0.35 | 1.40 | 2,667 | 2,667 | 21.6% | 2020. 02. 07 | 178일 |
| iShares Edge MSCI USA Quality Factor ETI | 3/6/9/12 | ATS:QUA | 마켓인덱스 | 7.1% | 0.7% | 1.5% | 1.4% | USD | 94.500 | 101.210 | 3 | 338,853 | 283.50 | 362,914 | 303.63 | 0.35 | 1.40 | 0 | 0 | 7.1% | 2020. 06. 30 | 34일 |
| Direxion Daily CSI China Internet Index Bull | 2X Share | CWEB | 마켓인덱스 | 17.2% | 0.6% | 0.0% | 0.0% | USD | 43.400 | 50.880 | 5 | 259,369 | 217.00 | 304,072 | 254.40 | 0 | 0.00 | 0 | 0 | 17.2% | 2020. 07. 24 | 10일 |
| Berkshire Hathaway Inc. | | BRK.B | 금융 | 8.4% | 5.7% | 0.0% | 0.0% | USD | 184.274 | 199.820 | 12 | 2,643,042 | 2,211.29 | 2,866,018 | 2,397.84 | 0 | 0.00 | 0 | 0 | 8.4% | 2020. 03. 04 | 152일 |
| Alphabet Inc | | GOOGL | 정보기술 | 3.5% | 3.5% | 0.7% | 0.0% | USD | 1428.000 | 1,477.380 | 1 | 1,706,817 | 1,428.00 | 1,765,838 | 1,477.38 | 0 | 0.00 | 0 | 0 | 3.5% | 2020. 06. 08 | 56일 |
| Apple Inc. | 2/5/8/11 | AAPL | 통신서비스 | 45.8% | 3.1% | 1.0% | 0.7% | USD | 301.653 | 439.840 | 3 | 1,081,652 | 904.96 | 1,577,158 | 1,319.52 | 0.77 | 3.08 | 3,034 | 3,034 | 46.1% | 2020. 02. 11 | 174일 |
| Visa Inc. | 3/6/9/12 | V | 금융 | 6.7% | 2.3% | 0.7% | 0.6% | USD | 179.394 | 191.360 | 5 | 1,072,103 | 896.97 | 1,143,615 | 956.80 | 0.3 | 1.20 | 2,179 | 2,179 | 6.9% | 2020. 02. 11 | 174일 |
| Microsoft Corporation | 3/6/9/12 | MSFT | 정보기술 | 12.9% | 3.5% | 1.1% | 1.0% | USD | 188.680 | 213.070 | 7 | 1,576,638 | 1,320.76 | 1,782,703 | 1,491.49 | 0.51 | 2.04 | 1,842 | 1,842 | 13.0% | 2020. 02. 26 | 159일 |
| American Tower Corporation | 1/4/7/10 | AMT | 리츠 | -2.6% | 1.2% | 1.6% | 1.7% | USD | 266.300 | 259.270 | 2 | 636,590 | 532.60 | 619,785 | 518.54 | 1.08 | 4.32 | 0 | 0 | -2.6% | 2020. 07. 07 | 27일 |
| NextEra Energy, Inc | 3/6/9/12 | NEE | 유틸리티 | 13.2% | 1.3% | 2.3% | 2.0% | USD | 245.900 | 278.390 | 2 | 587,824 | 491.80 | 665,491 | 556.78 | 1.4 | 5.60 | 0 | 0 | 13.2% | 2020. 07. 07 | 27일 |
| Prologis, Inc | 3/6/9/12 | PLD | 리츠 | 10.5% | 1.2% | 2.4% | 2.2% | USD | 94.790 | 104.700 | 5 | 566,489 | 473.95 | 625,713 | 523.50 | 0.58 | 2.32 | 0 | 0 | 10.5% | 2020. 07. 07 | 27일 |
| Crown Castle International Corp | 3/6/9/12 | CCI | 리츠 | -5.5% | 1.2% | 2.8% | 2.9% | USD | 173.400 | 163.900 | 3 | 621,769 | 520.20 | 587,704 | 491.70 | 1.2 | 4.80 | 0 | 0 | -5.5% | 2020. 07. 07 | 27일 |
| Johnson & Johnson | 3/6/9/12 | JNJ | 헬스케어 | 2.5% | 1.0% | 2.5% | 2.4% | USD | 143.420 | 146.970 | 3 | 514,268 | 430.26 | 526,998 | 440.91 | 0.9 | 3.60 | 0 | 0 | 2.5% | 2020. 07. 07 | 27일 |
| Occidental Petroleum Corporation | 1/4/7/10 | OXY | 에너지 | 52.7% | 0.4% | 31.6% | 20.7% | USD | 10.000 | 15.270 | 10 | 119,525 | 100.00 | 182,515 | 152.70 | 0.79 | 3.16 | 121 | 121 | 52.8% | 2020. 03. 18 | 138일 |
| Altria Group, Inc. | 1/4/7/10 | MO | 필수소비재 | -1.7% | 2.9% | 8.0% | 8.2% | USD | 41.893 | 41.200 | 30 | 1,502,178 | 1,256.79 | 1,477,329 | 1,236.00 | 0.84 | 3.36 | 40,779 | 40,779 | 1.1% | 2020. 02. 07 | 178일 |
| Cincinnati Bell Inc. PFD CV DEP1/20 | 1/4/7/10 | CBB-B | 마켓인덱스 | -1.4% | 1.7% | 7.1% | 7.2% | USD | 47.723 | 47.050 | 15 | 855,614 | 715.85 | 843,548 | 705.75 | 0.8438 | 3.38 | 0 | 0 | -1.4% | 2020. 07. 01 | 33일 |
| AT&T Inc | 2/5/8/11 | T | 통신서비스 | -8.2% | 3.5% | 6.4% | 7.0% | USD | 32.266 | 29.610 | 50 | 1,928,297 | 1,613.30 | 1,769,568 | 1,480.50 | 0.52 | 2.08 | 15,984 | 15,984 | -7.4% | 2020. 02. 07 | 178일 |
| Starbucks Corporation | 2/5/8/11 | SBUX | 자유소비재 | -5.6% | 2.5% | 2.0% | 2.2% | USD | 80.540 | 76.100 | 14 | 1,347,716 | 1,127.56 | 1,273,419 | 1,065.40 | 0.41 | 1.64 | 4,070 | 4,070 | -5.2% | 2020. 02. 17 | 168일 |
| Invesco Ltd. | 3/6/9/12 | IVZ | 금융 | -13.3% | 2.6% | 5.4% | 6.2% | USD | 11.516 | 9.980 | 110 | 1,513,963 | 1,266.65 | 1,312,145 | 1,097.80 | 0.155 | 0.62 | 13,310 | 13,310 | -12.5% | 2020. 02. 07 | 178일 |
| Exxon Mobil Corporation | 3/6/9/12 | XOM | 에너지 | -4.6% | 3.0% | 7.9% | 8.3% | USD | 44.077 | 42.040 | 30 | 1,580,491 | 1,322.31 | 1,507,449 | 1,261.20 | 0.87 | 3.48 | 0 | 0 | -4.6% | 2020. 05. 28 | 67일 |
| Pfizer Inc | 3/6/9/12 | PFE | 헬스케어 | 12.4% | 1.4% | 4.4% | 3.9% | USD | 34.260 | 38.520 | 15 | 614,239 | 513.90 | 690,615 | 577.80 | 0.38 | 1.52 | 0 | 0 | 12.4% | 2020. 07. 01 | 33일 |
| 3M Company | 3/6/9/12 | MMM | 산업재 | -4.1% | 1.1% | 3.8% | 3.9% | USD | 156.600 | 150.230 | 3 | 561,528 | 469.80 | 538,687 | 450.69 | 1.47 | 5.88 | 0 | 0 | -4.1% | 2020. 07. 07 | 27일 |
| Invesco S&P 500 High Dividend Low Volatil | Monthly | SPHD | 마켓인덱스 | 0.5% | 2.4% | 5.6% | 5.5% | USD | 33.374 | 33.530 | 30 | 1,196,708 | 1,001.22 | 1,202,302 | 1,005.90 | 0.155 | 1.86 | 2,199 | 2,199 | 0.7% | 2020. 05. 28 | 67일 |
| Realty Income Corporation | Monthly | O | 리츠 | 9.2% | 1.4% | 5.1% | 4.7% | USD | 54.282 | 59.250 | 10 | 648,806 | 542.82 | 708,186 | 592.50 | 0.2325 | 2.79 | 11,917 | 11,917 | 11.0% | 2020. 02. 07 | 178일 |
| Main Street Capital Corporation | Monthly | MAIN | 금융 | 0.8% | 1.2% | 8.2% | 8.2% | USD | 29.886 | 30.120 | 17 | 607,261 | 508.06 | 612,016 | 512.04 | 0.205 | 2.46 | 10,791 | 10,791 | 2.6% | 2020. 02. 10 | 175일 |
| Global X NASDAQ 100 Covered Call ETF | Monthly | QYLD | 마켓인덱스 | 5.1% | 1.0% | 11.1% | 10.5% | USD | 20.630 | 21.690 | 20 | 493,160 | 412.60 | 518,499 | 433.80 | 0.19 | 2.28 | 10,168 | 10,168 | 7.2% | 2020. 05. 28 | 67일 |
| 현금 | | USD | 현금 | | 12.5% | | | USD | 5,257.51 | 5,257.51 | 1 | 6,284,039 | 5,257.51 | 6,284,039 | 5,257.51 | | | | | | | |
| 현금 | | KRW | 현금 | | 8.9% | | | KRW | 4,496,865 | 4,496,865 | 1 | 4,496,865 | - | 4,496,865 | - | | | | | | | |

# ① 전체 포트폴리오 투자 현황표

분산투자와 적립식 투자를 병행하는 투자자라면 자신이 투자하고 있는 기업들과 그 기업들의 포트폴리오 내 비중을* 한눈에 볼 수 있도록 기록하며 수시로 확인해야 합니다. 포트폴리오를 관리하는 방법은 여러 가지가 있겠으나 매일 변하는 주가를 자동으로 업데이트해주는 구글 스프레드시트를 이용하는 게 가장 편리합니다. 구글 스프레드시트**란 구글에서 제공하는 웹 버전의 엑셀로, 함수식을 통해 모든 셀을 연결지어 자동 계산할 수 있으며 구글 파이낸스의 종목별 주식 시세를 연동***할 수도 있습니다.

이 시트엔 보유 종목과 배당 주기, 종목 코드와 성장주, 배당주, 배당성장주 등의 자신이 정한 자산분류 항목, 업종 등을 기록하고 전체 포트폴리오 내에서의 비중이나 미국 외 국가의 주식도 함께 투자할 경우 국가별 비중을 기록합니다. 또한 배당에 관한 정보 및 보유 기간 계산을 위한 최초 매수일도 기록해 주면 좋습니다. 해당 시트는 모든 셀을 함수로 연결짓고 추가 매수로 인한 평균 매입 단가 및 보유 주식 수 등의 변경되는 정보들만 해당 칸에 수기로 입력해 주면 나머지 셀들은 연결된 함수로 인해 자동 수정되므로 무척 편합니다.

---

* 산업별 비중, 성장주나 배당성장주, 배당주 비중, 원화와 외화 비중 등
** 구글 스프레드시트 : https://docs.google.com/spreadsheets
*** 구글 파이낸스에서 구글 스프레드시트로 불러오는 시세는 15분 지연 시세입니다.

## ② 차트로 나타내는 각종 투자 비중

전체 포트폴리오의 투자 현황을 숫자와 텍스트로 구성된 표 형태로 정리하면 정보가 늘어날수록 한눈에 현황을 파악하기 힘들다는 한계점이 있습니다. 이때 구글 스프레드시트에서 제공하는 원형, 막대, 버블 등 다양한 형태의 차트를 통해 이런 한계를 충분히 보완할 수 있습니다. 투자자는 이러한

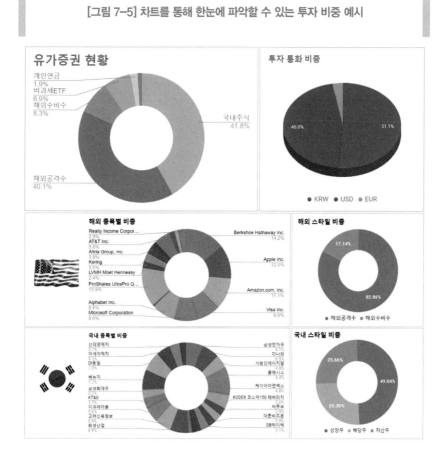

[그림 7-5] 차트를 통해 한눈에 파악할 수 있는 투자 비중 예시

차트를 통해 전체 투자자산의 계좌별 비중이나 투자 통화 비중, 국가별 투자 기업들의 비중 등 각종 투자 비중을 시각적으로 표현하여 자신의 투자 내역을 한눈에 파악하기가 수월해집니다. 또한 이런 차트들은 포트폴리오 투자 현황표에 기록된 내용을 기반으로 만들어지므로 표에 입력된 내용 수정 시 차트 또한 자동으로 연동되어 함께 수정되어 편리합니다.

[그림 7-6] 기업 및 월별 배당 수령 내역으로 만든 배당 캘린더 예시

| 종목명 | JAN | FEB | MAR | APR | MAY | JUN | JUL | AUG | SEP | OCT | NOV | DEC | TOTAL |
|---|---|---|---|---|---|---|---|---|---|---|---|---|---|
| | 81,034 | 79,582 | 148,878 | 358,618 | 147,521 | 78,772 | 106,566 | 124,403 | 36,648 | 32,809 | 86,974 | 89,951 | 1,362,716 |
| AT&T Inc. | - | 25,329 | - | - | 35,410 | - | - | 36,548 | - | - | 36,266 | - | 133,553 |
| New York Mortgage Trust, Inc. | 28,552 | - | - | 30,480 | - | - | 30,480 | - | - | - | - | - | 89,512 |
| Macquarie Infrastructure Corp | - | - | 38,552 | - | 40,641 | - | - | - | - | - | - | - | 79,193 |
| Invesco Ltd. | - | - | 3,387 | - | - | 3,649 | - | - | 18,657 | - | - | 36,851 | 62,544 |
| 삼양옵틱스 | - | - | - | 21,920 | - | - | - | 33,840 | - | - | - | - | 55,760 |
| Realty Income Corporation | 4,406 | 4,531 | 4,563 | 2,180 | 2,288 | 2,295 | 2,276 | 5,813 | 5,696 | 5,707 | 5,629 | 5,632 | 51,018 |
| 화성산업 | - | - | - | 47,210 | - | - | - | - | - | - | - | - | 47,210 |
| 풍원개발 | - | - | - | 47,125 | - | - | - | - | - | - | - | - | 47,125 |
| AGNC Investment Corp. | 5,471 | 5,513 | 6,217 | 6,586 | 6,503 | 6,924 | 8,128 | - | - | - | - | - | 45,342 |
| Starwood Property Trust, Inc. | 13,694 | - | - | 13,895 | - | 14,436 | - | - | - | - | - | - | 42,025 |
| AbbVie Inc | - | - | - | - | 5,421 | - | - | 10,985 | - | - | 21,222 | - | 37,628 |
| Altria Group, Inc. | - | - | - | - | 7,936 | - | 7,985 | - | - | 21,125 | - | - | 37,046 |
| Chatham Lodging Trust | 3,247 | 5,228 | 5,321 | 5,582 | - | 5,503 | 11,003 | - | - | - | - | - | 35,884 |
| Apple Inc. | - | 3,489 | - | - | 3,909 | - | - | 7,916 | - | - | 13,440 | - | 28,754 |
| EPR Properties | 1,712 | 2,147 | 2,163 | 2,168 | 2,276 | 2,264 | 2,253 | 2,308 | 2,262 | 2,262 | 2,228 | 3,727 | 27,770 |
| 리노공업 | - | - | - | 27,000 | - | - | - | - | - | - | - | - | 27,000 |
| Omega Healthcare Investors, Inc. | - | 12,614 | - | - | 13,368 | - | - | - | - | - | - | - | 25,982 |
| Apple Hospitality REIT, Inc. | 1,421 | 1,906 | 1,925 | 1,930 | 2,025 | 2,015 | 2,005 | - | - | - | 4,958 | 4,966 | 23,151 |
| Las Vegas Sands Corp. | - | - | 11,738 | - | - | 11,356 | - | - | - | - | - | - | 23,094 |
| Vector Group Ltd. | - | - | 10,160 | - | - | 11,796 | - | - | - | - | - | - | 21,956 |

## ③ 또 다른 재미를 위한 '배당 정보' 기록

배당을 받으면 배당금 지급 기업명과 수령 날짜, 배당 수령 금액 등을 기록해야 합니다. 배당은 수시로 받다 보면 익숙해지고 그냥 지나치기 쉬운 내용이지만 이런 정보들 또한 놓치지 않고 기록하는 습관이 중요합니다. 배당 정보는 투자 초기에는 수령 내역이 많지 않기에 활용도가 떨어지지만 어느 정도 기간이 지나 배당금액과 수령 횟수 등이 모이면 이를 통해 다양한 시각

화된 자료를 만들 수 있습니다. 예를 들어, 월별 배당 수령 내역을 표에 기록하여 배당 캘린더를 만들 수도 있고, 12개의 막대 그래프로 월별 배당 수령액의 크고 작음을 나타낼 수도 있습니다. 또한 배당주 투자 연차가 어느 정도 쌓이면 월별 배당 수령 금액을 연도별로 나타내어 매년 해당 월에 수령하는 배당금액이 증가하는 내용을 그래프로 시각화하여 나타낼 수 있기도 합

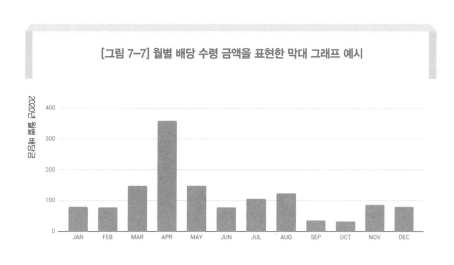

[그림 7-7] 월별 배당 수령 금액을 표현한 막대 그래프 예시

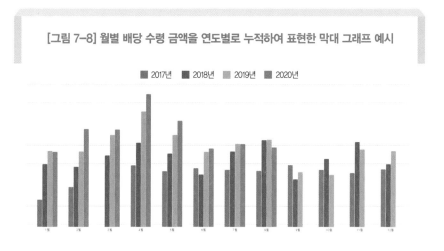

[그림 7-8] 월별 배당 수령 금액을 연도별로 누적하여 표현한 막대 그래프 예시

니다. 이렇게 배당 정보를 기록함으로써 투자자는 배당금을 받는 재미 외에 꾸준히 배당 수령 정보를 기록하고 그 내용을 바탕으로 시각화된 자료들을 만드는 것에 또 다른 재미를 느끼며 자칫 지루할 수 있는 배당주 투자의 슬럼프를 잘 이겨내고 즐겁게 투자를 해나갈 수 있게 됩니다.

[그림 7-9] 매도 내역과 관련된 다양한 정보를 기록한 예시

| 매수월 | 매도월 | 매수종목 | 종목 코드 | 매수단가 | 매도단가 | 절대 수익률 | Total Return | 보유기간 | 수량 | 매수액 | 매도액 | 차익실현금 | 현재가 | 누적 배당 총액 |
|---|---|---|---|---|---|---|---|---|---|---|---|---|---|---|
| 2016. 8. 22 | 2016. 12. 3 | Skechers USA Inc | SKX | $24.85 | $26.50 | 6.64% | 6.64% | 103일 | 100 | $2,485.00 | $2,650.00 | $165.00 | $28.91 | $0.00 |
| 2017. 1. 27 | 2017. 2. 3 | Collectors Universe, Inc. | CLCT | $20.80 | $24.00 | 15.38% | 15.38% | 7일 | 100 | $2,080.00 | $2,400.00 | $320.00 | $39.43 | $0.00 |
| 2016. 12. 2 | 2018. 6. 5 | The Coca-Cola Company | KO | $40.40 | $43.40 | 7.43% | 7.62% | 550일 | 100 | $4,040.00 | $4,340.00 | $300.00 | $46.58 | $7.94 |
| 2016. 12. 1 | 2018. 6. 8 | Philip Morris International Inc. | PM | $87.72 | $79.20 | -9.71% | -9.59% | 554일 | 100 | $8,772.00 | $7,920.00 | -$852.00 | $77.19 | $10.59 |
| 2017. 02. 06 | 2018. 6. 8 | Ford Motor Company | F | $11.53 | $12.10 | 4.94% | 7.52% | 487일 | 100 | $1,153.00 | $1,210.00 | $57.00 | $6.76 | $29.66 |
| 2017. 2. 13 | 2018. 6. 25 | Guess?, Inc. | GES | $11.48 | $21.90 | 90.77% | 95.76% | 497일 | 100 | $1,148.00 | $2,190.00 | $1,042.00 | $11.43 | $57.36 |
| 2018. 1. 4 | 2018. 11. 19 | Tesla, Inc. | TSLA | $322.00 | $365.00 | 13.36% | 13.35% | 319일 | 10 | $3,220.00 | $3,650.00 | $430.00 | $1,468.02 | $0.00 |
| 2018. 9. 19 | 2019. 2. 26 | Welltower Inc. | WELL | $65.61 | $74.50 | 13.55% | 13.71% | 160일 | 100 | $6,561.00 | $7,450.00 | $889.00 | $53.97 | $10.36 |
| 2017. 12. 22 | 2019. 3. 8 | Realty Income Corporation | O | $54.95 | $70.00 | 27.38% | 29.71% | 441일 | 100 | $5,495.30 | $7,000.00 | $1,504.70 | $62.33 | $128.03 |
| 2018. 6. 11 | 2019. 3. 11 | Shopify Inc. | SHOP | $162.00 | $200.00 | 23.46% | 23.46% | 273일 | 10 | $1,620.00 | $2,000.00 | $380.00 | $1,072.94 | $0.00 |
| 2019. 3. 15 | 2019. 10. 24 | Tesla | TSLA | $244.51 | $300.00 | 22.69% | 22.69% | 223일 | 10 | $2,445.14 | $3,000.00 | $554.86 | $1,468.02 | $0.00 |
| 2018. 1. 9 | 2019. 12. 16 | Netflix, Inc. | NFLX | $326.67 | $305.00 | -6.63% | -6.63% | 706일 | 10 | $3,266.67 | $3,050.00 | -$216.67 | $584.82 | $0.00 |
| 2016. 12. 15 | 2019. 12. 16 | Facebook, Inc. | FB | $159.50 | $198.20 | 24.26% | 24.26% | 1096일 | 10 | $1,595.00 | $1,982.00 | $387.00 | $248.98 | $0.00 |
| 2019. 12. 16 | 2020. 1. 13 | iShares 7-10 Year Treasury Bond ETF | IEF | $110.82 | $111.05 | 0.21% | 0.36% | 28일 | 10 | $1,108.18 | $1,110.50 | $2.32 | $122.96 | $1.72 |
| 2019. 10. 3 | 2020. 1. 27 | Johnson & Johnson | JNJ | $131.00 | $147.50 | 12.60% | 12.84% | 116일 | 10 | $1,310.00 | $1,475.00 | $165.00 | $146.64 | $3.18 |
| 2017. 12. 22 | 2020. 2. 24 | Realty Income Corporation | O | $62.83 | $82.40 | 31.15% | 33.19% | 794일 | 100 | $6,282.80 | $8,240.00 | $1,957.20 | $62.33 | $128.03 |
| 2020. 2. 24 | 2020. 3. 12 | Salesforce.com, inc. | CRM | $183.00 | $145.00 | -20.77% | -20.77% | 17일 | 10 | $1,830.00 | $1,450.00 | -$380.00 | $199.60 | $0.00 |
| 2019. 10. 16 | 2020. 3. 13 | Adobe Inc. | ADBE | $306.07 | $293.00 | -4.27% | -4.27% | 149일 | 10 | $3,060.66 | $2,930.00 | -$130.66 | $442.74 | $0.00 |
| 2019. 4. 12 | 2020. 3. 16 | iShares 20+ Year Treasury Bond ETF | TLT | $135.78 | $160.00 | 17.84% | 19.13% | 339일 | 10 | $1,357.83 | $1,600.00 | $242.17 | $171.20 | $17.64 |
| 2019. 12. 16 | 2020. 3. 16 | SPDR Gold Shares | GLD | $139.77 | $138.50 | -0.91% | -0.91% | 91일 | 10 | $1,397.73 | $1,385.00 | -$12.73 | $187.52 | $0.00 |
| 2019. 1. 25 | 2020. 3. 16 | AbbVie Inc | ABBV | $70.69 | $81.50 | 15.30% | 16.08% | 416일 | 100 | $7,068.70 | $8,150.00 | $1,081.30 | $94.81 | $55.43 |
| 2019. 2. 7 | 2020. 3. 18 | Invesco Ltd. | IVZ | $15.94 | $11.00 | -30.97% | -25.72% | 405일 | 100 | $1,593.50 | $1,100.00 | -$493.50 | $9.79 | $83.50 |
| 2020. 3. 20 | 2020. 7. 28 | Wells Fargo & Company | WFC | $26.95 | $25.40 | -5.74% | -5.18% | 130일 | 100 | $2,694.80 | $2,540.00 | -$154.80 | $24.08 | $15.30 |

# ④ 양도세 계산과 매도 의사결정
# 복기를 위한 '매도 내역' 기록

보유하던 종목을 매도 시 매도 종목의 매수 단가와 매도 단가, 수량, 매수일과 매도일의 차이로 계산한 보유 기간, 매도를 통한 수익(손실) 금액과 수익률, 그리고 보유 기간 해당 종목에서 수령한 배당금을 포함한 총 수익률* 등의 정보를 기록해 줍니다. 이와 같은 매도 내역 기록은 매년 양도소득세 계산 시 점검 자료로 활용할 수 있으며, 향후 매도 내역을 통해 투자를 복기할 때 유용한 자료가 될 수 있습니다.

[그림 7-10] 환전 내역을 기록하여 산출한 평균 환전 환율 예시

| 날짜 | 환율 | 달러 | 원화 | | | |
|---|---|---|---|---|---|---|
| 2020. 2. 7 | 1189.27 | $2,523.06 | ₩3,000,600 | | | |
| 2020. 2. 11 | 1186.76 | $2,106.23 | ₩2,499,590 | | | |
| 2020. 2. 26 | 1218 | $4,105.09 | ₩5,000,000 | | | |
| 2020. 3. 2 | 1200.48 | $833.00 | ₩1,000,000 | | 총 환전 원화 | ₩37,007,584.78 |
| 2020. 3. 4 | 1186.16 | $1,686.11 | ₩1,999,996 | | | |
| 2020. 3. 24 | 1255.97 | $398.02 | ₩499,900 | | 총 환전 금액 | $30,548.24 |
| 2020. 3. 27 | 1212.12 | $415.14 | ₩503,200 | | | |
| 2020. 4. 10 | 1210.30 | $826.24 | ₩1,000,000 | | 평균 환전 환율 | 1211.45 |
| 2020. 5. 19 | 1227.11 | $814.92 | ₩1,000,000 | | | |
| 2020. 5. 27 | 1234.92 | $809.76 | ₩1,000,000 | | | |
| 2020. 6. 1 | 1226.71 | $616.32 | ₩1,001,400 | | | |
| 2020. 6. 3 | 1216.40 | $822.09 | ₩1,000,000 | | | |
| 2020. 6. 8 | 1204.98 | $828.64 | ₩998,500 | | | |
| 2020. 6. 11 | 1197.47 | $835.09 | ₩1,000,000 | | | |

---

\*    총 수익률(Total Return) = 주가수익 + 배당수익

## ⑤ 평균 환전 환율 산출을 위한 '환전 내역' 기록

환전할 때마다 날짜와 환율, 환전한 달러와 원화 금액을 기록해 줍니다. 환전 내역을 누적하여 기록하면 자신만의 '평균 환전 환율' 정보를 확보하게 되고, 이 정보는 향후 환전에 대한 의사결정을 할 때 중요한 기준점이 됩니다. 미국주식 투자에서 환율은 수익률에 영향을 미치는 중요한 변수이기 때문에 빠르고 정확한 의사결정이 요구됩니다. 종종 투자자들은 환율의 변동성을 살피느라 더 큰 주가 상승의 기회를 놓치곤 하는데요. 환전에 대한 의사결정을 해야 할 때 자신만의 평균 환전 환율 정보가 있는 투자자라면 이를 기준 삼아 현재 환율이 높은지 낮은지 여부를 금방 판단할 수 있습니다. 그리고 환율에 대한 빠른 의사결정으로 기회를 잡아 좋은 투자 성과를 기대할 수 있을 것입니다.

## ⑥ 단순 투자 성과 계산을 위한 '투자 원금' 기록

투자금을 계좌에 수시로 입금하고 자금이 필요할 때마다 투자 계좌에서 자금을 인출하면 입출금 내역 때문에 정확한 투자 성과를 측정하기 어려울 수 있습니다. 물론 투자 수익과 수익률에 대한 정보를 증권사에서 제공해주긴 하지만 이를 계산하는 기준이 증권사마다 조금씩 차이가 있고, 복수의 증권사를 거래할 경우 각각 증권사의 투자 성과를 합쳐서 계산하는 게 여간 어려운 일이 아닙니다. 그런데 이런 투자 성과 측정에 관한 문제는 투자 원금 대비 현재 기준 계좌 평가 잔액으로 계산한 수익금과 수익률로 해결할 수 있습니다. 이는 투자 기간을 고려하지 않는 단순한 계산 방법이지만 간단하게 내가 투자한 원금 대비 현재 어느 정도 수준의 성과를 보이는지를 빠르게 계산할 수 있습니다. 시간 가중 혹은 금액 가중 등의 수익률을 구하는 공식*이 있지만, 우리가 하는 투자의 목적은 높은 수익률이 아닌 투자금을 잃지 않으며 지속적으로 계좌 잔액이 눈덩이처럼 불어나고 있는지가 중요하다는 걸 잊지 말아야 합니다.

**[표 7-2] 단순하게 계산하는 투자 성과 공식**

**투자 원금 = 계좌 내 입출금 내역을 감안한 순수 투자금**
**계좌 평가 잔액 = 평가차익과 실현 수익, 배당 수령금이 모두 포함된 계좌 잔액**
**단순 수익금 : 총 평가 잔액 – 투자 원금**
**단순 수익률 : 총 평가 잔액 / 투자 원금 X 100**

**[그림 7-11] 자산과 부채를 항목별로 상세하게 나눈 전체 자산 기록 예시**

| 항목 | 상세내용 | 금액 | 비중 |
|---|---|---|---|
| 부동산 | 아파트 | ₩300,000,000 | 80.00% |
| 현금 | 현금 | ₩1,000,000 | 0.27% |
| 해외주식 | 미국주식(배당) | ₩15,000,000 | 4.00% |
| | 미국주식(성장) | ₩15,000,000 | 4.00% |
| 자산 | 국내주식 | ₩20,000,000 | |
| | 우리사주 | ₩10,000,000 | |
| 국내주식 | 비과세ETF | ₩3,000,000 | 9.07% |
| | 펀드 | ₩1,000,000 | |
| 안전자산 | 연금저축 | ₩10,000,000 | 2.67% |
| | | ₩375,000,000 | |

| 항목 | 상세내용 | 금액 | 차입비용(이자율) | 소득공제 | 월 상환액 |
|---|---|---|---|---|---|
| 부채 | 주택담보대출 | A | ₩100,000,000 | 3% | O | ₩700,000 |
| | 주택담보대출 | B | ₩50,000,000 | 3% | O | ₩350,000 |
| | 신용대출 | C | ₩50,000,000 | 3% | X | ₩125,000 |
| | | ₩200,000,000 | | | ₩1,175,000 |

| | | | |
|---|---|---|---|
| | | 누적 상환액 | |
| 연간 영업외손익 누계액 | 주식 매매차익 | 부채비율 | 114.29% |
| | 배당 | | |
| | 기타 | 순자산 | ₩175,000,000 |
| 가중평균 자본조달비용 | 2.93% | | |

---

\* 대부분의 증권사 HTS에서 다양한 기준으로 산출한 수익률을 제공해주긴 합니다. 하지만 여러 이유로 인해 과대 혹은 과소계상되기도 하며 복수의 증권사를 사용할 경우 정확한 투자 성과를 산출하기 복잡할 수 있으니 수익률을 구하고 싶을 땐 투자 원금 대비 현재 자산 평가액으로 단순하게 계산하는 것도 현명한 방법의 하나입니다.

## ⑦ 전체 자산을 기록

투자자는 투자 계좌 내역뿐 아니라 부동산이나 현금성 자산, 부채 내역 등 개인 혹은 가계의 전체 자산도 함께 기록해야 합니다. 이런 행위의 궁극적인 목표는 전체 자산의 증대에 있습니다. 주식 계좌는 때때로 계획에 없던 여유 자금이 생겨 투자금이 늘어나거나, 반대로 급하게 돈이 필요한 상황이나 결혼, 이사 등의 사유로 투자금을 인출해야 하기도 합니다. 이런 돌발 상황은 투자 포트폴리오에 큰 충격을 줍니다. 전체 자산을 수시로 기록하고 관리해 왔던 투자자라면 이러한 충격을 최소화할 수 있습니다. 투자자의 전체 자산을 한눈에 보며 주식 계좌 외 다른 계좌도 함께 고려하며 의사결정을 할 수 있기 때문입니다.

예를 들어, 평소 전체 자산의 추이를 기록해왔던 투자자라면 여유 자금이 생기면 주식 계좌로 바로 넣기보다 부채를 일부 상환하여 부채 비율을 낮춰야겠다고 판단할 수도 있습니다. 반대로 자금이 필요할 땐 다른 자산을 통해 조달하거나 대출을 활용하여 자금이 필요한 상황을 해결할 수도 있을 것입니다. 이처럼 주식 계좌만 기록하고 관리하는 것을 넘어 전체 자산을 기록하고 관리하게 된다면 투자 기간 중 다양한 문제나 상황들이 발생하더라도 투자를 계획대로 최대한 오랜 기간 이어나갈 수 있을 것입니다.

## ⑧ 모든 투자 심리를 기록

성공적인 투자 성과를 기대하는 데 가장 중요한 한 가지를 꼽으라면 바로 '투자자의 심리와 멘탈'일 것입니다. 시시각각 변하는 투자 환경과 예상치 못한 개별 기업들의 이슈로 인해 투자자는 다양한 상황에서 수많은 의사결정을 하게 됩니다. 이때 겪는 모든 감정과 생각, 심리 상태 등을 기록해둬야 합니다. 이런 기록은 향후 비슷한 상황이 닥쳤을 때 전보다 더 정확하고 이성적인 판단을 하는 데 중요한 역할을 합니다. 기록된 내용을 보며 투자자는 과거 자신의 판단에 대해 반성하고 개선점을 찾을 수 있게 됩니다. 또한 이런 기록들을 다양한 형태로 온라인이나 오프라인에서 비슷한 상황을 함께 경험한 다른 투자자들과 공유함으로써 스스로가 투자자로서 한층 더 성장할 기회를 얻기도 합니다. 이런 과정이 모이면 투자자는 어떤 상황에서도 흔들리지 않고 평정심을 유지하며 자신이 정한 원칙에 따라 합리적인 의사결정을 해나갈 것입니다.

## ⑨ 쌓인 기록들은 반드시 자산이 된다

투자하면서 기록해야 할 내용이 참 많습니다. 여기서 중요한 건 기록의 중요성을 깨닫고 투자하는 내내 꾸준히 기록해나가는 습관을 스스로 만드는 것입니다. 투자를 처음 시작하는 단계이거나 아직 투자 규모가 크지 않을 때는 손이 덜 가기에 그렇게 부담스럽지 않지만, 어느 정도 투자를 하는 중간에 이렇게 체계적인 기록을 해나가려고 한다면 엄두가 나지 않을 수도 있습니다. 하지만 귀찮더라도 꾸준히 기록한 내용은 본인의 투자를 객관적으로 점검하고, 투자 전략을 좀 더 정교하게 가다듬으며 앞으로의 투자 방향을 잡아 나가는데 반드시 도움이 될 것입니다.

수많은 국가와 기업들이 데이터를 확보하고 그 데이터를 분석 및 가공하는 데 집중하듯 개인투자자도 자신만의 데이터를 쌓아가는 것의 중요성을 인식해야 합니다. 귀찮음을 이겨내고 쌓아올린 기록들은 불확실성이 가득한 투자의 세계에서 여러분의 앞길을 비춰줄 등대와도 같은 존재이며, 반드시 여러분의 투자에 있어 돈으로 살 수 없는 귀중한 자산이 될 것입니다.

※ 지금까지 소개한 내용은 저자 수미숨이 실제로 사용 중인 구글 스프레드시트 관리 툴을 바탕으로 소개되었습니다. 해당 자동화 스프레드시트 관리 툴은 현재 수미숨월드 블로그(sumisum.com)에 활용 방법을 소개하는 영상과 함께 공지로 등록하여 공유하였으니 참고하시기 바랍니다.

# 적립식 투자의 심리적 한계를
# 극복하는 나만의 방법

많은 분이 미국주식을 적립식으로 투자하고 있습니다. 매달 본인의 소득에서 일부를 적금 들듯 주식 계좌로 넣어 환전 후 우수한 미국 기업들을 사서 모으는 방식으로 말이죠. 이렇게 적립식 분할매수 방식으로 투자를 할 경우 보유 종목들의 주가가 하락했을 때 추가 투자금으로 해당 주식들을 추가 매수함으로써 평균 매입 단가를 낮춰 평가 손실을 줄일 수 있습니다. 또한 투자 수익이 지지부진한 시기에도 꾸준히 적립식으로 투자금을 불입하여 전체 계좌 잔고를 증가시킬 수 있다는 장점도 있는 데요. 하지만 이 방식도 장점만 있는 건 아니어서 시간이 지남에 따라 한계에 봉착하는 투자자가 많아집니다.

**적립식 투자의 중요성을 잊어버리는 때가 반드시 온다!**

매달 100만 원씩 꾸준히 적립식으로 투자를 해오던 투자자는 운용 자산의 규모가 일정 수준을 넘어서는 순간부터 적립식 투자금이 계좌 잔고 증가에 미치는 영향이 줄어들게 되는 걸 느끼게 됩니다. 이성적이고 합리적인 투자자라면 계좌의 크기와 적립식으로 투자하는 금액에 상관없이 꾸준히 적립식 투자를 이어나가는 선택을 하겠지만 대부분의 투자자는 그런 선택을 하지 못하는 경우가 많은데요. 쉽게 말해, 매달 불입해 온 규모만큼의 적립식 투자금을 계좌에 넣어도 전체 계좌 잔고 증대에 미치는 영향이 미미하다고 판단하여 적립식 투자금을 꾸준히 넣어야 할 동기가 점점 낮아지는 것이죠. 그래서 종종 지금까지 이어오던 적립식 투자를 중단하고, 그동안 억눌러왔던 소비 욕구를 충족하는 데 투자금을 사용하는 투자자도 있습니다. 지금의 계좌 규모를 만드는 데 가장 큰 원동력이 되었던 적립식 투자의 중요성과 필요성을 잊은 채 말이죠.

### 수익률에 연연해 추가 매수 시점을 놓치지 말자!

한편 훌륭한 기업들은 시장에서 그 가치를 인정받아 주가가 계속 오를 확률이 높고, 그런 기업들의 지분을 보유하고 있는 투자자라면 해당 주식의 평가 수익률이 계속 높아지는 상황을 경험할 것입니다. 주가가 지속적으로 상승하더라도 해당 기업의 향후 성장 여력이 충분히 많이 남아있다고 판단할 경우 투자자는 해당 기업의 주식을 추가 매수하며 보유 수량을 늘려야 합니다. 하지만 종종 투자자들은 올라버린 주가 수준에서 추가 매수하면 평가 수익률이 떨어진다는 이유로 추가 매수에 심리적 거부감을 느낍니다. 그러다가 비중을 늘렸어야 할 시점을 놓치기도 하는데요. 이는 투자 성과를 평가하는 데 있어 수익률보단 수익금이 더 중요하다는 걸 알고 있는 투자자들에게도 자주 발생하는 상황입니다. 상승세가 좋은 종목을 보유하고 있음에도 불구하고 투자자는 자신의 현재 수익에 기뻐하기보단 그때 그 시점에 비중을 더 늘리지 못한 것에 대해 후회를 하는 아이러니한 상황에 맞닥뜨리기도 합니다.

### 심리적 한계를 어떻게 극복해야 할까?

필자 역시 적립식 분할매수 방식의 투자를 이어오며 위와 같은 한계점에 봉착했을 때 많은 생각과 고민을 하며 난관을 극복할 방법을 모색했는데요. 제가 찾은 해결책은 바로 '계좌를 분할하는 방법'이었습니다. 투자를 하나의 계좌로만 하던 기존의 방식에서 벗어나는 것이죠. 기존의 투자 계좌와는 별개로 새로운 계좌를 만들어 신규 계좌에서 새롭게 적립식 투자를 이어나가는 단순한 방법이었습니다.

**[그림 7-12] 자신만의 기준으로 계좌를 분할합시다**

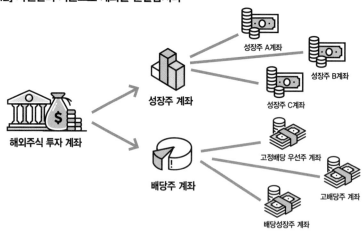

이 방법을 통해 저는 새로운 바구니를 처음부터 채워나간다는 느낌으로 적립식 투자에 대한 중요성과 필요성을 되새길 수 있었습니다. 또 수익 중인 보유 종목들을 추가 매수하고자 할 때 장애물로 작용했던 심리적 거부감 역시 떨쳐낼 수 있었습니다.

확실히 신규 계좌에서 새롭게 모아나가기 시작하니 매달 넣는 적립식 투자금만으로도 계좌가 커나가는 걸 확연히 느낄 수 있었고, 기존 계좌가 아닌 새로 만든 계좌에서 추가 매수를 진행하기 때문에 기존 계좌에 보유한 종목들의 수익률엔 영향을 미치지 않아 수익률에 과도하게 집착하지도 않게 되었죠. 신규 계좌의 개수나 계좌를 분류하는 기준은 정답이 있는 것이 아니기에 스스로 정하면 됩니다. 금액 기준으로 계좌를 나눠도 되고, 투자 중인 기업들의 특성에 따라 배당주나 성장주, ETF 등으로 묶어 분류해도 됩니다. 참고로 필자는 성장주와 배당주를 공격수와 수비수라는 이름을 붙인 두 개의 계좌에 나눠 담았으며, 성장주가 담겨있는 계좌의 평가 잔고나 수익률이 충분하다고 판단되는 시점에 새로운 성장주 계좌를 만들어 다시 적립식으로 모아나가는 재미를 느끼고 있습니다. 물론 계좌가 늘어날수록 관리의 어려움은 있겠으나 엑셀이나 구글 스프레드시트를 통해 전체 포트폴리오를 관리한다면 충분히 해결할 수 있을 것입니다.

적립식 투자의 한계를 극복하는 저만의 해결책은 바로 계좌 분할하기! 이건 마치 어느 정도 자란 나무는 풍파를 겪으며 스스로 더 튼튼한 나무로 자라도록 내버려 두고, 꾸준히 새로운 묘목을 심어 가꿔주며 숲을 만들어 나가는 과정과 비슷하다고 볼 수 있습니다. 그러다 보면 투자자는 자연스럽게 자신이 만들고 가꾼 크고 울창한 나무숲에서 경제적 자유를 누리며 행복한 나날들을 보낼 수 있지 않을까요?

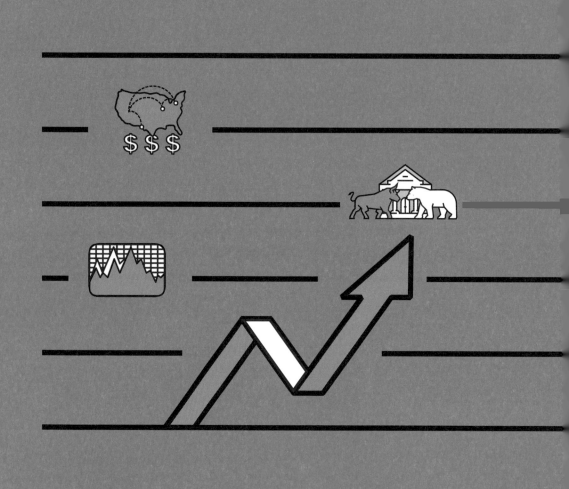

# Chapter 8

# 미국주식 거래에 관한 모든 것

# 한눈에 그려보는
## 미국주식 매매 과정

US STOCKS CLASS

지금까지 우리는 미국주식 시장의 특징과 장단점부터 섹터, 개별 종목을 보는 법, 관리와 기록까지 살펴보았습니다. 마지막 장에선 지금까지 배웠던 내용을 바탕으로 실제로 계좌를 개설하고 환전을 한 후 거래하는 과정을 설명하려 합니다.

주식 거래를 한 번도 해보지 않은 사람을 기준으로 미국주식을 매매하는 과정을 한눈에 그려보고자 합니다. 지금껏 책을 읽었다면 아시겠지만, 미국주식투자라고 특별히 어려운 과정이 있거나 복잡한 건 아닙니다. 국내주식 매매와 마찬가지로 증권 계좌를 만들고 현금을 넣은 후 매매를 하면 되는데요. 다만, 해외주식 매매가 국내주식 거래와 다른 점이라면 거래를 외화로 해야 하기에 '환전'이라는 단계가 추가된다는 정도입니다. 순서대로 한번 보실까요?

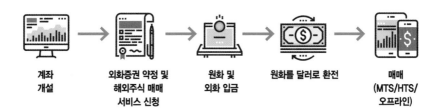

[그림 8-1] 해외주식 매매 과정 이해하기

계좌
개설

외화증권 약정 및
해외주식 매매
서비스 신청

원화 및
외화 입금

원화를 달러로 환전

매매
(MTS/HTS/
오프라인)

　① **계좌 개설:** 대면 혹은 비대면 방식으로 계좌를 개설해야 합니다. 계좌는 해외주식 거래 전용 계좌가 따로 있는 게 아니므로 일반적인 증권 계좌를 개설하거나 사용하면 됩니다.

　② **외화증권 약정 및 해외주식 매매 서비스 신청:** 개설한 일반 증권 계좌에 외환 거래 및 해외주식 매매를 위한 서비스를 신청하고 약정해야 합니다. MTS나 HTS에서 해당 메뉴를 찾아 약정에 관한 동의를 해주면 바로 외화 및 해외주식 서비스 이용이 가능합니다.

　③ **원화 및 외화 입금:** 해외주식 거래에 필요한 외화 예수금을 확보하기 위해 원화 자금을 계좌로 입금 혹은 이체하든가 보유 중인 외화를 증권 계좌로 이체해야 합니다.

　④ **환전:** 미국주식은 미국 달러로 거래하므로 이체한 원화를 달러로 환전합니다. 단, 보유 중인 달러를 증권 계좌로 입금했을 땐 다른 환전 필요 없이 입금한 달러 금액 내에서 바로 거래할 수 있습니다.

　⑤ **매매:** 보유 달러 예수금 범위 내에서 종목 검색 후 MTS, HTS, 오프라인 방식 중에서 매수 및 매도 거래를 하면 됩니다. 다만 주문 방식에 따라 매매 수수료는 다를 수 있으니 사전에 꼭 확인해보시기 바랍니다.

# 증권 계좌 개설 및
# 해외주식 서비스
# 이용 신청하기

## 02

US STOCKS CLASS

[그림 8-2] 증권사별 비대면 계좌 개설 초기 화면

출처: 신한금융투자, 미래에셋대우, 삼성증권, 키움증권의 MTS

미국주식을 사고팔기 위해선 증권 계좌가 필요한데요, 특별히 '해외주식 거래 전용 계좌'가 있는 건 아닙니다. 증권사의 주식 거래용 계좌에 해외주식 거래 서비스 이용 신청만 약정하면 됩니다. 예를 들어, 기존에 국내주식을 거래하던 계좌에 해외주식 거래 서비스 이용 신청을 하면 이 계좌에서 미국주식도 거래할 수 있는 형태입니다. 혹시 국내주식과 미국주식을 함께 투자하는 분이라면 환전, 배당 수령 주기, 매매수수료 등 국내주식과 여러모로 다른 미국주식의 특징을 고려하여 투자 내역의 효율적인 관리를 위해 미국주식 투자는 국내주식과는 별도의 계좌에서 각각 매매하는 걸 추천합니다.

신규 증권 계좌를 개설하는 방법은 제휴 은행이나 증권사 영업점을 방문하여 계좌를 개설하는 '대면 방식'과 신분증과 본인 명의 휴대폰, 타기관 계좌인증 등을 통해 시간에 구애받지 않고 영업점 방문 없이 계좌를 개설하는 '비대면 방식'이 있습니다. 개설 방식에 따른 계좌의 차이는 크게 없으니 본인에게 편한 방식으로 개설하시면 됩니다. 다만, 최근 금융감독기관의 감독 강화로 미성년자의 비대면 계좌 개설이 중단되었습니다. 미성년인 자녀 명의 계좌를 개설하고자 할 경우 제휴 은행이나 증권사 영업점을 방문하여 계좌를 개설해야 합니다. 이때 필요한 서류나 준비물은 금융기관마다 다를 수 있으므로 방문 전 해당 금융기관에 문의하여 준비하시기 바랍니다.

[표 8-1] 미성년자 계좌 개설시 필수 준비물

①(상세)기본증명서, ②(상세)가족관계증명서, ③도장, ④법정대리인 신분증

# 미국주식
# 거래 시간

**03**

**[표 8-2] 우리나라 시간 기준 미국주식 거래 가능 시간**

| 기간 | 시간(정규장 기준) |
|---|---|
| 서머타임 실시 기간(3월 중순~11월 초) | 밤 10시 30분~다음 날 아침 5시 |
| 서머타임 해제 기간(11월 중순~3월 중순) | 밤 11시 30분~다음 날 아침 6시 |

　　미국주식은 우리나라 시간 기준으로 밤 11시 30분부터 다음날 오전 6시까지 거래가 가능합니다. 다만 서머타임 제도가 있는 미국이기에 매년 3월 셋째주 월요일부터 11월 첫째주 금요일까지는 1시간씩 앞당겨 밤 10시 30분부터 다음날 오전 5시까지 거래가 가능합니다.

## 장전 거래와 시간외 거래

최근 몇몇 국내 증권사들이 정규 장 전후로도 미국주식 거래가 가능한 장전 거래Pre-Market와 시간외 거래After-Market 서비스를 제공하기 시작했습니다. 이로 인해 정규 거래 시간보다 한두 시간 더 빠르게 그리고 장 종료 후에도 한 시간 더 늦게까지 거래를 할 수 있게 되었습니다. 이런 장전 거래와 시간외 거래를 제공하는 증권사가 한정적이니 거래하기 전 미리 확인해보시기 바랍니다.

2020년 10월 기준, 장전 거래와 시간외 거래가 가능한 증권사는 키움증권, KB증권, 유안타증권이다. 키움증권은 1시간 30분 전부터, KB증권은 1시간 전부터, 유안타증권은 2시간 30분 전부터 장전 거래가 가능하다. 단, 각 증권사의 거래 가능 시간은 변동이 있을 수 있으므로 거래 전 확인은 필수다.

## 예약 주문 서비스

미국주식 거래가 가능한 늦은 저녁 시간까지 기다리기 어려운 고객들을 위해 '예약 주문 서비스'를 제공하는 증권사도 있습니다. 증권사가 오전부터 저녁까지 정해진 시간 동안 미리 매매 주문 접수를 받고, 정규장이 열리면 당일 접수된 주문들을 일괄로 처리해주는 서비스입니다. 이 서비스 역시 거래 증권사에 서비스 제공 여부를 미리 확인하시는 게 좋습니다.

# 거래 수수료

04

거래 수수료는 어떤 형태로 거래를 하느냐에 따라 달라집니다. MTS*나 HTS**를 통해 주문하는 형태를 '온라인 주문'이라 하고, 영업점 창구나 해외주식 고객센터를 통해 주문하는 형태를 '오프라인 주문'이라고 합니다. 현재 대부분의 증권사들이 미국주식 거래 시 온라인 주문은 거래대금의 0.25%, 오프라인 주문은 거래대금의 0.5% 정도를 수수료로 받고 있습니다.

하지만 국내에서 미국주식 투자에 대한 관심이 늘어나며 투자자 수와 거래 대금이 매년 큰 폭으로 증가하다 보니 증권사들은 해외주식 투자 시장에서 시장점유율을 확보하고자 신규 계좌 개설 고객들을 대상으로 거래 수수료 및 환전 시 환율 우대 이벤트를 수시로 진행하고 있습니다. 그러므로 이런 좋은 거래 조건을 제시하는 증권사를 찾아 계좌를 개설하고 미국주식 투

---

\*    MTS = Mobile Trading System의 약자로 스마트폰에서 어플 형태로 거래하는 방식
\*\*   HTS = Home Trading System의 약자로 노트북이나 데스크탑에서 소프트웨어 설치 후 해당 프로그램에서 거래하는 방식

자를 하는 것도 수수료를 아끼는 좋은 방법 중 하나입니다.

## 최소 수수료란?

불과 1~2년 전만 하더라도 국내 증권사들은 미국주식 거래 시 거래 대금에 일정 수수료율을 적용하여 계산한 금액과 최소 수수료라는 명칭의 금액 중 큰 금액을 매매 수수료로 수취했습니다.

> **증권사의 해외주식 매매 수수료 정책 = Max(거래대금 x 수수료율, 최소 수수료)**

예를 들어, 거래 금액이 원화 기준으로 500,000원이고 수수료율이 0.5%일 경우 수수료율을 적용한 매매 수수료는 2,500원이지만 최소 수수료가 건당 5달러일 경우 둘 중 큰 금액인 5달러를 수수료로 내야 했습니다.

그러나 지금은 해외주식 투자 서비스를 제공하는 증권사들이 많이 늘어났고 증권사들간 경쟁이 치열해지다 보니 점차 최소 수수료가 없어지는 추세입니다. 그럼에도 불구하고 건당 최소 수수료 정책을 시행하고 있는 증권사가 있을 수 있으니 이용하고자 하는 증권사에 최소 수수료 정책 시행 여부를 확인하시기 바랍니다.

# 결제일
# (T+3)

US STOCKS CLASS

미국주식 시장에선 전 세계의 수많은 사람이 거래를 하기 때문에 하루에
도 셀 수 없이 많은 거래가 이루어집니다. 이렇게 일어난 수많은 거래에 대

## [그림 8-3] 달력으로 보는 결제일(T+3)

| 달력 | 양음력변환 | 날짜계산 | 전역일계산 | 만나이계산 |
|---|---|---|---|---|

오늘 < **2020.05** ▾ > ☐ 음력 ☐ 손없는날 ☐ 기념일

| 일 | 월 | 화 | 수 | 목 | 금 | 토 |
|---|---|---|---|---|---|---|
| 17 | 18 | 19 | 20 | 21<br><br>매도 거래 | 22<br><br>T+1일 | 23    윤 4.1 |
| 24 | 25<br><br>[미국]메모리얼<br>데이(휴장) | 26<br><br>T+2일 | 27<br><br>T+3일<br>(결제일) | 28 | 29 | 30 |
| 31 | 1 | 2 | 3 | 4 | 5 | 6 |

한 거래 대금은 거래가 발생한 날을 기준으로 3일 뒤에 정산이 이뤄지고 이 정산일을 '결제일'이라 부릅니다. 여기서 말하는 3일 뒤(T+3일)는 휴일을 제외한 영업일(증권거래가 이루어지는 평일)을 기준으로 합니다. 따라서 금요일이나 공휴일 전날 거래를 하면 생각했던 것보다 더 늦게 결제가 이뤄질 수 있습니다.

## 공휴일이 껴있는지 확인하자!

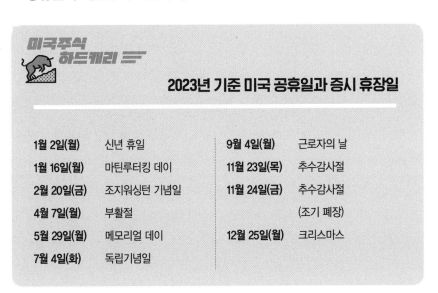

### 2023년 기준 미국 공휴일과 증시 휴장일

| 날짜 | 공휴일 | 날짜 | 공휴일 |
|---|---|---|---|
| 1월 2일(월) | 신년 휴일 | 9월 4일(월) | 근로자의 날 |
| 1월 16일(월) | 마틴루터킹 데이 | 11월 23일(목) | 추수감사절 |
| 2월 20일(금) | 조지워싱턴 기념일 | 11월 24일(금) | 추수감사절 |
| 4월 7일(월) | 부활절 | | (조기 폐장) |
| 5월 29일(월) | 메모리얼 데이 | 12월 25일(월) | 크리스마스 |
| 7월 4일(화) | 독립기념일 | | |

이 결제일은 사실 투자를 하는 과정에선 크게 중요하지 않습니다. 하지만 투자 중인 자금을 현금화하여 사용해야 할 때는 결제일을 잘 계산해야 하는데요. 투자 중인 미국주식들을 매도하여 해당 대금만큼의 달러를 이체하거나 원화로 환전하고자 할 경우엔 결제일을 정확히 알아둬야 자금 사용에 문제가 발생하지 않습니다. 종종 현지 사정이나 우리나라 혹은 미국이 공휴일

인 경우 결제일이 지연될 수 있으니 매도한 자금을 사용해야 할 이벤트가 있다면 이 부분을 증권사를 통해 사전에 꼭 확인해야 합니다.

### 매도한 대금은 결제일 전에도 거래가 가능

한편, 보유 종목을 매도하고 결제일인 3영업일이 경과하지 않더라도 매도 금액만큼의 해당하는 대금은 바로 다른 종목으로 주문이 가능합니다.

### 배당금 수령 여부는 배당락일 전날까지가 기준!

배당금을 받기 위해선 배당락일Ex-Dividend Date, 배당 기준일 Record Date 중 어떤 날에 사야 할까요? 거래일 기준인지 결제일 기준인지도 헷갈립니다. 배당금은 배당락일 하루 전날까지 매수 주문 체결되면 받을 수 있고, 결제일 기준이 아닌 매수 거래일 기준으로 결정됩니다. 따라서 배당락일 전날까지 매수 주문이 체결되어 보유 종목에 표시되는지 확인해보면 됩니다. 다만, 혹시 모를 문제가 발생할 수도 있기에 배당락일 딱 하루 전날 주문을 넣기보단 2~3일 정도 여유를 두고 매수하는 것이 안전하게 배당금을 받는 방법입니다.

# 환전

**06**

US STOCKS CLASS

미국주식에 투자할 때 환전은 매우 중요합니다. 원화를 달러로 바꿔서 투자해야 하기에 주가의 변동 외에 '환율'이라는 또 하나의 변수가 생기기 때문입니다. 그렇기에 최대한 좋은 환율로 환전을 해야만 투자 성과에 조금이나마 보탬이 됩니다. 그렇다면 좋은 환율로 환전하기 위해선 무엇을 알아야 할까요? 바로 금융기관에서 환율을 어떻게 계산하는지 환율 우대를 어떤 방식으로 해주는지 자세히 알고 있어야 합니다. 그래야 제대로 환율 우대를 받은 것인지, 더 좋은 조건으로 환전할 수 있는 다른 방법이 있는지를 비교할 수 있거든요.

## 매매기준율

환율은 우리나라 돈과 다른 나라의 돈을 교환하는 비율입니다. 그리고 '매매기준율'은 금융기관마다 환전을 할 시점의 외화의 '원가'라고 보면 되는데요. 매일 1회차 매매기준율은 대부분의 금융기관이 동일한 값으로 시작하지만 그 이후론 매매기준율이 바뀌는 속도나 횟수는 금융기관마다 다릅니다. 그렇기에 같은 시각에 환전을 하려고 해도 A 은행과 B 증권사의 매매기준율이 약간 다른 건 정상적인 현상입니다. 달러를 돈이라 생각하지 않고 물건이라 생각하면 조금 이해가 쉬울 텐데요. 같은 물건이라도 마트마다 들어오는 원가가 저마다 다를 것이기에 판매 가격이 조금씩 다른 것과 같은 이치입니다.

## 살 때와 팔 때의 가격 차이, 스프레드 Spread

금융기관은 앞서 설명한 매매기준율을 중심으로 투자자가 달러를 살 때와 팔 때의 가격에 차이를 둡니다. 예를 들어, 매매기준율이 1,200원이라고 했을 때 살 때는 1,210원의 환율이 적용되고, 팔 때는 1,190원의 환율이 적용됩니다. 이렇게 매매기준율을 중심으로 우리가 달러를 살 때 조금 더 비싸

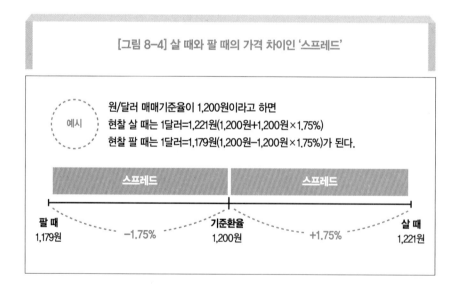

[그림 8-4] 살 때와 팔 때의 가격 차이인 '스프레드'

예시
원/달러 매매기준율이 1,200원이라고 하면
현찰 살 때는 1달러=1,221원(1,200원+1,200원×1.75%)
현찰 팔 때는 1달러=1,179원(1,200원−1,200원×1.75%)가 된다.

| 스프레드 | | 스프레드 |

팔 때
1,179원 　−1.75% 　기준환율
1,200원 　+1.75% 　살 때
1,221원

게, 팔 때 조금 더 싸게 파는 그 차이를 '스프레드'라고 하는데요. 금융기관은 이 스프레드를 통해 환전 수익을 냅니다. 외국 같은 경우엔 이 스프레드 외에 환전 수수료가 추가로 발생하지만 국내 금융기관에선 스프레드로만 환전 수익을 내고 있습니다. 그렇기에 우리가 환전을 할 땐 '환전 수수료가 얼마에요?'라는 질문보단 '환전 스프레드가 얼마에요?'라는 질문이 더 정확한 질문이라 할 수 있습니다.

그런데 이 스프레드는 금융기관마다 차이가 있습니다. 예를 들어, A 증권사는 스프레드를 각각 5원씩 총 10원의 스프레드를 적용하는 반면, B 증권사는 스프레드를 각각 10원씩 총 20원의 스프레드를 적용하는 곳도 있습니다. 따라서 거래하는 증권사의 환율 스프레드가 얼마로 형성되어 있는지 확인해야 합니다. 추가로 알아둬야 할 점이 있는데, 대부분의 증권사가 영업시간 중인 오전 9시부터 오후 3시 30분까지 적용되는 스프레드와 영업 외 시간에 적용되는 스프레드가 다르다는 점입니다. 보통 영업 외 시간에 환율 스프레드가 더 커지는데요. 실시간 환율이 반영되지 못하는 영업 외 시간 동안 환율 변동이 커질 수 있기에 금융기관들이 보수적으로 스프레드를 넓혀놓기 때문입니다.

## 현찰 환율과 전신환 환율

같은 시점이라도 해외로 송금하거나 미국주식 투자를 위해 환전할 때의 환율과 여행 갈 때 가져가기 위한 달러 현찰을 환전할 때의 환율은 다릅니다. 보통 현찰 환율이 송금을 보내거나 계좌 내에서 환전할 때 적용되는 환율보다 비싸게 적용되는데요. 그 이유는 달러 현찰은 해외에서 실물 화폐를 사서 가져와야 하기에 운송비, 보관료 등이 원가에 더해져 더 큰 스프레드가 적용되기 때문입니다. 반면 송금이나 계좌 내에서의 환전은 실물 화폐가 필요 없는 전산상 환전이기에 현찰보다 원가가 적어 상대적으로 환전 스프레드가 더 작습니다. 그래서 계좌 내에서 환전해 놓은 외화를 현찰로 인출하고자 할 땐 전신환 환율과 현찰 환율의 차이만큼이 현찰 수수료로 발생하게 되는 것입니다.

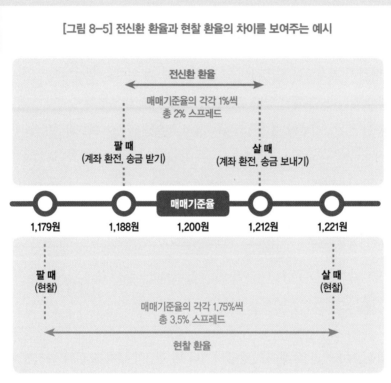

[그림 8-5] 전신환 환율과 현찰 환율의 차이를 보여주는 예시

전신환 환율

매매기준율의 각각 1%씩
총 2% 스프레드

**팔 때**
(계좌 환전, 송금 받기)

**살 때**
(계좌 환전, 송금 보내기)

**매매기준율**

1,179원    1,188원    1,200원    1,212원    1,221원

**팔 때**
(현찰)

**살 때**
(현찰)

매매기준율의 각각 1.75%씩
총 3.5% 스프레드

현찰 환율

※ 환율 우대를 적용하지 않은 시중은행 환율 정책 기준
출처 : www.Visualcapitalist.com

## 환율 우대

    은행이나 증권사에서 '환전 시 환율 우대'라는 혜택은 바로 이 스프레드의 범위를 줄여주겠다는 뜻입니다. 예를 들어, 미국주식 투자를 위해 계좌 내에서 환전을 했을 때 매매기준율은 1,200원, 달러를 살 때의 환율 스프레드는 매매기준율에서 +10원이라 가정합니다. 이때 금융기관에서 '70% 환율 우대'라는 혜택은 이 10원이라는 스프레드에서 70%에 해당하는 7원을 싸게 바꿔주겠다는 의미입니다. 즉, 원래 우대를 하나도 받지 않고 계좌에서 달러를 환전할 경우 1달러에 1,210원의 환율이 적용되지만 70% 환율 우대를 받았기에 7원(10원×70%)을 할인한 1,203원에 환전할 수 있게 되는 것이지요.

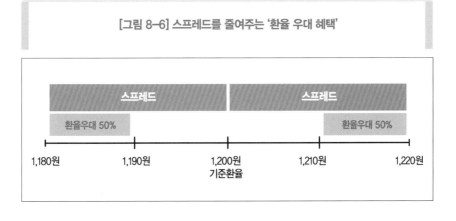

[그림 8-6] 스프레드를 줄여주는 '환율 우대 혜택'

    한편 동일한 환율 우대율을 적용받는다 하더라도 금융기관마다 '매매기준율'과 '환전 스프레드의 범위'가 다르기에 실질적인 환율 우대 정도는 달라질 수 있다는 점 또한 기억해야 합니다. [그림 8-7]을 통한 사례를 보면 첫 번째 케이스(case 1)는 A와 B 두 증권사의 매매기준율이 다르다 보니 동일하게

80%의 환율 우대를 받았지만 실제 적용 환율이 달라지는 걸 확인할 수 있습니다. 두 번째 케이스(case 2)는 두 증권사가 매매기준율은 1,200원으로 같고 적용되는 환율 우대도 80%로 동일하지만 환전 스프레드 범위가 달라 우대 적용 환율에서 차이가 발생하는 걸 알 수 있습니다.

복잡해 보이지만 대부분의 금융기관들은 어느 정도 비슷한 수준의 스프레드와 대고객 환전 환율 우대를 적용하고 있으니 너무 어렵게 생각할 필요는 없습니다. 그냥 환전할 때 가장 환율 우대를 많이 해주는 곳에서 매매기준율에 가장 가까운 환율로 사거나 팔면 되는 것이지요. 그렇기에 은행에서 환전하는 게 유리한지, 증권사에서 환전하는 게 유리한지는 정답을 내릴 수 없는 질문이랍니다. 어디서 하는지보단 얼마나 우대를 받는지가 더 중요한 것입니다.

[그림 8-7] 동일한 환율 우대를 받았더라도
증권사마다 우대 적용 환율이 달라지는 사례

| Case 1 | 매매기준율이 다른 경우 | |
|---|---|---|
| | A 증권사 | B 증권사 |
| 매매기준율 | 1,200원 | 1,210원 |
| 환전 스프레드 | 각각 10원(총 20원) | |
| 환율 우대 | 80% | |
| | 10원×80%=8원 할인 | |
| 적용 환율 | $1=1,202원 | $1=1,212원 |

| Case 2 | 환전 스프레드가 다른 경우 | |
|---|---|---|
| | A 증권사 | B 증권사 |
| 매매기준율 | 1,200원 | |
| 환전 스프레드 | 각각 5원(총 10원) | 각각 10원(총 20원) |
| 환율 우대 | 80% | |
| | 5원×80%=4원 할인 | 10원×80%=8원 할인 |
| 적용 환율 | $1=1,201원 | $1=1,202원 |

# 통합증거금 제도

몇몇 증권사에서 '통합증거금 제도'라는 서비스를 제공하고 있습니다. 이 서비스를 신청할 경우 두 가지 상황에서 좀 더 편리한 투자가 가능한데요.

**상황 A** 미국주식 매매 시 계좌에 달러가 없는 상황에서 보유 중인 원화나 엔화 등 다른 통화 예수금을 사용하여 미국주식 거래를 할 수 있습니다. 이 경우 미리 다른 통화 예수금을 미국주식 거래할 때 사용되는 달러로 환전해 놨어야 하지만 통합증거금 제도를 활용하면 그 과정을 생략하고 바로 거래할 수 있습니다.

**상황 B** 거래통화가 모두 다른 여러 나라의 주식을 하나의 계좌에서 투자하는 상황에서 엔화로 거래하는 일본 기업의 주식을 팔고 바로 달러로 미국주식 거래를 할 수 있습니다. 일반적으로 엔화로 거래하는 일본 주식을 매도한 후 매매 대금 결제가 완료되는 결제일(T+2~3)이 도래할 때까지 기다렸다가, 엔화를 달러로 환전 후 미국주식을 매수해야 하지만 통합증거금 제도를 활용하면 그 과정을 생략하고 바로 거래가 가능합니다.

이렇게 통합증거금 제도를 통해 서로 다른 통화를 활용한 거래가 이루어지면 증권사는 내부적으로 계좌 내에서 환전하여 정산을 하게 됩니다. 환전 시기는 증권사마다 조금씩 차이가 있지만 거래가 일어난 다음 영업일이나 매수한 주식의 대금 결제일이고, '증권사가 정한 환율'이나 '특정 시점의 환율'을 적용하여 부족한 금액만큼 다른 통화 예수금을 달러로 환전하는 방식으로 정리가 됩니다. 통합증거금 제도는 거래통화가 부족하더라도 다른 통화만 있으면 원하는 주식을 바로 거래할 수 있다는 장점이 있지만 내가 원하지 않는 환율로 환전될 수 있다는 단점도 있습니다.

**[그림 8-8] 주가의 오름폭보다 환율의 하락폭이 더 큰 평가 손실 사례**

| ① 매수 당시 | | 변동 내역 | | ② 평가 시점 | |
|---|---|---|---|---|---|
| 환율($1 기준) | 1,200원 | 환율 | ▽10% 하락 | 환율($1 기준) | 1,080원 |
| 매매기준율 | $100 | 주가 | ▲5% 상승 | 주당 매수 단가 | $105 |
| 주당 매수 단가 | 100주 | | | 매수 주식수 | 100주 |
| 매수 대금 | 12,000,000원 ☞ | 평가 차익 | 660,000원 손실 ☜ | 매수 대금 | 11,340,000원 |

## 수익률에 영향을 주는 또 다른 변수, 환율

환전의 시기는 '환율'에 의해 결정된다고 해도 과언이 아닙니다. 환율이 낮을 땐 투자금으로 활용할 수 있는 원화가 있을 때마다 언제든지 환전하면 되지만 환율이 높을 땐 선뜻 환전을 하기가 어렵습니다. 왜냐하면 투자자 입장에서 환율은 주가와 마찬가지로 수익률에 영향을 주는 요인이기 때문이죠. 환전 후 매수한 주식의 오름폭에 비해 환율이 더 큰 폭으로 내릴 경우 결과적으론 평가 손실인 상황이 발생하는 게 대표적인 사례입니다.

그런데 이 환율의 높고 낮음에 대한 판단은 투자자마다 각양각색입니다. 같은 환율을 보고도 A 투자자는 시점을 분산해서 꾸준히 환전할 경우 평균 환율에 도달할 것이라며 환율을 신경 쓰지 않고 기계적으로 환전하여 주식을 매수합니다. 반면 환율에 대한 자신만의 판단 기준이 있는 B 투자자는 현재의 환율이 자신의 기준보다 높기에 환전을 하지 않고 원화로 투자하거나 현금 비중을 확보한 채 향후 환율이 떨어져 자신이 정한 기준보다 낮아졌을 때 환전하고자 기다립니다.

### 사람은 왜 환율에 대해 다른 민감도를 갖을까?

투자자마다 이렇게 같은 환율을 보고도 저마다 다른 의사결정을 하는 데는 여러 가지 이유가 있겠지만 대표적으로 두 가지 이유를 들 수 있습니다. 첫 번째 이유는 현재 투자 금액 대비 환전 대기자금의 비중이 다르다는 것입니다. 같은 100만 원을 환전하고자 하더라도 현재 투자금이 1억 원인 투자자와 1천만 원인 투자자는 투자금 대비 환전 대기자금의 비중이 다르기에 자연스레 환전 시점의 환율에 대한 민감도가 다를 것입니다. 당연히 투자금 대비 환전 대기자금의 비중이 큰 1천만 원을 투자 중인 투자자가 환율에 더 민감할 수밖에 없습니다.

두 번째 이유는 향후 예상 투자 기간이 다르다는 것입니다. 누구는 앞으로 5년에서 10년 정도 미국주식으로 자산을 불려 더 좋은 입지의 집으로 이사를 하거나 기회를 봐서 투자용 부동산을 매수하려고 생각합니다. 이에 반해 누군가는 노후 자금 마련을 위해 최소 10년 이상 장기간 투자해 훌륭한 기업들의 지분을 모으려는 생각을 가질 수 있습니다. 이렇게 투자의 시계열이 다른 사람은 당연히 환율에 대한 민감도 역시 다를 것입니다.

### 투자자의 '평균 환전 환율'을 기준점으로
### 환전에 대한 의사결정을 하는 방법

자, 그럼 미국주식 투자자는 환율에 대해 어떤 기준을 잡으면 좋을까요?

자신에게 가장 적합한 환율 기준은 자신의 '평균 환전 환율'을 기준점으로 잡는 것입니다. 그동안 미국주식에 투자하기 위해 여러 번에 걸쳐서 분할 환전했던 내역들을 바탕으로 지금까지 환전한 전체 원화 금액을 환전하여 확보한 전체 달러로 나누면 투자자의 평균 환전 환율을 어렵지 않게 구할 수 있습니다. 투자자는 이렇게 계산한 자신만의 평균 환전 환율을 기준으로 현재 환율이 높은지, 낮은지 아니면 적절한지에 대한 여부를 쉽게 판단할 수 있습니다.

그런데 환전한 이력이 많지 않을 경우에는 최근 몇 년간의 '평균 환율'을 기준점으로 잡는 것이 좋습니다. 참고로 2010년 7월부터 2020년 7월까지의 약 10년 동안 평균 원/달러 환율은 1,126원이고, 2015년 7월부터 계산한 최근 5년 동안의 평균 원/달러 환율은 1,149.31원입니다. 평균 환율을 계산하는 기

[그림 8-9] 최근 10년간 원/달러 환율 추이 (2013년 10월~2023년 9월)

출처: 한국은행 경제통계시스템, 주요국통화의 대원화 환율 통계 자료

간에 대한 정답은 없기에 투자자 본인이 최근 몇 년 동안이라는 기간을 스스로 정해야 하며, 해당 기간의 환율 정보는 한국은행 경제통계시스템*에서 확인 가능합니다.

## 환율과 주가의 예상 변동 폭을 고려하여 환전 여부를 결정하는 방법

기준이 되는 환율 값과 환전하고자 하는 시점의 환율을 비교하여 의사결정을 내리는 방식 외에 또 다른 방식이 있습니다. 바로 환율의 하락 예상 폭 대비 투자하고자 하는 기업의 주가 상승 여력을 비교하여 판단하는 방식인데요. 쉽게 말해, 환전 후 매수하고자 하는 주식의 주가가 내가 생각하는 기간 동안 10% 이상 상승할 것이라 보는데 반해 환율은 지금 시점에서 5% 정도 떨어질 거라 생각하면 환율이 기준으로 잡아왔던 환율보다 높더라도 환전 후 해당 주식을 매수하는 투자를 실행하는 것입니다. 반대로 환전 후 매수하고자 하는 주식이 5% 정도 오를 것 같은데 현재 환율이 너무 높은 위치에 있어 환율이 급격히 내릴 경우 10% 이상의 환손실이 발생할 것 같으면 환전을 하지 않고 기다리는 의사결정을 하는 것이지요. 이처럼 환전은 '특정 환율이나 범위 내에서 환전해야 한다'라는 절대적인 개념이 아니라 투자자의 상황과 평균 환전 환율과 같은 환전 기준점, 환율의 하락 예상폭 대비 투자하고자 하는 기업의 주가 상승 여력 등을 종합적으로 판단하는 것이 좋습니다.

......................................................................................................................................

\*     한국은행 경제통계시스템 화면에서 주제별 간편 검색에서 확인이 가능합니다. [8. 국제수지/외채/환율 → 8.8 환율 → 8.8.2 평균환율, 기말환율→ 8.8.2.1 주요국통화의 대원화 환율 통계 자료 → 원/미국달러(매매기준율), 평균자료]

## 보유하고 있는 달러로 미국주식을 사고 싶다면?

평소 은행 외화 계좌에 달러를 환전해 두셨거나 현찰 달러를 가지고 계신 분들이 계실겁니다. 그런 분들께선 이 보유 달러를 증권 계좌로 보내서 미국 주식을 사고 싶은 생각을 하실 수도 있을텐데요. 증권 계좌는 외화 자체를 보유할 순 있지만 다른 금융기관으로부터 외화를 바로 송금받을 순 없습니다. 그래서 증권사는 시중은행과 협약하여, 은행에서 발급된 별도의 '외화 입금 전용 은행 계좌번호'를 고객에게 부여해 줍니다. 따라서 보유 외화를 증권 계좌로 송금하고자 할 땐 이 외화 입금 전용 은행 계좌로 송금해야 하고, 정상적으로 이체가 완료되면 증권 계좌에는 이체한 외화 금액 만큼이 외화 예수금에 더해지게 됩니다. 참고로 내 증권 계좌의 외화 입금 전용 계좌번호는 HTS나 MTS에서 조회가 가능하고, 찾기 어려울 경우 고객센터로 전화하면 쉽게 받아볼 수 있습니다.

# 세금

07

US STOCKS CLASS

    미국주식을 시작할 때 많은 분에게 커다란 장벽이자 부담으로 느껴지는 것이 바로 '세금'입니다. 미국주식은 국내주식과 달리 매매 차익에 대해서 양도소득세를 내고, 세법에 대한 배경지식이 없는 대다수의 사람에겐 어느 나라 기준으로 생각해야 하는지가 헷갈립니다. 또 투자자가 직접 신고해야 하는지 아니면 누군가 대신 계산하여 납부해 주는 것인지 등 의문투성이이죠. 하지만 지금부터 소개할 미국주식에 관한 세금 체계를 잘 이해해 둔다면 합법적인 절세 노하우를 바탕으로 세후 수익률을 극대화할 수 있는 장기 투자 전략을 세울 수 있을 것입니다.

    거래를 수반한 모든 행위에 뒤따르는 세금 체계는 기본적으로 [①매수 → ②보유 → ③매도]의 흐름을 기준으로 형성되어 있기에 미국주식에 관한 세금 체계 역시 이 흐름에 맞춰 소개하겠습니다.

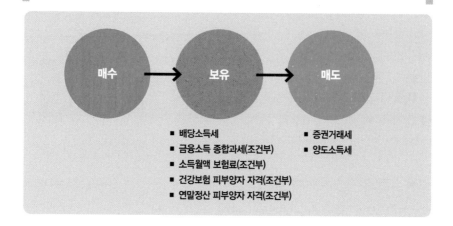

[그림 8-10] 미국주식 투자 단계별로 발생할 수 있는 세금 이슈

매수 → 보유 → 매도

보유
- 배당소득세
- 금융소득 종합과세(조건부)
- 소득월액 보험료(조건부)
- 건강보험 피부양자 자격(조건부)
- 연말정산 피부양자 자격(조건부)

매도
- 증권거래세
- 양도소득세

## ① 주식 매수 단계

부동산이나 자동차 등을 매수할 땐 취득에 관한 신고를 하며 취득세 및 등록세를 납부해야 하지만 일반 투자자가 상장된 주식을 매수할 때 발생하는 세금은 없습니다.

## ② 주식 보유 단계(배당소득세)

미국 기업 대부분은 영업 활동을 통해 벌어들인 이익의 일부를 주주들에게 배당이라는 이름으로 나눠줍니다. 1년에 한 번 배당하는 우리나라 기업들과는 다르게 미국의 대다수 기업들은 분기마다 배당금을 지급하고 있으며 일부 기업들은 매월 배당금을 지급하는 월배당 정책을 시행하고 있습니다. 그래서 우리가 이러한 미국 기업들에 투자하여 주식을 보유하고 있으면 증권사는 알아서 주식 보유 계좌로 달러 배당금을 입금해 주는데요. 이렇게 받는 배당금을 '배당 소득'이라고 하며 소득이 있는 곳에 세금이 있다는 과세 원칙에 따라 배당금을 수령한 사람은 '배당소득세'를 납부해야 합니다.

## 미국주식의 배당소득세율은 15%로 원천징수!

배당이라는 형태로 발생한 소득에는 배당소득 세율을 곱해서 납부해야 할 세금이 결정되는데 이 배당소득세는 투자자가 고민할 필요 없이 증권사에서 차감 후 투자자의 계좌로 넣어주게 되어있습니다. 이때 배당소득 세율은 나라마다 현지 세율이 다르기에 어느 나라 주식이냐에 따라 다 다른데 미국은 15%의 배당소득 세율을 적용합니다.

참고로 우리나라에서 발생한 금융 소득(이자 및 배당소득)에 대한 세율은 14%이고 여기에 주민세에 해당하는 10%(1.4%)를 더해 최종적으로 15.4%의 세율이 적용되는데요. 미국이 우리나라보다 배당소득에 대한 세율이 1% 더 높기 때문에 배당금을 지급하며 원천징수한 세금만 미국 현지에 납부하면 납세 의무가 종결됩니다. 즉, 국내에선 미국 기업으로부터 받은 배당에 대한 추가 세금이 없는 것이지요.

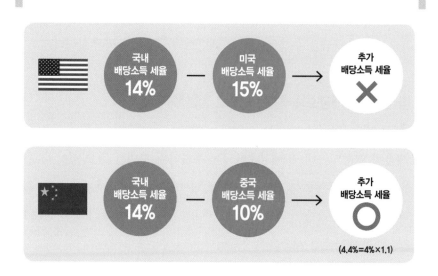

[그림 8-11] 배당소득 세율이 다른 미국과 중국의 사례

국내 배당소득 세율 14% ─ 미국 배당소득 세율 15% → 추가 배당소득 세율 ✕

국내 배당소득 세율 14% ─ 중국 배당소득 세율 10% → 추가 배당소득 세율 ○

(4.4%=4%×1.1)

## 배당소득 세율이 우리나라보다
## 낮은 나라의 주식은 어떻게 계산할까?

우리나라보다 배당소득 세율이 낮은 국가도 있습니다. 대표적으로 이웃 국가인 중국인데요. 중국은 배당소득 세율이 10%입니다. 우리나라의 배당소득 세율과 비교하면 현지에 납부하는 세율이 더 적기 때문에 차이가 나는 세율만큼은 국내에서 원화로 추가 납부해야 합니다. 원천징수의무자인 증권사는 중국의 배당소득 세율인 10%에 해당하는 세금을 배당 지급 전 원천징수하여 중국 현지에 납부하고, 국내 배당소득 세율(14%)과 차이나는 4.4%(세율 차이 4%+주민세 10%)에 해당하는 세금을 원화로 국내에서 납부하도록 되어 있습니다. 이런 부분은 증권사에서 일정 기간마다 투자자의 계좌에서 자동 납부하는 방식으로 처리해 주긴 하지만 계좌 내 보유 예수금이 납부해야 할 세금보다 적은 상황이 발생하여 문제가 되기도 합니다. 따라서 미국 외 국가에 상장된 기업에 투자하고자 할 땐 사전에 해당 내용을 증권사에 문의해보시길 추천합니다.

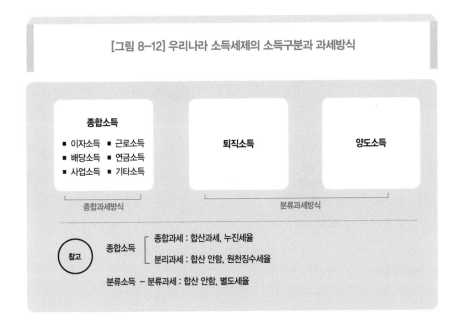

[그림 8-12] 우리나라 소득세제의 소득구분과 과세방식

## 금융소득 종합과세 대상(연간 이자 및 배당 소득 2,000만 원 초과 시)

보통은 이자나 배당소득과 같은 금융소득은 금융기관에서 원천징수 방식으로 분리과세한 후 지급하기에 투자자는 특별히 신경 쓸 게 없지만 1월 1일부터 12월 31일까지의 연간 기준으로 금융소득이 세전 2,000만 원을 초과할 경우엔 '금융소득 종합과세' 대상자가 됩니다. 금융소득 종합과세 대상자가 되면 연간 발생한 2,000만 원 이상의 금융소득을 근로소득이나 사업소득, 기타소득 등과 같은 다른 소득들과 합산하여 종합소득세를 납부하게 되어있는데요.

**[그림 8-13] 종합소득세 산출세액 공식 및 기본세율**

종합소득세 산출세액 = (과세표준×세율)−누진공제 ∨

■ **종합소득세 기본세율**(2023년 기준)

| 과세표준(=종합소득금액−소득공제) | 세율 | 누진공제 |
|---|---|---|
| 1,400만원 이하 | 6% | – |
| 1,400만원 초과~5,000만원 이하 | 15% | 126만원 |
| 5,000만원 초과~8,800만원 이하 | 24% | 576만원 |
| 8,800만원 초과~1억5천만원 이하 | 35% | 1,544만원 |
| 1억5천만원 초과~3억원 이하 | 38% | 1,994만원 |
| 3억원 초과~5억원 이하 | 40% | 2,594만원 |
| 5억원 초과~10억원 이하 | 42% | 3,594만원 |
| 10억원 초과 | 45% | 6,594만원 |

종합소득세는 소득 구간에 따라 점점 더 높아지는 세율을 적용하는 방식으로 계산되기에 연간 벌어들인 소득들의 합계액이 크면 클수록 세금을 더 많이 내도록 되어있습니다. 금융소득 외에 다른 소득이 얼마냐에 따라 납부해야 할 세금이 달라지겠지만 종합소득으로 계산한 납부해야 할 세금이 원천징수로 납부한 세금보다 클 경우엔 금융소득에 대해 추가적인 세금을 납부해야 할 수도 있습니다. 가끔 국내 금융소득과 해외 금융소득은 별개라고 생각하시는 분들도 계실 수 있겠지만 금융소득은 발생 국가와 상관없이 1월 1일부터 12월 31일까지 1년간 발생하는 모든 종류의 이자와 배당 소득의 합계 금액을 뜻하므로 미국 기업으로부터 달러로 받은 배당도 여기에 포함된다는 점

을 기억해야 합니다. 참고로 금융소득 종합과세 대상 기준은 원화 2,000만 원이지만 미국주식은 배당금을 달러로 수령하기 때문에 환율을 적용하여 수령 배당금의 원화 과표를 산정해야 하는데요. 이때 적용되는 환율은 배당금이 증권 계좌로 입금되는 일자의 1회차 매매기준율로 계산합니다.

## 금융소득 종합과세 대상자가 되면 세금을 많이 내나요?

전업주부처럼 금융소득 외에 다른 소득이 없는 사람은 이자 및 배당 소득이 2,000만 원을 넘어 금융소득 종합과세 대상자가 되더라도 크게 걱정하지 않아도 됩니다. 왜냐하면 2,000만 원을 초과하는 금융소득에 종합소득세 기본세율(6.6~49.5%)을 적용하여 계산한 산출세액보다 이자 및 배당 수령 시 원천징수한 세액이 더 많을 경우 추가로 납부할 세금이 없기 때문입니다. 한마디로, 금융소득 외에 다른 소득이 없는 사람은 연간 금융소득이 약 7,200만 원이 넘을 경우 추가로 납부할 세금이 발생하고, 넘지 않으면 추가로 납부할 세금은 없습니다.

### 소득월액 보험료 납부 대상(직장인)

급여를 받는 직장인이 급여 외의 소득이 2,000만 원을 초과할 경우 근로소득 기준으로 회사와 근로자가 반반씩 부담하는 건강보험료 외에 추가 소득에 대한 추가 건강보험료로 '소득월액 보험료'가 추가 징구됩니다. 추가 건강보험료인 '소득월액 보험료'를 납부하지 않기 위해서 투자자는 미국주식 투자로 받은 배당소득이 근로소득 외에 다른 소득과 합산하여 2,000만 원이 넘는지에 대해 스스로 확인해보아야 합니다.

## 건강보험 피부양자 자격

일정 조건이 충족될 경우 가족 구성원은 건강보험 직장가입자의 피부양자로 등록이 가능합니다. 그러나 이 피부양자가 미국주식 투자로 받은 배당소득이 다른 소득과 합산하여 연 2,000만 원을 초과할 경우 피부양자에서 제외됩니다. 따라서 직장가입자의 피부양자로 등록된 가족들과 함께 미국주식에 투자하고 있을 경우 배당 소득을 포함한 전체 소득이 건강보험 피부양자 자격 기준 범위 내에 해당되는지를 수시로 확인해야 합니다.

## 생각보다 쉽지 않은 일정 규모 이상의 배당소득 수령

지금까지 소개해 드린 배당소득에 대한 내용을 종합해 보면 배당소득이 일정 규모 이상이 되면 꽤 많은 페널티가 있습니다. 금융소득 종합과세 대상이 되기도 하고, 건강보험 피부양자 자격을 잃는다면 안 내던 건강보험료도 내야 할 부담스러운 상황이 발생할 수 있지요. 그러나 현재 금융소득 종합과세 기준 금액인 2,000만 원을 온전히 배당소득으로만 받으려면 1% 초반인 시중은행 예금 금리의 약 3배가 넘는 5%의 배당률로 계산해도 투자금이 약 4억 원 정도는 되어야 합니다. 대다수의 일반 투자자가 이 정도 규모의 배당금을 받을 수 있는 투자금을 형성하기까진 꽤 긴 시간이 걸릴 것이므로 배당소득으로 인한 실질적인 세금 부담이 늘어나는 시점이 오기 전에 미리 걱정하기보단 이러한 사항들이 있다는 것 정도만 알아두시고 그 시점이 오기 전에 미리 부담을 최소화할 수 있는 방법을 찾아가며 투자를 해나가는 것이 좋습니다.

## ③ 주식 매도 단계(거래세, 양도소득세)

매수와 보유에 이어 마지막 단계는 매도 단계로, 투자 중인 종목을 매도함으로써 수익 혹은 손실을 확정 짓게 되는 행위를 말합니다. 매도 시 발생하는 세금은 '증권거래세 SEC Fee'와 '양도소득세' 두 가지인데요. 먼저 증권거래세는 매도 금액의 0.00221%(수시로 변동될 수 있음)로 매우 미미한 수준이라 크게 신경 쓰지 않아도 됩니다. 그러나 양도소득세는 절세 전략의 사용 유무에 따라 세후 수익률에 큰 영향을 미치므로 이 부분에 대해 제대로 이해하는 것이 중요합니다.

### 본격적으로 양도소득세 이해하기

양도소득세는 매매차익이 발생했을 때 부과되는 세금을 말합니다. 이 세금을 계산하는 공식은 [양도소득세 과세표준 = 매도 금액 – 매수 금액 – 제비용 – 기본공제]와 같으며 얼핏 보기엔 단순해 보입니다. 하지만 실제 매도 금액과 매수 금액을 계산할 땐 단순 주가 차이 외에 환율의 변동 또한 고려해야 합니다. 그렇지 않으면 주식을 샀을 때 보다 팔 때 더 싸게 손해를 보며 팔았음에도 환율이 오르는 바람에 세금을 내야하는 상황이 발생하기도 합니다. 즉, 양도차익에 환차손익도 포함되어 과세된다는 말이지요.

[표 8-3] 해외주식 양도소득세 계산 공식

**양도소득세 과세표준**
**= 매도 금액 – 매수 금액 – 제비용 – 기본공제**(연간 인당 250만 원으로 매년 공제)

**매도 금액: 매도 단가 X 수량 X 매도 시점**(결제일인 T+3일)**의 1회차 매매기준율**
**매수 금액: 매수 단가 X 수량 X 매수 시점**(결제일인 T+3일)**의 1회차 매매기준율**
**제비용: 증권거래세, 거래수수료 등**
**해외주식 양도소득 세율 = 22%**(양도세율 20% + 주민세 2%)

매도 금액은 매도 주문이 체결된 주식 수와 매도 단가를 곱하여 달러 기준의 매도 금액을 계산합니다. 그리고 해당 주문에 대한 대금 정산이 이루어지는 결제일(T+3) 환율(1회차 매매기준율)로 원화 기준의 최종 매도 금액을 계산할 수 있습니다. 매수 금액 역시 매도 주문과 마찬가지로 매수 주식 수와 매수 단가를 곱하여 달러 기준의 매수 금액을 계산 후 결제일의 환율을 곱하여 원화 매수 금액을 계산하는데요. 여기에 해당 거래를 하며 발생한 증권거래세와 거래 수수료 같은 제비용은 필요 경비로 인정하여 매매차익에서 차감해 줍니다. 이렇게 매도 거래는 투자 기간 동안 수많은 종목에서 여러 번 발생할 수 있기에 양도소득세 과세 체계에선 매년 1월 1일부터 12월 31일까지 1년 단위로 과세 대상 기간을 규정하고 있는데요. 미국주식 매매에 따른 양도소득세 계산을 연간 단위로 구분해서 종목들의 보유 기간이나 평가 손익이 아닌 매도를 통해 실현한 금액의 합으로 계산하겠다는 말입니다.

## [표 8-4] 사례로 이해하는 미국주식 양도소득세 계산식

| 연간 수익 실현 종목 및 금액 | A 종목 | B 종목 | C 종목 | 합계 |
|---|---|---|---|---|
| | +500만원 | +300만원 | +200만원 | +1,000만원 |
| 연간 손실 확정 종목 및 금액 | X 종목 | Y 종목 | Z 종목 | 합계 |
| | −300만원 | −250만원 | −100만원 | −650만원 |

| | | |
|---|---|---|
| | 연간 수익 총액 | 10,000,000원 |
| − | 연간 손실 총액 | 6,500,000원 |
| = | 순매매차익 | 3,500,000원 |
| − | 연간 기본공제<br>(제비용은 없다고 가정) | 2,500,000원 |
| = | 양도소득세 과세표준 | 1,000,000원 |
| × | 세율(주민세 포함) | 22% |
| = | 양도소득세 납부 세액 | 220,000원 |

예를 들어, 올해 보유 중이던 미국주식 6종목을 매도하였다면 해당 종목들의 매매손익을 모두 합친 금액을 계산하게 됩니다. A, B, C 종목은 수익이 나서 익절하였고, X, Y, Z 종목은 손실이 난 채로 손절하였다면 플러스인 A, B, C 세 종목의 수익 금액과 X, Y, Z 세 종목의 손실 금액을 합쳐 '순매매차익'에 대해서 양도소득세를 부과하게 되어있고 이 개념을 '손익 통산'이라 부릅니다. 연간 발생한 순매매차익이 계산되었다면 여기에 기본 공제 금액인 250만 원*을 차감한 후 주민세를 포함한 양도소득 세율인 22%를 곱한 금액을 다음 년도 5월 1일부터 31일까지 해외주식 매매차익으로 발생한 양도소

---

\* 부동산 양도소득세 기본 공제인 250만 원과는 별개입니다.

득세 명분으로 신고 및 납부하게 되어있습니다. 이 양도소득세는 전 금융기관에서 발생한 해외주식의 매매차익을 모두 포함하여 계산해야 하기 때문에 복수의 증권사를 통해 투자 중이거나 미국이 아닌 중국이나 일본, 홍콩 등 다른 해외주식에서도 매매차익이 발생한 투자자라면 반드시 모든 매매 내역들을 모아서 양도소득세를 계산해야 합니다. 매매 거래가 많을 경우 굉장히 복잡해지고 이걸 언제 다 계산하고 있나 싶으시겠지만 현재 대부분의 증권사들은 이런 양도소득세 신고를 제휴 세무법인을 통해 대행할 수 있도록 서비스를 제공하고 있습니다. 복수의 증권사와 거래 중일 땐 거래 금액이 크거나 거래 빈도가 잦은 증권사를 통해 대행 신고 서비스를 신청하고, 타증권사로부터 양도소득세 계산용 거래 내역서를 받아 대행 신고 주관 증권사에 제출하면 됩니다.

한편, 연간 매도 내역을 종합했을 때 수익이 아닌 손실을 기록했거나 기본 공제 금액인 250만 원보다 작은 금액으로 매매차익이 발생한 분들의 경우에도 신고를 해야하는지 의문이 생기시는 분들이 계실텐데요. 해외주식은 양도차손(손실)이나 공제 후 납부할 세액이 0원이라도 신고하는 것이 원칙입니다. 해외주식은 자진신고 및 납부 대상이지만 신고불성실에 대한 가산세가 있습니다. 무신고일 경우 20%, 과소신고일 경우 10%이고, 납부불성실 가산세는 연 10.95%이므로 매년 5월은 전년도 해외주식 양도소득세에 대한 신고 및 납부에 대해 잊지 않도록 주의해야 합니다.

## 양도소득세는 분류과세

앞서 소개한 배당소득세는 2,000만 원이 넘을 경우 근로소득이나 사업소득, 기타소득 등과 같은 다른 소득과 합산하여 종합과세를 하는 데 반해 양도소득세는 양도소득 과표 금액에 22%를 곱한 세금만 납부하고 납세 의무가 종결되는 '분류과세 방식'을 취하고 있습니다. 그러므로 금융소득 종합과세 대상자인 고소득자, 고자산가의 경우 다른 소득과 종합하여 높은 누진세율로 계산된 세금을 내는 것보다 매매차익에 대한 22%의 양도소득세를 분류과세로 납부하는 게 세제 면에서 더 이득일 수 있습니다.

## 연간 매매차익이 100만 원을 넘을 경우 피부양자 자격 상실

연간 소득 금액이 100만 원을 초과하는 경우 연말정산 시 피부양자 자격을 잃게 됩니다. 미성년인 자녀나 부양 중인 부모 명의 계좌에서 해외주식 거래가 이뤄지다 보면 본인도 모르게 기본공제 금액인 250만 원을 공제하고도 매매차익이 연간 100만 원을 초과하는 경우가 생깁니다. 이럴 경우 연말정산 시 인적공제와 신용카드 사용액, 보험료, 교육비 등의 각종 공제 혜택을 못 받게 되므로 피부양자로 되어있는 가족들의 해외 주식 거래 내역도 꼼꼼히 챙겨야 합니다.

## 손익통산은 해외주식끼리만 가능!

2020년 개정된 세법 내용 중 국내주식과 해외주식의 손익통산 내용(소득법 제94조)이 있습니다. 이 개정 내용을 보고 국내주식과 해외주식이 2020년부터 당장 손익통산이 된다고 오해하는 분들이 계시는데요. 여기서 말하는 국내주식은 양도소득세 부과 대상인 주식으로 ①투자자가 대주주로 분류되는 종목의 상장 주식, ②비상장 주식, ③상장 주식의 장외거래를 이야기합니다. 즉, 우리가 일반적인 국내주식시장에서 매매하는 삼성전자나 현대차 같은 주식과 미국주식은 손익통산이 되지 않습니다.

**[표 8-5] 미국주식 보유 및 매도에 따른 세금 정리**

| | 보유 | 매도 |
|---|---|---|
| 세금 | 배당소득세 | 양도소득세 |
| 세율 | 15% | 22%(주민세 포함) |
| 징수 방식 | 원천징수 | 다음 해 5월<br>자진신고 및 납부 |
| 기간 | 연간(1월 1일~12월 31일) | |
| 공제 여부 | X | 연간 250만 원(매년 공제) |
| 금융소득 종합과세 여부 | O | X |
| | 연간 금융소득 2,000만 원 ↑ | 분류과세(종합소득과 별개) |
| 특징 | 소득월액 보험료 납부<br>(급여 외 소득 2,000만 원 ↑) | 해외주식 간 손익통산 방식 |
| | 건강보험 피부양자 자격 상실<br>(급여 외 소득 2,000만 원 ↑) | 연말정산 피부양자 자격 상실<br>(양도소득 포함 연간 소득 100만 원 ↑) |

# 양도소득세 절세 노하우

## 08

US STOCKS CLASS

## ① 기본공제를 활용한 분할 매도

이익을 실현하고 싶은 종목이 있을 경우 한번에 하는 게 아니라 매년 받을 수 있는 기본 공제 250만 원을 활용하여 세금을 줄이는 전략입니다. 가장 극단적인 예시로, 총 실현해야 할 이익이 500만 원인데 12월 중 250만 원을 매도한 후 다음 해가 되자마자 1월 1일에 나머지 250만 원을 매도하면 매년 250만 원씩 기본 공제를 받을 수 있어 납부해야 할 세금이 발생하지 않게 됩니다.

이 방법은 투자 종목과 투자 금액이 작을 경우 효과적이지만 주가의 변동성과 투자 금액이 커지고 여러 종목을 매매한다면 쉽게 사용하기 어려우니 투자 초기에 1~2년가량 쓰기 좋은 절세 전략입니다.

## ② 평가 손실 종목 매도 후
## 재매수를 통한 절세(손익통산 활용 전략)

연간 단위로 집계하는 양도소득세이기에 수시로 연간 실현한 매매차익을 확인해야 합니다. 기본 공제 금액인 250만 원을 넘는 매매차익이 발생하고 있다면 보유 종목들 중 평가 손실 중인 종목들을 매도 후 다시 동일한 금액만큼 재매수*하여 결과적으로 투자 포트폴리오의 내역 변화 없이 손익통산

### 사례로 이해하는 손익통산을
### 활용한 절세 전략

과거 1,000만 원어치 매수한 A주식이 올해 2배가 되어 2,000만 원에 매도한다면 손익인 1,000만 원에서 250만 원을 공제한 750만 원이 양도소득 과표 금액이 되어 22%의 세율을 곱한 165만 원을 양도소득세로 납부해야 합니다. 그런데 평가 손실을 각각 400만 원을 기록하고 있는 B주식과 C주식을 매도 후 동일한 금액으로 바로 다시 매수할 경우, 해당 연도 수익인 1,000만 원과 손실인 800만 원을 통산하고 여기에 기본 공제 금액인 250만 원까지 차감하면 양도소득 과표 금액이 0원이 됩니다.

즉, 결과적으로 포트폴리오에서 A주식의 수익을 매도하여 실현시켰고, 손실 중인 B주식과 C주식을 팔았다가 다시 동일한 금액만큼 되샀기에 포트폴리오에서는 보유 종목은 A주식만 편출되고 나머지는 그대로인 상태가 됩니다. 하지만 손실 중인 종목들을 매도함으로써 손실을 확정지었고, 확정된 손실 금액은 A주식의 수익과 통산되어 양도소득세를 내지 않아도 되는 절세 효과가 생기는 것이지요.

---

\*  후입선출 방식의 계좌라면 매도 후 같은 날 재매수하더라도 아무런 효과가 없습니다. 증권사와 계좌마다 성격이 다르므로 손익통산을 활용한 절세 전략을 안전하게 활용하려면 영업일 기준 하루의 시간 차이를 두는 것이 좋습니다.

을 통해 양도소득 과표 금액을 줄이는 절세 방법입니다. 물론 팔고 되사는데에 따른 증권거래세와 매매수수료가 발생하겠지만 이렇게 하지 않았을 경우 발생할 양도소득에 비하면 고민이 무색할 정도의 적은 금액입니다.

## ③ 가족 간 증여를 통한 절세

해외주식을 증여할 경우 증여를 받은 사람인 수증자의 평균 매수가와 증여재산가액*은 증여 시점 전후 2개월 종가를 평균하여 결정됩니다. 이해를 돕기 위해 간단한 사례를 들어 설명해보겠습니다. A씨의 남편이 과거 아마존 주식 AMZN 을 20만 달러가량 매수하였는데 세월이 흘러 주가가 2.5배가 올라 50만 달러가 되었습니다. 이 주식을 매도할 경우 차익인 30만 달러에 대해 약 7,865만 원의 양도소득세**를 내야 합니다. 하지만 이 주식을 배우자인 A씨에게 증여하고 A씨는 주식을 증여받는 당일 바로 시장에 매도한다면 A씨의 아마존 주식 매입가는 A씨 남편이 샀던 매입가가 아닌 증여 받을 시점 전후로 각각 2개월간(총 4개월)의 종가 평균으로 계산됩니다. 4개월 동안 주가 변동은 있겠지만 남편의 평균 매입 단가보단 주가는 많이 오른 수준에서 배우자(수증자)의 매입가가 결정될 것입니다. 따라서 증여 없이 남편이 매도했을 때보다 양도소득세를 훨씬 적게 내거나 상황에 따라 내지 않아도 될 수 있습니다.

---

\*     증여세 계산을 위한 증여받은 자산의 가치

\*\*    원/달러 환율은 1,200원으로 계산

[표 8-6] 증여일 전후 종가 평균과 매도 금액의 차이에 따른 양도소득세 발생 여부

**증여일 전후 각각 2개월간 종가 평균 > 매도 금액 = 양도소득세 X**
**증여일 전후 각각 2개월간 종가 평균 < 매도 금액 = 양도소득세 O**

참고로 부동산의 경우 증여받은 부동산을 5년 이내에 양도하면 증여는 없었던 것으로 보고 당초 증여자가 양도한 것으로 양도세를 계산하는 '취득가액 이월과세'란 제도가 있지만 2020년 현재 주식 증여에는 해당 사항이 없습니다.

### 증여세와 10년 합산 공제 한도

양도소득세와는 별개로 남편이 배우자에게 주식이라는 재산을 증여했다면 수증자인 배우자는 '증여세'를 납부해야 합니다. 이때 수증자의 증여세 계산을 위한 증여재산가액은 수증자의 평균 매수가를 계산하는 방식과 동일하게 증여일 기준으로 전후 각각 2개월(총 4개월)의 종가 평균을 기준으로 계산합니다. 하지만 세법엔 가족 혹은 친족 간 증여 시 일정 금액을 증여세 과세가액*에서 공제해주는 '증여재산공제'라는 제도가 있습니다. 위 사례에서 보면 최근 10년 간 배우자에게 증여한 재산이 없다고 가정했을 때 남편이 증여한 아마존 주식의 4개월 종가 평균으로 계산한 증여재산가액에서 6억 원을 공제한 금액에 대해서만 증여세를 납부하면 됩니다. 참고로 증여자가 누구

---

\*    증여세 과세가액 = 증여재산가액 + 합산대상 증여재산(해당 증여 전 10년 이내의 증여 재산) - 비과세 증여재산 - 부담부증여시 채무인수액 - 과세가액 불산입재산

냐에 따라 수증자가 받을 수 있는 증여재산 공제 한도가 달라지니 아래 표를 참고하시기 바랍니다.

**[표 8-7] 증여세 공제 한도** (2023년 기준)

| 증여자 | | 공제 한도(10년 합산) |
|---|---|---|
| 배우자로부터 증여받은 경우 | 사실혼 제외, 외국법령에 의한 혼인 인정 | 6억 원 |
| 직계존손에게 증여받은 경우 * | 부모, 조부모, 외조부모, 계부, 계모, 계조부, 계조모, 양부모, 일반 입양자의 친부모 | 5천만 원 (미성년자는 2천만 원) |
| 직계비속에게 증여받은 경우 | 자녀, 손자녀, 외손자녀 | 5천만 원 |
| 기타친족(6촌이내 혈족, 4촌이내 인척)에게 증여받은 경우 | 사실혼 배우자, 형제, 며느리, 사위, 친입양자의 친부모 | 1천만 원 |

**[표 8-8] 증여세 과제표준별 세율 및 누진공제액** (2023년 기준)

| 과세표준 | 세율 | 누진공제액 |
|---|---|---|
| 1억 원 이하 | 10% | – |
| 1억 원 초과~5억 원 이하 | 20% | 1,000만 원 |
| 5억 원 초과~10억 원 이하 | 30% | 6,000만 원 |
| 10억 원 초과~30억 원 이하 | 40% | 1억 6,000만 원 |
| 30억 원 초과 | 50% | 4억 6,000만 원 |

* 손주 세대 생략 시 30% 할증 과세

정리하자면, 내가 산 주식의 가치가 2.5배가 되었을 때 그냥 팔면 세금을 30만 달러의 22%인 약 7,920만 원 정도를 양도소득세로 내야하지만 증여세 공제 한도를 잘 활용하여 배우자와 자녀들에게 나눠서 증여할 경우 양도소득세와 증여세를 최소화하며 수익을 실현할 수 있게 됩니다. 참고로 가족 간 증여를 통해 해외주식 양도소득세를 절세한 후 매매대금을 다시 이전 주식 소유자에게 옮기거나 유사한 행위를 할 경우 양도소득세 부당 행위에 해당될 수 있으니 이 점은 주의하시기 바랍니다.

> ★ 양도소득세 절세 노하우 같은 경우엔 세법 개정으로 인해 내용이 바뀔 가능성이 있습니다. 따라서 실제 매도 단계에서 해당 내용을 활용하시기 전 증권사와 세무사를 통해 변경된 내용이 있는지 꼭 확인해보시기 바랍니다.

## 8장을 마치며 독자들께 드리는 말씀

지금까지 미국주식 투자를 시작하기 위해 알아둬야 할 부분에 대해 소개해드렸습니다. 그런데 여러분께서 꼭 알아두셔야 할 한 가지가 있는데요. 바로 해외주식 매매 서비스를 제공하는 증권사마다 세세한 부분이나 용어는 다를 수 있다는 점입니다.

예를 들어, 증권 계좌에 "해외주식 거래를 위한 서비스를 등록하는 것"에 대해 A 증권사는 '해외주식 서비스 등록'이라고 하는 반면 B 증권사는 '해외주식 매매신청 약정', C 증권사는 '해외주식 거래 신청'이라고 표기합니다. 이는 '해외주식 매매'라는 동일한 목적을 위한 서비스를 등록하는 절차에 대해 증권사마다 다른 명칭을 사용하고 있는 사례라고 볼 수 있는데요. 이처럼 같은 해외 주식 거래 서비스라고 하더라도 증권사마다 대동소이한 부분이 있기에 매매나 각종 증권사 서비스에 대한 궁금증이 생긴다면 해당 증권사 고객센터를 통해 문의하는 것이 가장 빠르고 정확한 방법입니다.

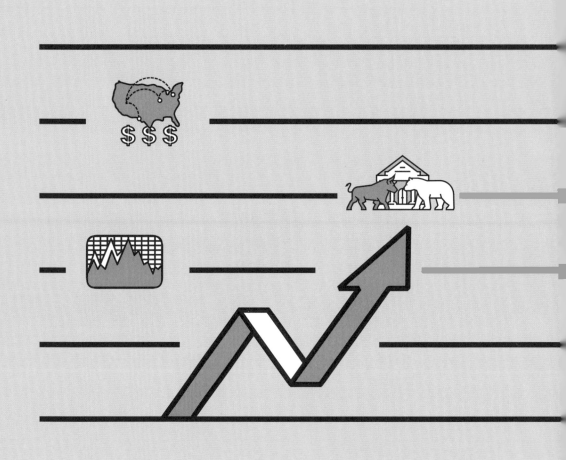

# 공부할 때 참고하면

# 좋을 주요 경제지표

# 주요 경제지표 훑어보기

## 01

제6장에서 시장 변동성을 활용하는 방법을 말씀드렸듯이 실적발표 시즌과 기준금리 변동 외에도 주요 경제지표가 발표되면 시장의 변동성이 커질 수 있습니다. 내용 전달의 흐름상 본문에는 '경제지표'에 대해 소개하기 어려워 이렇게 부록으로 따로 모았습니다.

미국 연방정부와 민간기업들은 매주, 매달, 분기별로 여러 경제 보고서를 발표합니다. 각 보고서를 통해 고용시장, 주택시장 등 미국 경제 상황을 전반적으로 확인할 수 있는데요. 발표 지표들을 통해 시장 참여자들은 현재의 경제 현황과 앞으로의 진행 방향에 대해 알 수 있습니다. 주요 지표들이 발표되는 날에는 시장의 변동성이 커지는 경향이 있기에 미리 일정을 확인해둘 필요가 있습니다. 물론 경제지표는 변동성 외에도 경제 상황과 주식 시장에 대한 메시지를 주기 때문에 이런 지표들을 잘 이해하고 수시로 확인하며 투자에 활용할 수 있어야 합니다. 수많은 주요 경제지표들이 있지만, 그중에서도 여러분이 투자하는 데 가장 도움이 될만한 핵심 지표 8가지를 꼽아 고용, 소비, 기업의 카테고리로 분류하여 소개하겠습니다.

## ① 고용

사람들은 경제 활동을 통해 벌어들인 소득으로 소비를 합니다. 이런 소비가 기업의 수익이 되고, 기업의 이익은 생산과 추가적인 고용으로 이어지며 경제가 돌아갑니다. 그렇기 때문에 시장 참여자들과 미 연준은 고용 현황지표에 민감한 반응을 보일 수밖에 없는데요. 주요 고용 지표로는 ⑴고용 보고서, ⑵주간 실업수당 청구 건수가 있습니다.

### 1) 고용보고서 Employment Situation

고용보고서*는 꼭 확인해야 할 중요한 보고서 중 하나입니다. 미국 노동부 산하 통계국은 매달 노동 시장을 확인하기 위한 설문 조사를 실시하고, 그 결과인 고용 보고서를 매달 첫째 주 금요일 발표합니다. 실제 보고서 자체는 매우 방대하기에 핵심 정보인 실업률, 비농업 고용, 평균 주당 근로 시간, 평균 시간당 수입을 위주로 확인해 봅시다. 이 중에서도 특히 실업률이 예상보다 높으면** 시장은 고용시장 상황이 좋지 못하다고 판단하여 주식 시장에 부정적인 영향을 줄 확률이 높습니다.

---

\*   미국 노동부 통계국에서 확인 가능합니다: https://stats.bls.gov/News.release/empsit.toc.htm
\*\*   참고로 경제학자들은 보통 실업률이 4.6~5%인 상태를 이상적인 고용시장으로 봅니다.

# [그림 부록-1] 고용보고서 발표 예시

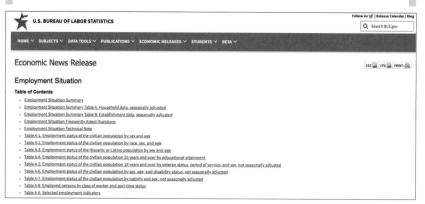

출처: stats.bls.gov

# [그림 부록-2] 고용보고서 핵심 지표

## Employment Situation

**Released On 3/4/2022 8:30:00 AM For Feb, 2022**

|  | Prior | Prior Revised | Consensus | Consensus Range | Actual |
|---|---|---|---|---|---|
| Nonfarm Payrolls - M/M | 467,000 | 481,000 | 390,000 | 200,000 to 650,000 | **678,000** |
| Unemployment Rate | 4.0 % |  | 3.9 % | 3.8 % to 4.0 % | **3.8 %** |
| Private Payrolls - M/M | 444,000 | 448,000 | 330,000 | 197,000 to 625,000 | **654,000** |
| Manufacturing Payrolls - M/M | 13,000 | 16,000 | 20,000 | 19,000 to 35,000 | **36,000** |
| Participation Rate | 62.2 % |  | 62.3 % | 62.2 % to 62.4 % | **62.3 %** |
| Average Hourly Earnings - M/M | 0.7 % | 0.6 % | 0.5 % | 0.4 % to 0.6 % | **0.0 %** |
| Average Hourly Earnings - Y/Y | 5.7 % | 5.5 % | 5.8 % | 5.7 % to 5.8 % | **5.1 %** |
| Average Workweek | 34.5 hrs | 34.6 hrs | 34.6 hrs | 34.6 hrs to 34.7 hrs | **34.7 hrs** |

출처: Econoday.com

## 2) 신규 실업수당 청구 건수 Initial Jobless Claims

지난 한 주 동안 실업자가 얼마나 더 증가했는지 보여주는 지표입니다.*
미국 각 지역 정부 기관들이 매주 일요일에서 차주 토요일까지 일주일 동안
신청된 실업수당 신규 청구 건수를 집계한 뒤 이를 모아서 미 노동부 산하
고용 훈련국을 통해 매주 목요일 발표합니다. 계절적 요인, 특정 이슈로 인
한 변동성을 해결하고자 4주 동안의 평균 청구 건수도 함께 발표됩니다. 예
상치가 아닌 미국 각 지역 정부 기관들이 실제 집계한 데이터로 산출되므로
미국의 고용상황을 가장 정확히 알 수 있는 척도로 평가 받습니다. 실업수당
청구 건수가 늘어난다는 것은 일자리를 잃은 사람들의 수가 늘어났다는 것
으로 시장에 부정적인 영향을 미치기 쉽습니다.

[그림 부록-3] 신규실업수당 청구 건수 발표 예시

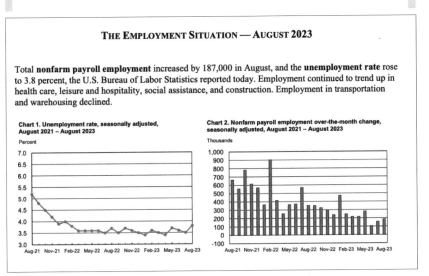

출처: dol.gov

---

\* 　노동부 홈페이지에서 확인 가능합니다: https://www.dol.gov/newsroom/economicdata

## ② 소비

미국 GDP의 67.7%가 민간소비인 만큼 미국 경제 상황에 있어 소비 지표가 가지는 중요성은 큽니다. 주요 소비 지표에는 (1)소비자물가지수, (2)생산자물가지수, (3)개인소득과 지출, (4)소매판매가 있습니다.

### 1) 소비자물가지수 Consumer Price Index, CPI

소비자물가지수(이하 CPI)*는 200개 이상의 다양한 상품들과 서비스들에 소비자들이 지불하는 가격의 변화를 시간대별로 측정합니다. 매달 미 노동부 산하 노동통계국에서 전화 인터뷰를 통해 작성되는 소비자물가지수의 대상 품목들은 '주거, 식음료, 교통비, 의료비, 의복비, 여가·취미, 교육비, 기타'의 8개 그룹으로 분류됩니다. 정부는 가격이 자주 바뀌는 식료품과 에너지를 제외한 '핵심 소비자 물가지수core-CPI'도 발표하고 있습니다. 미 연준이 금리의 방향을 결정할 때 CPI의 추이를 고려해서 결정하기 때문에 이 지수는 매우 중요한 지표입니다. CPI가 시장 예상치보다 낮게 발표된다면 시장 참여자들은 금리 인하의 기대감을, 시장 예상치보다 높게 발표된다면 금리 인상의 가능성을 볼 수 있겠지요. 앞서 금리가 주식 시장에 미치는 영향이 크다는 걸 확인했다면 CPI의 중요성도 이해되실 겁니다.

---

\*   미국 노동부 통계국에서 확인 가능합니다: https://www.dol.gov/newsroom/economicdata

The index for all items less food and energy rose 0.3 percent in August, following a 0.2-percent increase in July. Indexes which increased in August include rent, owners' equivalent rent, motor vehicle insurance, medical care, and personal care. The indexes for lodging away from home, used cars and trucks, and recreation were among those that decreased over the month.

The all items index increased 3.7 percent for the 12 months ending August, a larger increase than the 3.2-percent increase for the 12 months ending in July. The all items less food and energy index rose 4.3 percent over the last 12 months. The energy index decreased 3.6 percent for the 12 months ending August, and the food index increased 4.3 percent over the last year.

**Chart 1. One-month percent change in CPI for All Urban Consumers (CPI-U), seasonally adjusted, Aug. 2022 - Aug. 2023**
Percent change

## 2) 생산자 물가지수 Productivity Price Index, PPI

생산자물가지수(이하 PPI)*는 생산자가 소비자들에게 공급할 물품들을 만들 때 드는 비용의 평균적인 변화를 나타냅니다. PPI가 높아지면 앞서 다루었던 CPI로도 영향을 미치는데요, 이는 물건을 생산하는 비용이 증가하면 물건의 가격도 자연스럽게 높아지기 때문입니다. PPI는 미 노동부 산하 노동통계국에서 매달 미국 전역 3만여 기업들을 대상으로 10만 개 이상의 상품들 가격에 대해 실시한 설문조사를 바탕으로 계산됩니다. 계절과 수급에 의해 가격 변동성이 높은 음식료, 에너지를 제외한 수치인 근원 생산자물가지수

---

\*  미국 상무부 경제 분석국에서 확인 가능합니다.
   https://www.bea.gov/data/income-saving/personal-income

core-PPI도 발표합니다. PPI 역시 미 연준에서 현 경제 상황을 판단하고 적절한 금리를 결정하기 위해 고려하는 지표 중 하나입니다.

[그림 부록–5] 생산자물가지수 발표 예시

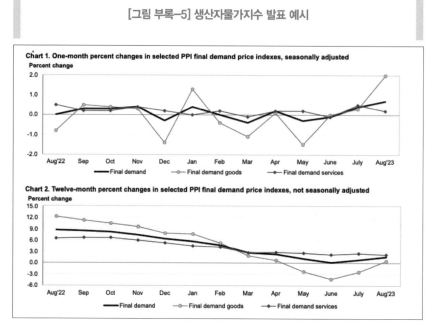

출처 : dol.gov

## 3) 개인소득과 지출 Personal Income and Outlays

미국인들의 소득, 지출, 저축에 대해 알 수 있는 지표입니다. 이 보고서에서 거론되는 개인소비지출 물가지수(이하 PCE index)는 소비자 물가수준을 측정하는 가장 뛰어난 지표로 평가됩니다. 고정된 항목의 재화, 서비스를 측정하는 CPI와 달리 PCE index의 측정 대상 항목은 매년 업데이트되어 물가 변동을 충분히 고려하기 때문입니다. 이 지수 역시 미 연준이 금리정책을 결정할 때 고려 대상에 포함됩니다.

## [그림 부록-6] 개인 소득과 지출 발표 예시

| | 2023 | | | | |
| --- | --- | --- | --- | --- | --- |
| | Mar. | Apr. | May | June | July |
| | Percent change from preceding month | | | | |
| Personal income: | | | | | |
| Current dollars | 0.4 | 0.3 | 0.4 | 0.3 | 0.2 |
| Disposable personal income: | | | | | |
| Current dollars | 0.5 | 0.5 | 0.5 | 0.2 | 0.0 |
| Chained (2012) dollars | 0.3 | 0.2 | 0.4 | 0.0 | -0.2 |
| Personal consumption expenditures (PCE): | | | | | |
| Current dollars | 0.1 | 0.6 | 0.2 | 0.6 | 0.8 |
| Chained (2012) dollars | 0.0 | 0.3 | 0.1 | 0.4 | 0.6 |
| Price indexes: | | | | | |
| PCE | 0.1 | 0.3 | 0.1 | 0.2 | 0.2 |
| PCE, excluding food and energy | 0.3 | 0.3 | 0.3 | 0.2 | 0.2 |
| Price indexes: | Percent change from month one year ago | | | | |
| PCE | 4.2 | 4.3 | 3.8 | 3.0 | 3.3 |
| PCE, excluding food and energy | 4.6 | 4.6 | 4.5 | 4.1 | 4.2 |

출처: bea.gov

## 4) 소매 판매 Retail Sales

소매 판매 지표*는 최종 소비자에게 상품 및 관련 서비스를 판매하는 상점의 총수입으로 측정합니다. 따라서 미국인의 '소비'를 직접적으로 보여주는 지표라고 할 수 있습니다. 미국 상무부 산하 통계국에서 매달 수천 명의 소매업자로부터 최신 매출 자료를 받아 작성됩니다. 소매판매는 미국 경제 활동에서 차지하는 비중이 1/3에 육박하기 때문에 소매판매 지표가 긍정적

---

\* 　미국 상무부 통계국에서 확인 가능합니다. https://www.census.gov/retail/index.html

이면 전반적인 경제 성장의 신호로 간주하여 시장에 긍정적인 신호로 작용할 수 있습니다. 반대로 소매판매 지표가 예상치를 하락한다면 미국 경제를 움직이는 소비가 생각보다 잘 일어나지 않은 것으로 시장에 부정적인 신호로 작용할 수 있습니다.

[그림 부록-7] 소매판매 발표 예시

### FOR IMMEDIATE RELEASE: THURSDAY, SEPTEMBER 14, 2023

# Advance Monthly Sales for Retail and Food Services

SEPTEMBER 14, 2023
CB23-148

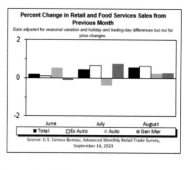

# ③ 기업

기업 경제활동을 보여주는 척도로 작용하며 주요 지표로는 (1)ISM 구매 관리자 지수, (2)내구재 주문입니다.

## 1) ISM 구매관리자 지수 ISM PMI

미국 공급관리자협회Institute for Supply Management, ISM에서 선별된 300곳 이상 제조 기업들의 구매·공급 담당자를 대상으로 한 설문조사 결과를 토대로 산출한 지수*입니다. 5가지 주요 지표인 '신규수주', '생산', '고용', '공급자 운송', '재고'와 관련된 여러 항목에 대해 '개선, 불변, 악화' 3가지 중 하나로 답하게 됩니다. 답변을 기준으로 PMI가 작성되는데요. 계산된 수치가 50 이상이면 제조업 부문의 성장을, 이하이면 수축을 의미합니다. 매달 처음 발표되는 지표라서 경제가 지난 4주 동안 어떤 진척을 보였는지에 대한 단서를 최초로 제공하기에 시장의 흐름에 영향을 줍니다. 또한, 공급망의 최전선에 있는 구매 관리자를 대상으로 한 설문조사여서 실물경제를 선행적으로 파악할 수 있는 지표로 평가됩니다. 일반적으로 PMI가 50을 연속해서 밑돌면 제조업 시장의 전망이 어둡다는 것을 암시하기 때문에 시장에 부정적인 신호로 작용합니다.

---

\*    미국 공급관리자협회에서 확인 가능합니다.
     https://www.instituteforsupplymanagement.org/research/report-on-business

**MANUFACTURING AT A GLANCE**
August 2023

| Index | Series Index Aug | Series Index Jul | Percentage Point Change | Direction | Rate of Change | Trend* (Months) |
|---|---|---|---|---|---|---|
| Manufacturing PMI® | 47.6 | 46.4 | +1.2 | Contracting | Slower | 10 |
| New Orders | 46.8 | 47.3 | -0.5 | Contracting | Faster | 12 |
| Production | 50.0 | 48.3 | +1.7 | Unchanged | From Contracting | 1 |
| Employment | 48.5 | 44.4 | +4.1 | Contracting | Slower | 3 |
| Supplier Deliveries | 48.6 | 46.1 | +2.5 | Faster | Slower | 11 |
| Inventories | 44.0 | 46.1 | -2.1 | Contracting | Faster | 6 |
| Customers' Inventories | 48.7 | 48.7 | 0.0 | Too Low | Same | 3 |
| Prices | 48.4 | 42.6 | +5.8 | Decreasing | Slower | 4 |
| Backlog of Orders | 44.1 | 42.8 | +1.3 | Contracting | Slower | 11 |
| New Export Orders | 46.5 | 46.2 | +0.3 | Contracting | Slower | 3 |
| Imports | 48.0 | 49.6 | -1.6 | Contracting | Faster | 10 |
| OVERALL ECONOMY | | | | Contracting | Slower | 9 |
| Manufacturing Sector | | | | Contracting | Slower | 10 |

Manufacturing ISM® *Report On Business®* data is seasonally adjusted for the New Orders, Production, Employment and Inventories indexes.
*Number of months moving in current direction.

출처: ismworld.org

## 2) 내구재 주문 Durable Goods Orders *

미국 기업들이 한 달 동안 내구재**를 얼마나 많이 주문했는지 보여주는 데이터입니다. 미 상무부 산하 통계국에서 매달 넷째 주에 전월 데이터를 집계합니다. 대부분의 경제지표가 과거 지표를 발표하는 후행적인 성격임에

---

\* 미 상무부 통계국에서 확인 가능합니다. https://www.census.gov/manufacturing/m3/index.html

\*\* 내구성이 있어 장기적으로 사용할 수 있는 물품을 말합니다. 자동차, 항공기, 기계류, 장비 등이 내구재에 포함됩니다.

반해 내구재 주문은 선행적으로 미래를 전망할 수 있는 지표이기 때문에 주의 깊게 봐야 합니다. 기계 설비와 같은 '내구재 주문'이 늘었다는 것은 기업들이 향후 경제 전망이 좋다고 판단한다는 것을 의미합니다. 늘어난 내구재는 생산성을 높이고 고용을 창출하며 이로 인해 근로자들의 소비를 촉진시킬 수 있다는 점에서 경제에 긍정적인 신호로 받아들여집니다.

[그림 부록-9] 내구재 주문 발표 예시

출처: census.gov

# 경제지표
# 확인하는 법

US STOCKS CLASS

앞서 설명한 8개의 지표는 주요 지표들의 일부일 뿐입니다. 이 외에도 소비자신뢰지수, 산업생산 및 설비가동률, 주택착공과 허가 건수 등 시장이 민감하게 반응하는 주요 지표들이 다수 있습니다. 나머지 주요 지표들이 무엇이고 언제 발표되는지에 대해 어떻게 확인할 수 있을까요? 개인적으로 많이 사용하고 있는 사이트로는 Trading Economics*, Econoday** 두 곳이 있습니다. 두 사이트를 통해 지표들에 대한 설명과 중요성, 발표 시기, 지난 발표치와 예상치 등을 확인할 수 있습니다. 특히 Trading Economics의 경우 무료로 기간과 중요도를 필터링해 원하는 지표를 확인할 수 있어 유용합니다. 또한 한국어를 지원하여 편리합니다.

----

\*     https://tradingeconomics.com/

\*\*    https://www.econoday.com/

# ① 유용한 사이트로 경제지표 확인하기

## Trading Economics 사이트로 주요 경제지표 확인하기

[그림 부록-10] Step #01: Trading Economics 홈 화면, 상단 'Calendar' 클릭

**Step #01 :** 홈페이지 접속 후 상단의 'Calendar'를 클릭합니다.

[그림 부록-11] Step #02: Calendar 화면, 지표 필터링

**Step #02 :** 국가, 날짜, 중요도에 따라 지표들을 필터링합니다.

# [그림 부록-12] Step #03: 상세 내용 확인

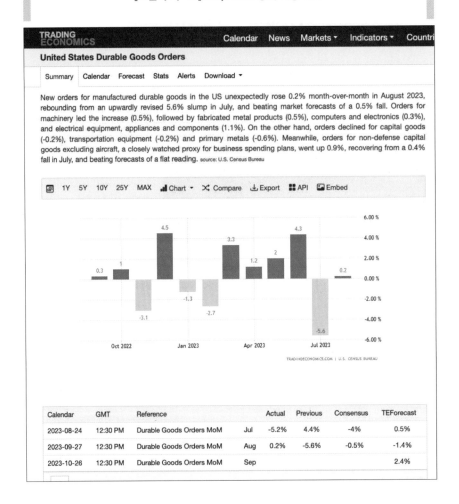

**Step #03 :** 지표를 클릭하면 상세한 내용을 확인할 수 있습니다.

**[그림 부록-13] Trading Economics 한국어 지원**

| | | | 실제 | 이전 | 예측치 | 예상 | |
|---|---|---|---|---|---|---|---|
| 27/09/2023 | | | 실제 | 이전 | 예측치 | 예상 | |
| 09:30 PM | US | 내구재 주문 (월간) AUG | 0.2% | -5.6% | -0.5% | -1.4% | |
| 28/09/2023 | | | 실제 | 이전 | 예측치 | 예상 | |
| 09:30 PM | US | 경제성장률(QoQ) 최종 | | 2% | 2.1% | 2.1% | |
| 29/09/2023 | | | 실제 | 이전 | 예측치 | 예상 | |
| 09:30 PM | US | 근원 개인소비지출 물가지수 (MoM) | | 0.2% | 0.2% | 0.2% | |
| 09:30 PM | US | 개인소비 AUG | | 0.8% | 0.4% | 0.6% | |
| 09:30 PM | US | 개인소득 (MoM) AUG | | 0.2% | 0.4% | 0.3% | |
| 02/10/2023 | | | 실제 | 이전 | 예측치 | 예상 | |
| 11:00 PM | US | ISM 제조업 PMI SEP | | 47.6 | 47.8 | 48.1 | |
| 03/10/2023 | | | 실제 | 이전 | 예측치 | 예상 | |
| 11:00 PM | US | 구인·이직 보고서(JOLT) 채용공고 AUG | | 8.827M | | 8.5M | |
| 04/10/2023 | | | 실제 | 이전 | 예측치 | 예상 | |
| 11:00 PM | US | ISM 서비스 PMI SEP | | 54.5 | 54 | 53.7 | |

출처 : Tradingeconomics.com

 

Trading Economics는 한국어를 지원하기 때문에 편하게 확인할 수 있다는 큰 장점이 있습니다.

## Econoday로 일주일 주요 경제지표 쉽게 확인하기

Econoday의 경우, 유료 사이트라 무료로 확인할 수 있는 영역은 한정적이나 일주일 동안 발표되는 주요 경제지표를 한눈에 확인할 수 있고, 캘린더를 통해 보다 직관적으로 지표들을 확인할 수 있다는 점이 큰 장점입니다.

**[그림 부록-14]** Step #01: Econoday 홈 화면, 'View Full Calendar' 클릭

**Step #01:** Econoday 홈페이지 접속 후 하단 'View Full Calendar'를 클릭합니다.

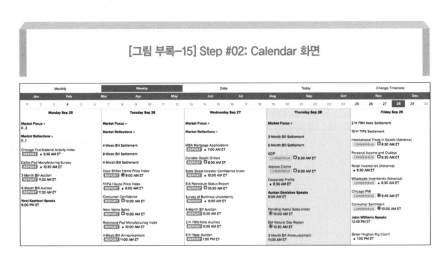

**[그림 부록-15]** Step #02: Calendar 화면

**Step #02:** 한 주간 발표되는 주요 지표들을 확인합니다. 중요한 지표는 따로 표기되어있어 확인할 때 편리합니다

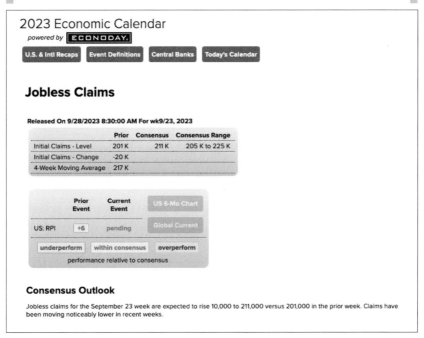

출처: Econoday.com

**Step #03:** 지표를 클릭하면 자세한 지표 내용과 설명을 확인할 수 있습니다.

## ② 실전에 어떻게 활용할까?

필자는 매달 마지막 주마다, 다음 달에 어떤 이벤트가 있을지 미리 확인합니다. 캘린더에 FOMC나 기업의 실적 발표 같은 주요 이벤트와 중요한 경제 지표 발표 일자를 체크해 두는데요. 그 후 '타이밍'에 대해 소개했던 제6장의 내용처럼 주요 이벤트나 지표 발표 전후 시점에 원하는 기업을 분할 매수합니다. 굳이 이런 방법으로 분할매수를 진행할 필요는 없습니다. 하지만 시장 변동성에 영향을 미치는 주요한 이벤트들이 내가 눈여겨보고 있는 기업의 주가에 어떤 영향을 미치는지 지켜보는 것은 나만의 매매 타이밍을 형성하는 데 도움이 될 것입니다.